www.ingramcontent.com/pod-product-compliance
Lightning Source LLC
Chambersburg PA
CBHW052037230426
43671CB00011B/1683

JOURNAUX
ET
JOURNALISTES

PAR

ALFRED SIRVEN

LE SIÈCLE

AVEC LES PORTRAITS DES RÉDACTEURS

PHOTHOGRAPHIES PAR PIERRE PETIT

PARIS

F. COURNOL, LIBRAIRE-ÉDITEUR

20, RUE DE SEINE, 20

1866

JOURNAL le SIÈCLE

N° 1. Lebodey. 2. Alexis Gravelin. 3. Curzon. 4. Pacquet.
5. O. Texier. 6. Gatayes. 7. Husson. 8. Couzi.
9. Ch. de Biéville. 10. Rousset. 11. Oscar Comettant.
12. Floquet. 13. Mirebijels. 14. Ango.

PIERRE PETIT Phot.   31 Place Cadet

> Notre politique est dans notre collection, comme l'histoire officielle est dans le *Moniteur*.
> (*Siècle*, 13 juillet 1849.)

C'est à la source même du *Siècle* que nous avons puisé les éléments de son histoire. Soixante volumes, qui forment son existence agitée des plus nobles passions, ont été scrutés, analysés avec un soin minutieux. Afin que rien de ce qui pouvait le peindre ne pût échapper à notre investigation, nous avons lu et relu ses articles, ses entre-filets, ses polémiques, ses Variétés, ses tribunaux et ses feuilletons ; nous avons, feuille à feuille, interrogé chaque colonne, chaque ligne, chaque mot, pour pénétrer dans la pensée intime des écrivains, et bien saisir le sens général de la politique de ce journal.

Toute l'histoire du *Siècle* s'est ainsi déroulée sous

nos yeux, et c'est avec un vif plaisir que nous avons poursuivi nos laborieuses recherches.

Ce long travail, cette enquête détaillée, approfondie, nous a permis d'apprécier justement le *Siècle* aussi bien dans son passé que dans son présent; et aujourd'hui, l'examen terminé, nous pouvons rendre de lui ce témoignage qu'il n'a jamais dévié de sa ligne politique; nous pouvons attester que, depuis son origine jusqu'à notre époque, il n'est pas sorti de son programme largement conçu.

Le travail que nous livrons au public, écrit sur les feuilles mêmes du *Siècle*, page à page, donnera les preuves abondantes de cette fidélité au drapeau, de cet amour sincère aux principes de la révolution, et du culte qu'il a consacré aux libertés, même à celles qui sont antérieures à 1789, selon une heureuse expression de M. Havin, expression équitable et vraiment nationale.

Nous ne reproduisons pas tout ce qu'a dit le *Siècle*, on le comprend, car alors ce serait uniquement une réimpression; mais les faits sérieux, importants, dignes de l'histoire, qui ont été pour ce journal l'occasion de réflexions, de polémique, de jugement, de prophétie quelquefois, ont été relatés scrupuleusement dans des résumés rapides et concluants.

On verra avec quelle verve, avec quelle énergie, le *Siècle* a défendu la moralité publique, la démocratie et les nationalités.

On verra aussi que sa sympathie n'a jamais fait défaut à aucun malheur individuel, ni à aucune calamité sociale.

Trente ans de lutte incessante ont acquis au *Siècle* une autorité qu'il a toujours fait servir au bien général.

Un peu de réputation, un rayon de gloire, une parcelle de popularité, sont légitimement dus à ces ouvriers de la pensée qui ont, à corps perdus, livré la grande et sainte bataille à l'ignorance, à l'injustice, à la misère et au despotisme.

Les collaborateurs d'hier et d'aujourd'hui, tous ceux qui ont concouru à élever ce monument qu'on appelle le *Siècle*, ont le droit d'être fiers d'avoir participé à cette œuvre de progrès et de liberté.

Le premier numéro du *Siècle* porte la date du 1ᵉʳ juillet 1836 ; il paraissait sous ce titre significatif : le *Siècle, journal politique, littéraire et d'écono-*

mie sociale, dans des conditions exceptionnelles de bon marché. L'abonnement était fixé à 40 et 48 fr. par an, dans le format des plus grands journaux de l'époque.

Ce problème de bon marché avait été résolu au moyen des annonces qui, nouvellement introduites dans le journalisme, prenaient chaque jour des accroissements considérables, et assuraient aux journaux un revenu d'autant plus grand que le nombre d'abonnés devait augmenter par l'abaissement du prix du journal qui, de 80 fr., était réduit à 40 fr.

Cette innovation était une conséquence de la Révolution de 1830 qui avait appelé à la vie politique active un plus grand nombre de citoyens par l'abaissement du cens électoral.

La création du *Siècle* était donc toute une révolution accomplie, non-seulement dans la presse périodique, mais dans la politique. En pénétrant plus avant dans les masses, le *Siècle* a compris dès le premier jour que sa politique devait être en même temps patriotique et *sociale*, comme l'indiquent explicitement son titre et sa profession de foi très-nette.

« Le *Siècle*, est-il dit, est consacré à la défense des principes de souveraineté nationale, de monarchie représentative, d'égalité et de liberté proclamés

par les deux révolutions de 1789 et de 1830 ; il en réclame toutes les conséquences... Les institutions et les formes de gouvernement ne sont que des moyens d'action ; le but de la politique est l'amélioration intellectuelle, morale et physique des sociétés. »

Il veut l'instruction publique à tous ses degrés, spécialement celle qui se rapporte aux classes laborieuses avec lesquelles il se maintiendra en communication constante d'intérêts et de sympathies.

Sa politique extérieure ne prendra conseil que des intérêts permanents de la nationalité française, sans égards aux combinaisons passagères que peut faire prévaloir sur eux un intérêt de famille et de parti. Il n'y a point pour la France d'alliances nécessaires, mais ses alliances naturelles sont avec les peuples libres ou qui s'efforcent de le devenir ; ses alliances utiles sont celles qui peuvent avoir pour objet d'étendre son influence civilisatrice sur les États secondaires qui l'environnent, de recompléter son établissement territorial par de bonnes frontières ou d'accroître ses débouchés commerciaux.

Cette politique nationale à l'extérieur, démocratique et civilisatrice à l'intérieur, libérale toujours et partout, n'a pas cessé d'être celle du *Siècle ;* à travers les révolutions et les changements de gou-

vernement, il a constamment maintenu son programme de liberté et de progrès.

Les sympathies des hommes les plus dévoués à la cause nationale ont été acquises au *Siècle* dès le premier jour. Nous citerons, entre autres : MM. Laffitte, Dupont (de l'Eure), Odilon Barrot, Nicod, de Golbéry, Desabes, De Bryas, Lacrosse, Desjobert, Bricqueville, etc.

La rédaction en chef du *Siècle* était confiée à M. H. Guillemot, ancien rédacteur en chef du *Journal du commerce* et du *Messager*.

Le *Siècle*, pour répondre à une nouvelle tendance, publie un feuilleton quotidien intéressant le littérateur, le savant, l'artiste, l'industriel, l'agronome, le spéculateur et le simple curieux.

Ce feuilleton était ainsi divisé :

Littérature nationale, — Théâtres, — Littératures étrangères, — Sciences morales, — Sciences physiques, — Beaux-Arts, — Industrie, — Voyages, — Variétés, — Finances, — Mélanges.

On sait l'immense succès qu'obtinrent les feuille-

tons du *Siècle*. Parmi les noms les plus connus, figuraient, dès le début, MM. Charles Nodier, H. D. Latouche, Léon Gozlan, Alphonse Karr, Félix Pyat, Bibliophile Jacob, Hippolyte Fortoul, Michel-Raymond, Eléonore de Vaulabelle, Briffault, Guinot, J. David, Claudon, Geruzez, Roger de Beauvoir, Jal, Henri Monnier, H. Martin, Louis Viardot, Édouard Lemoine, Altaroche, Em. Arago, Achille Jubinal, Séguin, Varin, B. Maurice, Louis Desnoyers, Bory Saint-Vincent, Raoul-Rochette et M. Magnien.

M. Louis Desnoyers fut chargé de la direction du feuilleton.

C'est sous ces auspices et avec ces principes que parut le premier numéro du *Siècle*, le 1er juillet 1836.

LE SIÈCLE

I

RÉDACTEUR EN CHEF : M. GUILLEMOT.

1836. — 1ᵉʳ juillet. — Le premier article est consacré à l'attentat d'Alibaud qui occupait alors tous les esprits. Il se résume ainsi :

« Les lois de septembre irritent sans intimider. La misère pousse le fanatisme à des actes désespérés. Ouvrez une large issue à la discussion, c'est une garantie pour le pouvoir comme pour les citoyens. Donnez au pays une législation économique et financière qui soulage les classes laborieuses et active sur toute la surface du sol le mouvement industriel. Il y a trois conditions avec lesquelles vous

pouvez sûrement pacifier les esprits et désarmer les assassins : le pardon, la liberté et le bien-être. »

Ce sont là de bonnes paroles qui sont toujours vraies, et dont les esprits devraient être pénétrés en tout temps.

10 juillet. — Le *Siècle* proteste contre un attentat à la liberté de la presse, commis envers le *Messager*, la *Gazette de France* et le *Figaro*, auxquels avait été notifié par un commissaire de police l'ordre de supprimer du compte-rendu de l'audience de la cour des pairs les paroles prononcées par Alibaud, sous peine de voir leurs feuilles saisies avant leur distribution. Le *Messager* mit des *blancs* aux passages supprimés, comme au temps de la censure.

Le *Siècle* applaudit à la détermination prise par quelques députés d'interpeller le ministère sur l'atteinte grave portée à la liberté de la presse.

25 juillet. — Mort d'Armand Carrel. *Le Siècle* exprime sa douleur de la perte de ce vaillant soldat, bon citoyen et grand patriote. Une telle perte afflige la patrie qui pouvait espérer de grands services d'un tel homme, qui eut une vie si belle et si courte, usée dans des luttes sans avenir et si misérablement terminée.

L'opposition au gouvernement devient de plus en plus vive de la part du *Siècle* : la résistance légale

lui apparaît comme une nécessité devant l'obéissance fanatique de la majorité de la Chambre qu'il qualifie de petit troupeau d'incurables, sourd et aveugle, dévoué par nature au pouvoir existant.

28 juillet. — Le *Siècle* constate la séparation de plus en plus grande entre la révolution et le peuple. Le mot révolution ne se trouve plus dans les programmes ni dans les feuilles officielles. Rien, dans tout ce qu'a fait le gouvernement pendant les trois jours qui viennent de s'écouler, n'a rappelé les journées de juillet 1830, aucune tradition, aucun souvenir de la grande semaine.

Des journaux ont célébré le 4 août 1789. Le *Siècle* regrette que la révolution de 1830 n'ait pas eu sa journée du 4 août qui aurait détruit toute une organisation fiscale ou économique, construite au bénéfice de quelques-uns contre le droit et les intérêts de tous. Cette vaste hiérarchie d'abus économiques, cette féodalité fiscale, terrienne, fondée par l'aristocratie pécuniaire de la Restauration, tout cela eût dû crouler sous les coups désintéressés des législateurs nouveaux. Et la révolution de juillet aurait apporté une noble dot au peuple, car c'était au peuple qu'aurait profité son 4 août.

Le cabinet du 22 février, composé de MM. Thiers, Sauzet et Passy, s'est retiré devant MM. Guizot. Molé

et Persil. En présence de ces noms, le *Siècle* fait un appel à la démocratie; il s'écrie : « Quiconque est au fond pour la révolution de juillet et son principe démocratique viendra grossir les rangs de l'opposition contre l'apôtre de la contre-révolution et de l'aristocratie.

La guerre contre le cabinet du 6 septembre est des plus vives. La verve du *Siècle* est chaque jour plus excitée par les prétentions hautaines et l'inanité de la politique de M. Guizot. Les hommes sans principes, dit-il, sont ceux qui veulent concilier les cours prévôtales, le voyage de Gand et la révolution de Juillet, ceux qui sont tour à tour légitimistes, révolutionnaires et juste-milieu.

Le combat s'engage sur toute la ligne. Le *Siècle* dit que le rôle de l'opposition est d'assister en juge impartial aux débats qui vont s'engager entre le 22 février et le 6 septembre, M. Thiers, contre M. Guizot, de prendre acte des révélations qui pourront sortir de cette lutte de deux cabinets formés en dehors des intérêts nationaux.

II

1837. — Cette année débute par des saisies de journaux. La *France*, le *Courrier Français*, le *Siècle* et le *Temps* ont été saisis à la poste et dans les bureaux de rédaction, sous la prévention du double délit d'attaque aux droits du roi et au respect des lois. Cette saisie inspire au *Siècle* un respect qu'il ne saurait mieux témoigner que par le silence.

Le *Courrier Français*, défendu par M. Philippe Dupin, devant la cour d'assises, le 7 janvier, a été acquitté sur tous les chefs d'accusation.

Le gérant du *Siècle* est condamné par défaut, M. Dutacq n'ayant pu se présenter, à deux mois de prison et 2,000 fr. d'amende.

Le *Siècle* rend hommage au jury de Strasbourg pour son verdict d'acquittement en faveur des accusés du complot Napoléonien. C'est un rappel à la loi qui doit être égale pour tous; c'est, dit-il, la souveraineté nationale rétablissant la souveraineté de la loi.

11 février. — Après un débat solennel et passionné, M. Plougoulm occupant le ministère public,

le *Siècle*, défendu par M. Odilon Barrot, a été acquitté par le jury.

Le pouvoir n'est pas heureux dans ses rigueurs contre les journaux ; et rien ne montre mieux que ces maladroits procès combien le ministère Guizot est antipathique au pays.

Le ministère, qui compte pour gouverner sur les intérêts matériels et sur la police, inspire le mépris au *Siècle*, qui dénonce franchement la situation périlleuse en ces termes :

« La probité n'est pas à l'ordre du jour... Partout la corruption, la fraude, l'improbité. Qu'est-ce donc que votre oligarchie financière, sinon une association de joueurs qui ont constamment le plus grand nombre de chances contre chaque dupe isolée de la petite bourgeoisie, qui savent le dessous des cartes qu'ignore le peuple ?... Le spectacle que nous offrent les pouvoirs de l'État est bien propre à démoraliser une nation. »

Le projet d'apanage de 40 millions en faveur du duc de Nemours est repoussé par le *Siècle*. Il s'étonne qu'au milieu d'une crise commerciale, du sinistre industriel, de la détresse ouvrière, de faillites et de suspensions de fabrication, de fermeture des

ateliers, on ose réclamer des apanages! tandis qu'il y a là une question pressante, qui réclame toute l'attention, qui doit préoccuper le monde, parce qu'elle est universelle, c'est la question sociale qui dissimule à peine la question politique ; c'est celle du progrès, du mouvement des capitaux, du salaire, de la concurrence, de l'organisation du travail, de l'ascension du grand nombre au niveau de l'intelligence, de la capacité, des droits du petit nombre.

Le ministère doctrinaire succombe sous l'impopularité. Tout le monde se réjouit de cette chute. Le *Siècle*, qui a puissamment aidé au renversement du système représenté par M. Guizot, ne se préoccupe que des principes et non des personnes pour la composition du nouveau ministère.

Après douze jours de crise, le ministère nouveau est enfin formé. M. Molé a la présidence du conseil et les affaires étrangères. Pour le *Siècle*, le ministère de nouvelle composition n'est que la pensée immuable qui domine, qui veut s'imposer par d'autres organes. C'est une misérable comédie du gouvernement représentatif qui devrait rappeler l'énergie au cœur de la chambre des députés.

Le cabinet du 15 avril n'est pas venu accomplir une œuvre politique, il est chargé seulement de faire les affaires de la cour.

Le nouveau ministère accorde une amnistie à tous les individus détenus dans les prisons de l'État, condamnés pour crimes et délits politiques. Voici enfin, dit le *Siècle*, un acte de sage et bonne politique pour lequel il proclame hautement sa reconnaissance.

RÉDACTEUR EN CHEF : M. CHAMBOLLE

27 mai. — La direction politique du *Siècle* est confiée à M. Chambolle. Il fait connaître, dans un article intitulé : *Notre Mission*, les sentiments qui le guideront désormais dans la défense des intérêts qui lui sont confiés. Selon lui, c'est l'intelligence qui domine aujourd'hui, et la vraie mission du journaliste, mission sainte, consiste dans le développement de ce qu'il y a d'élevé et de moral dans le cœur de l'homme. Telle est sa volonté.

Contrairement aux habitudes de la presse, M. A. Chambolle signe ses articles; c'est un bon exemple.

9 août. — Le *Siècle* consacre tout un article au *Malaise de la classe ouvrière*. Cet état de malaise est plus que permanent parmi les classes ouvrières; cette situation résulte de circonstances très-com-

plexes qui tiennent à l'action du pouvoir, à la nature de l'industrie et aux rapports des ouvriers avec les maîtres. Il constate que les entrepreneurs, les fabricants, les patrons se coalisent impunément pour fixer le salaire et imposer des amendes; tandis que, quand les ouvriers se liguent pour établir ces minimum, il y a toujours poursuite judiciaire. Le *Siècle* réclame contre cette injuste inégalité qui confère aux maîtres un droit funeste aux ouvriers.

Charles Fourier, chef de l'école sociétaire, venait de mourir. Le *Siècle* s'empresse de payer à cette haute intelligence son hommage respectueux. Tout le système d'association de Fourier était basé sur cette théorie, que le mal n'est nullement dans la nature de l'homme ni dans ses penchants natifs; il n'est que dans les circonstances sociales qui, au lieu de ménager à ces penchants un essor heureux et juste, ne leur présentent le plus souvent que des voies de fraude, de lutte et d'iniquité.

III

1838. — L'année 1838 est calme; les questions d'intérêt se débattent gravement, sans exciter de passion. Après les élections qui n'ont rien tran-

ché, on a voté les lois de conversion, discuté les lois sur les commandites, les chemins de fer.

Les pairs, constitués en Cour de justice, condamnent M. Laity à cinq ans de détention, à dix mille francs d'amende et à la surveillance perpétuelle de la haute police, comme *auteur* d'une brochure faisant l'apologie d'un mouvement insurrectionnel accompli depuis deux ans. Selon le *Siècle*, cette condamnation parait être une sorte de vengeance de l'acquittement des accusés dans le procès de Strasbourg.

Le *Siècle* reçoit un *Communiqué* qu'il insère en tête de son journal, sur toute la largeur du journal, en vertu des lois de septembre; c'est signé Berrurier.

La note officielle par laquelle le gouvernement français demande au directoire fédéral l'expulsion du prince Louis-Napoléon du territoire suisse, est combattue par le *Siècle*, qui soutient que le titre de citoyen suisse doit couvrir le prince.

Thurgovie repousse de la manière la plus formelle la demande d'expulsion du prince Louis-Napoléon faite par la France. Le *Siècle* conseille au gouvernement français de remplacer M. le duc de Montebello par un ambassadeur.

Le *Siècle* signale, en les approuvant, les pétitions

pour la réforme électorale qui se couvrent partout de signatures.

L'affaire de Suisse reçoit sa solution : le prince Napoléon va se retirer volontairement à Londres, d'où ne l'expulsera pas le cabinet des Tuileries.

Les Chambres sont convoquées; le ministère paraît nul à tous les yeux; le *Journal des Débats* lui-même en fait l'aveu. Le *Siècle* le juge en trois mots : incapacité, servilité, corruption. Ces trois mots sont sa condamnation.

IV

1839. — La coalition est formée entre les opinions parlementaires; toutes les oppositions sont réunies. L'adresse rédigée par la commission est trouvée « *insolente et factieuse* » par la majorité. Le *Siècle* croit que le moment est venu de dire simplement la vérité. Il est bien temps, dit-il, que le pays cesse de sommeiller.

Les discussions sur l'adresse, auxquelles prennent part les plus grands orateurs, sont très-ardentes : M. Odilon Barrot, M. Thiers, M. Guizot, M. Berryer, luttent éloquemment contre le ministère Molé

qui ne pourra survivre, dit le *Siècle*, que quelques jours au vote de l'adresse.

L'adresse est votée à cinq voix de majorité. Le *Siècle* dit que la France le tient pour mort et croit sa succession ouverte.

Le 22 janvier, la prophétie du journal est accomplie : le ministère est mort. Le *Siècle* ne veut pas troubler ses cendres.

Un nouveau ministère est toujours laborieux à composer. Le *Siècle*, tout à fait désintéressé personnellement dans la question, donne le conseil de renoncer à l'astuce et à la ruse ; il voudrait qu'on essayât de la droiture et de la franchise. Ce serait nouveau. Mais l'opinion est éveillée, le pays est sur ses gardes, on ne parviendra pas à gouverner la France contre son droit et contre ses vœux.

Un nouveau ministère n'ayant pu se former, le roi n'accepte pas la démission des ministres ; mais la chambre est dissoute. Heureuse la France, s'écrie le *Siècle*, si les électeurs, investis en ce moment de la souveraineté nationale, savent en user avec fermeté et discernement.

Le *Siècle* insère, en les approuvant, les manifestes de MM. Guizot, Thiers, Cormenin, Odillon Barrot, Duvergier de Hauranne, tous se prononcent contre le gouvernement personnel du roi, qui conduirait

à une catastrophe, à une révolution. « J'aime mieux déplaire au gouvernement, dit M. Thiers, que de le trahir. »

Les élections n'ont pas trompé les espérances du *Siècle*. A Paris, sur quatorze candidats, l'opposition en compte dix. Le relevé des élections donne 236 voix à l'opposition, 189 au ministère qui doit se préparer à mourir. En résumé, la coalition parlementaire a 50 voix en sa faveur. C'est une victoire pour les libertés.

Démission du ministère. Le *Siècle* espère que l'attente du pays, cette fois, ne sera pas trompée. Pour être fidèle à l'esprit des élections, il faut aller en avant.

Au 30 mars, aucune solution ministérielle. Le *Siècle*, est impatient de ces lenteurs qui font souffrir tout le monde et ruinent l'industrie. On aperçoit, dit-il, clairement dans les complications de la situation actuelle : intrigue, mensonge et fourberie.

Enfin, après vingt jours, le ministère est formé ; on le qualifie de ministère de *suppléants*.

Une souscription pour les ouvriers sans travail est ouverte le 3 avril par le *Siècle* qui indique les noms et les demeures des citoyens qui se sont chargés de recueillir les souscriptions chacun dans son arrondissement.

On est retombé en crise ministérielle. M. Guizot fait défection à l'opposition; mais le public, dit le *Siècle*, n'aura plus foi à ses paroles. C'en est fait désormais, il est jugé et pour toujours.

Le *Siècle* est frappé de la simultanéité des crises ministérielles dans presque tous les États constitutionnels de l'Europe : en Angleterre, en Espagne, en Portugal, dans la péninsule comme en Belgique, et en France où elle est permanente.

Au milieu de toutes les discussions sans fin, sans solution, de ces crises ministérielles, le *Siècle* signale avec douleur les cris de l'émeute, le rappel dans les rues, les soldats et les gardes nationaux courant aux armes, le bruit de la fusillade, et le sang qui coule pour le malheur du pays.

Nous sommes au 12 mai.

Après soixante jours de crise, — nous avons un ministère. Est-ce l'émeute qui l'a formé ? Le *Siècle* le qualifie d'escamotage politique. Il ne rencontre là ni unité, ni harmonie, ni par conséquent garantie de durée et d'avenir.

A propos de la Cour des pairs qui est appelée à prononcer sur une accusation d'attentat, le *Siècle* croit que la France ne peut vivre de ce pauvre régime auquel on la condamne. La démocratie est vaste et forte : il faut l'éclairer, l'élever, l'associer

aux idées et à la pratique des affaires ; en un mot, il faut puiser dans son sein cet élément de vie dont l'absence se fait sentir et qui ne se trouvera qu'en elle.

La Cour des pairs a rendu son arrêt contre les insurgés du 12 mai. Barbès est seul condamné à la peine de mort. Le *Siècle* espère que la clémence du gouvernement s'exercera en faveur de Barbès.

Le roi a commué la peine de Barbès en celle des travaux forcés à perpétuité le 13 juillet.

Au neuvième anniversaire de la révolution de juillet, le *Siècle* interroge le pouvoir : Qu'avez-vous fait pour le peuple ? et pour vous-même qu'avez-vous fondé ? Les embarras de la situation, les dangers, les crises menaçantes, les mécontentements ont une cause évidente, c'est la lutte engagée par le pouvoir contre la souveraineté du peuple. Contre ce principe, le gouvernement ne pourra jamais rien.

Un projet de réforme électorale est élaboré par l'opposition de gauche. Les bases sont : plus de cens spécial de l'éligibilité, tout électeur est éligible. Une indemnité de 20 fr. par jour à chaque député pendant la session, etc. etc. Ce projet rencontre beaucoup d'adversaires. Le *Siècle* déclare que, malgré les clameurs, l'opposition poursuivra ses travaux et fera son devoir.

Le *Siècle*, qui vient de parcourir quelques pages des *Idées napoléoniennes*, se propose d'en rendre un compte scrupuleux, exempt de faveur et de prévention. En attendant, il en publie les conclusions.

Une nouvelle crise ministérielle se prépare, et le *Siècle* attribue à ces crises le malaise général. Depuis dix ans, c'est toujours a recommencer, le temps se perd en intrigues, et les affaires sérieuses sont abandonnées complétement.

Des désordres viennent d'éclater au Mans, à La Ferté, à Mamers et dans plusieurs autres cantons. A Lille, des masses d'ouvriers menacent les filatures, réclamant une augmentation de salaire. C'est à l'occasion des subsistances et de leur cherté que le peuple s'est ému. Le *Siècle* examine l'état du commerce des grains; il démontre l'urgence d'une réforme dans l'établissement des mercuriales et dans les procédés en usage pour la vente des céréales.

4 octobre. — La réforme électorale est soutenue par la gauche, et l'extrême gauche unie aux radicaux. Le *Siècle* croit que les sentiments de modération et d'humanité ont pénétré dans toutes les classes, et que le respect du droit commun tend de plus en plus à passer dans les mœurs de la démocratie.

L'extrême gauche se sépare de la gauche consti-

tutionnelle et adopte le programme des radicaux. Aux yeux du *Siècle*, cette résolution ne va à rien moins qu'à renverser les institutions et les lois qui nous régissent.

26 novembre. — Le *Siècle* demande qu'on sorte des généralités en ce qui touche les intérêts populaires; il croit que l'organisation de la petite industrie serait le moyen de détruire la hideuse misère qui ronge notre société, de donner de la dignité aux classes laborieuses en leur procurant le bien-être.

La science sociale ne sera bien commencée que du jour ou le goût et l'habitude des associations seront développés parmi les classes ouvrières. Ce principe se prête à toutes les formes et à tous les caractères : caisses d'épargne, sociétés de bienfaisance, assurances mutuelles et autres. C'est ainsi que l'éducation du peuple peut se faire, et c'est de lui ou du moins des organes qui surgiront de son sein par la discussion de ses intérêts que l'on pourra apprendre les secrets de son avenir.

Le problème social était assez nettement posé pour le temps : si on y a ajouté un peu, on n'en a rien retiré. Le *Siècle* était dans le vrai.

4 décembre. — Le *Siècle* combat la proposition de M. Michel (de Bourges) qui conduirait au suffrage

universel; il croit que la fonction politique électorale ne doit être confiée qu'aux plus indépendants et aux plus capables, il est uniquement pour les capacités.

V

1840. — Après les discours d'usage de janvier prononcés aux Tuileries, après les discussions de l'adresse, le fait important est la nomination de M. Guizot à l'ambassade de Londres. Le *Siècle* ne s'explique pas bien cette nomination; il professe un grand respect pour le talent de M. Guizot, mais il déclare n'avoir pas autant de confiance dans son caractère politique.

Le *Siècle* est contre les apanages en général, et contre la dotation de 500,000 fr. demandée au profit ou en l'honneur du duc de Nemours. Il donne des extraits d'un pamphlet que M. de Cormenin publie sous le nom de Timon qui ne comprend pas la demande d'une dotation de 500,000 fr. pour un prince qui a déjà une fortune de 15 millions.

Le projet de dotation que le *Siècle* qualifie de scandale est rejeté. Le ministère doit tomber avec lui, non pas vaincu, mais ridicule.

1ᵉʳ mars. — Un nouveau ministère est formé, sous la présidence de M. Thiers, ministre des affaires étrangères. Le *Siècle* n'est pas satisfait; il attendra les actes du nouveau cabinet pour le juger; jusque-là, il se maintiendra vis-à-vis de lui dans les termes d'une réserve bienveillante.

29 février. — Le *Siècle*, pour satisfaire aux exigences de l'époque, dit qu'il faut modifier les bases de l'éducation publique; il demande, pour toute la France, des écoles préparatoires du commerce et de l'industrie; c'est ce qu'on appelle aujourd'hui l'instruction professionnelle. On voit que le *Siècle* est toujours vivement préoccupé des progrès sociaux.

Le *Siècle* dit que, dans la situation actuelle, il croit devoir prêter son loyal concours au ministère sorti de l'opposition, il aime le gouvernement représentatif, parce que la discussion libre, c'est en définitive le triomphe de l'intelligence sur la force brutale, de la volonté réfléchie de la nation sur les passions qui, en l'exaltant, peuvent l'égarer.

12 mai. — Aux acclamations de la chambre des députés, un projet de loi a été présenté, portant demande de crédit d'un million pour élever à Napoléon un tombeau sur la terre de France, où ses restes glorieux vont être rendus. Le *Siècle* applaudit

à l'intention qui a inspiré le ministère, intention qui lui paraît noble et patriotique; il défend le projet contre les *Débats*, le *National*, la *Gazette de France* et le *Capitole*.

L'allocation de 2 millions réclamée pour la translation des restes de l'empereur et pour le monument qui doit lui être élevé, est réduite, par un vote de la chambre des députés, à *un* million.

27 mai. — Le *Siècle*, reconnaissant que la Chambre a fait une faute, accueille la pensée d'une souscription nationale qui lui paraît justifiée. Il fait appel à toutes les sympathies nationales pour honorer dignement la mémoire de Napoléon qui a personnifié la Révolution devant les aristocraties et les rois de l'Europe.

En conséquence, il recevra dans ses bureaux les souscriptions qui lui seront adressées et dont un comité règlera l'emploi.

31 mai. — Les souscriptions sont suspendues, sur la communication d'une lettre de M. Odilon Barrot, et d'après la décision prise par le comité qui s'était réuni chez le vénérable maréchal Moncey.

10 juin. — Une grande manifestation a lieu aujourd'hui à la barrière Montparnasse. Le banquet réformiste du 12ᵉ arrondissement a eu lieu au milieu d'une affluence considérable. On porte à 800

les gardes nationaux qui s'étaient réunis, la plupart
en uniforme, auxquels se sont adjointes des députations des autres arrondissements. MM. Laffitte et
Arago assistaient à cette fête donnée en l'honneur
du suffrage universel absolu.

Le *Siècle* est persuadé que le suffrage universel,
réclamé comme un droit absolu, ne peut produire
que l'anarchie, et voilà pourquoi il le repousse.

14 juin. — On annonce que des démonstrations
en faveur du suffrage universel doivent avoir lieu
dans tous les arrondissements de Paris et dans les
principales villes de France. Le *Siècle*, qui est pour
le suffrage restreint dans lequel il voudrait faire entrer toutes les capacités, combat les prétentions
absolues des radicaux; il conseille au gouvernement d'aller au-devant de toutes les réformes praticables.

3 juillet. — Les banquets réformistes se succèdent
avec des formules différentes. Le banquet des communistes s'est tenu à Belleville au nombre de douze
cents. Le *Siècle* ne croit devoir ni s'étonner ni s'effrayer de ces rêveries qui reparaissent à toutes les
époques.

Une formule générale se dégage de toutes ces
manifestations politiques, c'est celle de la liberté,
l'égalité et la fraternité que *le National* adopte,

parce qu'elle est complète. Le *Siècle* ne s'élève pas contre ces démonstrations qui lui paraissent légitimes tant qu'elles ne troublent pas l'ordre, et moins dangereuses que les sociétés secrètes.

30 juillet. — Cette année, la célébration des anniversaires de juillet a eu un caractère de grandeur. Soixante mille gardes nationaux et la majorité de la population parisienne ont pris part à cette solennité populaire. Le pouvoir, dit le *Siècle*, représenté par des hommes de la révolution, ne craignit pas de laisser une pleine liberté aux manifestations de l'esprit public.

7 août. — Louis Bonaparte vient de faire une tentative sur Boulogne. Arrêté, il est transféré au château. Aujourd'hui, comme en 1836, le *Siècle* pense que satisfaction est due aux lois violées, et que les lois, dans un pays libre, sont applicables à tout le monde.

8 août. — La question d'Orient, par suite du traité signé à Londres par les quatre puissances, est susceptible d'amener la guerre; ce qui arrivera infailliblement si la force était employée contre le pacha d'Égypte et qu'on lui ravît ce que la guerre lui a donné; ce serait pour la France, dit le *Siècle* un échec immense, et la guerre générale, pour avoir été retardée, n'en serait que plus terrible.

18 août. — En perspective d'une guerre prochaine, le *Siècle* définit le rôle de la France à l'extérieur. Elle respectera la nationalité, le culte, les mœurs, dit-il; elle protégera tous ces droits; si elle peut, elle délivrera la Pologne, elle affranchira l'Italie; si un mouvement d'indépendance éclate parmi les petits États allemands, elle leur offrira son appui sans porter atteinte à leur droit de souveraineté. La France sera toujours prête à donner aux forts son alliance, aux faibles son appui.

22 août. — Le *Siècle* consacre un premier article aux classes laborieuses, sous ce titre : *De l'organisation du travail.* Il examine les théories de Saint-Simon, Owen, Fourier, et Louis Blanc. Il condamne les théories absolues et la guerre faite à la concurrence.

28 août. — Les puissances coalisées voudraient faire descendre la France au rang des puissances de 3ᵉ ou de 4ᵉ ordre. Qu'on ose le tenter! s'écrie le *Siècle*. La France n'envoie pas de défis, mais elle accepte ceux qu'on voudra lui porter. Avec une cause juste, la sympathie des peuples et le souvenir de sa gloire, elle n'a rien à craindre, même de l'Europe coalisée.

1ᵉʳ septembre. — Le *Siècle* rend compte d'un banquet radical tenu dans le village de Châtillon;

six mille convives étaient groupés autour de treize tables, dans une grande plaine. Des dames assistaient à ce banquet. Ce journal reproduit quelques passages du discours de M. Buchez, inspiré par le plus pur patriotisme.

Au 3 septembre, les coalitions d'ouvriers sont nombreuses; les rassemblements de mécaniciens, charrons, serruriers, fondeurs, tailleurs de pierre, etc., se forment dans plusieurs endroits de la capitale, et donnent lieu à des sommations. Le *Siècle* s'engage à examiner de nouveau les questions économiques avec le soin qu'elles réclament et l'intérêt qu'il porte à toutes les classes des travailleurs.

17 septembre. — Le *Siècle* se préoccupe de la pensée de fortifier Paris. Il adopte cette idée.

22 octobre. — Le ministère Thiers a donné sa démission acceptée par le roi. D'autres devoirs commencent pour nous, dit le *Siècle*; nous aurons à surveiller et à combattre les desseins et un système qui ne peuvent tourner qu'à l'abaissement du pays.

29 octobre. — Le nouveau ministère est constitué. M. Soult, président du conseil; M. Guizot, aux affaires étrangères; telle est sa signification.

L'ouverture des Chambres a eu lieu le 5 novembre. Après avoir pris connaissance du discours du

trône, le *Siècle* dit que c'est la rougeur au front qu'il rend compte de l'inconcevable harangue que le ministère de M. Guizot a eu la criminelle folie de placer dans la bouche de la royauté.

M. Guizot a arboré sa politique dans un discours qu'il a prononcé à la chambre des pairs. Sa devise est : *la paix partout, la paix toujours.* Le *Siècle* ne lui demande rien de grand, rien de difficile; il espère que, pour la sécurité du présent et pour le salut de l'avenir, le ministère ne laissera pas bafouer la France.

15 décembre. — Le *Siècle* présente un tableau magnifique de la solennité consacrée aux cendres de Napoléon, et qui avait attiré la population entière de Paris et de nombreuses députations accourues de tous les points de la France. Aux cris de : *Vive l'Empereur!* se sont mêlés, à l'adresse du ministère, ceux de : *A bas les traîtres! à bas Guizot! à bas les Anglais!* Le *Siècle* espère qu'on comprendra ces démonstrations; car lorsque le peuple avertit avec calme, c'est le moment de s'instruire à sa voix.

VI

1841. — Janvier nous ramène les éternelles harangues officielles. Le *Siècle* n'y trouve qu'un mot digne d'être relevé, extrait du discours de M. le baron Pasquier: « Il y a quelque chose au-dessus de la gloire guerrière: l'union de la paix, de la liberté et de l'honneur. » Mais le journal voudrait que l'application de cette maxime pût être faite par la voix sincère du peuple et non par la flatterie d'un vieux courtisan.

13 janvier. — M. Thiers présente à la Chambre son rapport sur le projet de loi relatif aux fortifications de Paris. Ce rapport occupe dix colonnes du journal. Le *Siècle*, non-seulement approuve ce projet, mais il engage la gauche à soutenir les amendements qui seront proposés sur la question de durée et sur la désignation des ouvrages extérieurs.

1er février. — Après dix jours de discussions très-animées et très-savantes, le projet de loi sur les fortifications est adopté par 237 voix contre 162, grâce à l'accord entre toutes les fractions modérées de la

Chambre, accord, dit Le *Siècle*, qui malheureusement cessera demain.

16 février. — Le *Siècle* recherche en vain sur quel principe repose le gouvernement actuel. On a beau se débattre, dit-il, contre la vérité, la France est une démocratie, qu'il faut organiser, au lieu de la nier, sur des bases larges et sincères.

26 février. — La *France*, poursuivie en cour d'assise pour la publication de lettres attribuées à Louis Philippe, sous la prévention d'offense à la personne du roi, est acquittée. Ce verdict écrasant, dit *le Siècle*, devra décider le gouvernement à reconnaître définitivement les principes de 1830 ou ceux de 1815; il faut qu'il abandonne ce régime faux, bâtard, menteur, qui l'oblige à s'appuyer sur les consciences flétries, vénales, et qu'il demande sa force à la nation qui lui apportera dans les jours de péril un principe invincible.

27 avril. — Les procès de presse se multiplient : la *France*, la *Gazette de France* et le *National* sont poursuivis.

16 mai. — M. Girod (de l'Ain) dépose son rapport à la cour des pairs sur l'attentat de Darmès et de ses complices : le rapporteur laisse entrevoir comme un lien mystérieux entre les énergumènes qui veulent des bouleversements par le crime, par l'assassi-

nat, et différentes écoles socialistes ou réformatrices. Le *Siècle* repousse cette calomnie contre les socialistes, dont on peut combattre ou rejeter les utopies, mais qui n'ont rien de commun avec les odieux sectaires dont on veut les rapprocher.

24 juin. — M. Garnier-Pagès est mort, à peine âgé de quarante ans. Réprouvant la violence et les témérités qui manquent le but pour vouloir le dépasser, dit le *Siècle*, il acceptait toutes les améliorations, les réformes, même celles qui étaient loin de répondre aux exigences de ses opinions : il mérite d'être regretté de tous les hommes sincères.

26 juin. — Les obsèques de Garnier-Pagès ont eu lieu aujourd'hui. Il a été conduit au Père-Lachaise. Des discours ont été prononcés sur la tombe de ce citoyen par MM. Arago, Bastide, Lesseps, Dupoty, Duthoy, ouvrier, Joly, Pagnerre, Blaize et Mariet. Le *Siècle* fait l'éloge de cette touchante cérémonie qui fait honneur à une nation qui sait récompenser si dignement les services qui lui ont été rendus.

28 juillet. — Les anniversaires de la révolution de juillet n'éveillent, selon le *Siècle*, que des pensées de tristesse, des images de deuil. Déceptions, mensonges, divisions, défiances, voilà ce qu'on a vu, ce qu'on a recueilli à l'intérieur, au dehors, humilia-

tions, concessions gratuites, abaissement continu et absence complète de sécurité. L'accord entre le peuple et le gouvernement a cessé d'exister.

30 juillet. — M. Ledru-Rollin a été élu en remplacement de Garnier-Pagès. Le *Siècle* blâme la violence de son langage, et lui cite l'exemple de son prédécesseur qui exprimait sa pensée avec hardiesse et vigueur, sans manquer pour cela d'équité et de mesure. M. Ledru-Rollin est bien aveugle, dit-il, s'il se persuade qu'il y a maintenant un parti en mesure d'accomplir l'œuvre de régénération et de salut, en marchant sur le corps de tous les autres.

5 août. — M. Ledru-Rollin, député de la Sarthe, est cité devant le président de la cour royale d'Angers, à l'occasion du discours qu'il a prononcé devant les électeurs. Le *Siècle* est très-étonné de cette poursuite. Ainsi, dit-il, tout ce qui a une existence indépendante doit se trouver un jour ou l'autre en conflit avec ce ministère de pédants qui vise à faire de la force et ne se doute pas qu'il n'y a ni force ni durée en dehors du consentement des esprits.

19 août. — Le *Siècle* publie en tête de ses colonnes une communication faite en exécution de la loi du 9 septembre 1835. Cette insertion est commune au *Courrier Français*, au *National* et au *Com-*

merce. Le *Siècle* discute cette communication relative à des mesures fiscales.

27 août. — M. Guizot, sorti en triomphateur de Lisieux, reçoit un charivari à Caen. Le *Siècle* trace en quelques lignes un portrait du ministre qui n'est pas flatté. M. Guizot n'a qu'un but: le pouvoir; pour y parvenir, il prie, il flatte, il se fait humble, il se redresse, il est libéral, il est parlementaire, il est courtisan; les transformations lui sont faciles, les professions de foi se succèdent sans embarras, il trouve au besoin des élans et les apparences de l'enthousiasme; mais c'est toujours la soif du pouvoir qui l'agite, l'orgueil irrité qui gronde dans sa poitrine, et trop souvent encore il fait illusion.

31 août. — A la requête de M. le préfet de police, le *Siècle* est sommé d'insérer un article rectificatif en tête de ses colonnes. — Pas de réflexions!

13 septembre. — Attentat contre le duc d'Aumale. L'auteur, nommé Quénisset, sera jugé par la cour des pairs. Le *Siècle* regrette que ce maniaque ne soit pas déféré en cour d'assises, il craint que l'espèce de théâtre où l'on fait monter les régicides n'exalte les imaginations malades.

24 septembre. — De nouveau traduit en cour d'assises, *le National*, défendu encore cette fois par Mᵉ Marie, est acquitté. « Le gouvernement, dit le

Siècle, comprendra-t-il enfin que les jurés et les électeurs repoussent les doctrines de M. Guizot, et que le pays a pris au sérieux les principes proclamés en 1830 ?

18 octobre. — L'attention du *Siècle* est appelée sur l'établissement projeté des conseils de prud'hommes à Paris ; il signale les pétitions et les articles des journaux rédigés par des ouvriers et un écrit d'un compositeur typographe, intitulé : *De l'état des ouvriers*, pour convaincre le public que les ouvriers sont en position de fournir leur contingent de magistrats capables.

20 octobre. — Le *Siècle* ouvre une souscription en faveur de la famille d'Adolphe Boyer qui s'est suicidé ; il laisse une femme enceinte et trois jeunes enfants sans aucunes ressources. M. A. Boyer est l'auteur d'une brochure intéressante touchant les intérêts de la classe laborieuse.

La souscription s'est élevée à 4,000 francs environ.

4 décembre. — M. Dupoty est impliqué dans l'attentat du 13 septembre ; on lui fait un procès de *tendance*. Le *Siècle* sait que la pairie n'aime pas la presse radicale et qu'elle ne croit pas devoir de grands ménagements aux républicains ; mais ici il s'agit de justice et non de politique. Or, ce journal ne fait pas l'injure à la cour des pairs de croire

qu'il siége sur ses bancs un seul membre capable de prononcer comme juge une condamnation tombant sur un ennemi avoué ou présumé du gouvernement et non sur un coupable.

M. Hébert soutient contre M. Dupoty la *complicité intellectuelle* ou la *complicité morale*. Le *Siècle* regarde comme un très-grand malheur et un très-grand danger une semblable doctrine. L'arrêt a causé une stupéfaction universelle.

28 décembre. — La condamnation de M. Dupoty donne lieu à une *Déclaration* solennelle de toute la presse indépendante de Paris, à laquelle adhèrent tous les délégués de la presse des départements. Le *Siècle* insère cette *Déclaration* à la première page et avec un luxe typographique qui ajoute encore à son importance.

VII

1842. — 13 janvier. — Le gérant du *Siècle* est mandé à la barre de la chambre des pairs. M. Chambolle, directeur politique du journal, adresse au président de la chambre une lettre dans laquelle, protestant de son respect pour la constitution, il se déclare

l'auteur de l'article qui motive la délibération de la chambre et en revendique la responsabilité.

20 janvier. — M. Perrée, directeur-gérant, qui a paru seul devant la chambre des pairs pour répondre de l'article incriminé, a été condamné à un mois de prison et à 10,000 francs d'amende. Le *Siècle* ne croit pas que la dignité de la pairie gagne beaucoup à cette condamnation.

30 janvier. — La discussion de l'adresse est très-passionnée cette année; grave et profonde sur les affaires extérieures, elle a été vive et franche sur les questions intérieures. Le *Siècle* pense que le ministère ne se relèvera pas de l'impression produite dans le public par ces débats révélateurs, et si le ministère s'en relevait, le mal en serait plus grand, car ce serait alors le gouvernement qui porterait aux yeux de la nation et du monde la responsabilité de ces actes scandaleux que ne saurait avouer la moralité d'aucun parti.

Le ministère dissout les chambres.

23 mai. — L'époque des élections, bien que très-prochaine, n'est pas encore déterminée. Le *Siècle* invite les électeurs à s'y préparer, afin de n'être pas surpris, soit pour la désignation des candidats, soit pour les rectifications de listes.

Le *Siècle* est tout entier aux élections; il repro-

duit les discours et les manifestes électoraux; il inspire, il encourage, il tient ferme le drapeau de l'opposition.

11 juillet. — Les élections ont été favorables à l'opposition. Le *Siècle* s'adresse aux électeurs de Paris: « Vous avez noblement rempli votre devoir; vous venez encore une fois de donner un grand exemple; vous avez fait acte d'intelligence et de fermeté; vous vous êtes élevés au-dessus des intérêts égoïstes, des injustes préventions, des vaines frayeurs. Vous avez parlé dignement au nom de la population qui s'est associée tout entière aux généreux élans de 1789 et de 1830. »

Dupont (de l'Eure) est élu trois fois dans le même département.

13 juillet. — Mort du duc d'Orléans, à trente-deux ans. Au moment de partir pour Saint-Omer, à midi, le prince allait prendre congé du roi; les chevaux de sa voiture s'emportent, le duc saute par la portière; blessé dans sa chute, il a vainement reçu les secours de l'art. « Pour la France, dit le *Siècle*, la mort du prince royal est un événement funeste; il attriste le présent, il est inquiétant pour l'avenir... »

En présence de la mort du duc d'Orléans, le gouvernement convoque les chambres pour le 26 juillet.

« La France a besoin de calme et d'union, dit le *Siècle*, mais la dynastie a besoin de popularité. »

Le *Siècle* veut un changement de ministère; il ne songe pas à poursuivre M. Guizot; mais le système doit tomber avec le ministre qui le personnifie; il doit tomber, parce que le corps électoral l'a moralement condamné et flétri aux applaudissements du pays tout entier.

26 juillet. — La séance d'ouverture de la session, sous l'influence de la catastrophe récente, a été profondément triste. A l'entrée du roi et de ses fils, le cri de: *Vive le roi!* a retenti sur tous les bancs de l'assemblée. Une pareille unanimité, dit le *Siècle*, ne s'était pas retrouvée depuis 1830.

9 août. — Un projet de loi sur la régence est présenté. M. Dupin en est le rapporteur. Le *Siècle* place la loi sur la régence en dehors de toute préoccupation de parti; chaque député doit ne consulter que sa conscience.

11 septembre. — Refus de la pairie par M. Royer-Collard. L'explication possible de ce refus, c'est le peu de cas que fait de la pairie et de ceux qui la lui offrent l'ancien député de la Marne, un élu de sept départements qui a présidé la Chambre, homme grave et religieux, bon citoyen, admirable orateur. Le *Siècle* se demande quelle estime on peut faire

d'un gouvernement où les meilleurs citoyens refusent les dignités qu'on leur offre.

16 septembre. — L'intention d'améliorer le sort des classes laborieuses est si louable, que le *Siècle* est toujours disposé à applaudir aux efforts de ceux qui se montrent animés de cette préoccupation, en tenant compte des nécessités de l'ordre.

22 septembre. — Le *Siècle*, qui a publié un article approfondi sur l'instruction publique, dans lequel il demandait l'instruction primaire gratuite, reproduit un discours de M. de Lamartine qui proclame le même principe devant les élèves de l'école normale de Saône-et-Loire.

30 septembre. — Le *Siècle* reçoit une sommation de M. Berrurier, qu'il place toujours en tête de ses colonnes, selon l'ordre. Cette sommation joue sur les mots. Usage insignifiant des lois de septembre.

7 décembre. — Le *Siècle* félicite la magistrature d'avoir reconnu sur un point les droits de la presse. Chaque journal, d'après cette décision, est libre de publier, à côté de son édition périodique, sous sa responsabilité, un journal spécial, avec augmentation de prix, traitant de matières politiques, littéraires, judiciaires, scientifiques et commerciales. C'est une véritable révolution dans la presse périodique. Le *Siècle* en profitera.

18 décembre. — Parmi les questions qui s'agitent en France, questions d'un avenir certain, inévitable, la plus importante, selon le *Siècle*, c'est celle de l'instruction publique et surtout de la direction nouvelle à donner aux études pour le plus grand nombre de jeunes gens. Il veut un enseignement professionnel.

VIII

1843. — 1er janvier. — Les harangues de nouvel an sont sans intérêt. Elles sont inaperçues. Le *Siècle* les passe sous silence.

L'adresse est discutée avec vivacité. Sur le droit de visite, M. Billault oppose à M. Guizot des citations accablantes, lorsque du temps de la coalition dont il faisait partie, il pleurait sur les ruines de notre puissance et sur l'abandon de notre dignité nationale. Mais M. Guizot ne se rappelle de la coalition que pour en gémir, dit le *Siècle*; il n'a rien à regretter, rien à démentir; plus il s'abaisse dans ses actes, plus il relève la tête. Ses rouéries, ses faiblesses, ses palinodies, sa dissimulation prennent un nom superbe dans son langage. C'est Tartuffe devenu arrogant.

17 février. — En traçant le devoir de l'opposition, le *Siècle* déclare qu'il faut voter franchement au scrutin contre l'homme qu'on attaque tout haut et dont on réprouve la politique ; il faut voter contre lui chaque fois que sa politique est en œuvre, chaque fois que se pose la question de confiance.

2 mars. — Dans un vote de confiance à propos d'une réduction de 50,000 fr. sur les fonds secrets, le ministère a obtenu 244 voix contre 155. En présence de ce résultat, le *Siècle* demande que l'opposition légale se concerte, s'organise dans la Chambre, dans la France entière. Le droit du pays prévaudra dès qu'il saura manifester sa volonté sans faiblesse, sans violence.

23 mars. — Dans la séance d'aujourd'hui, le ministre de l'intérieur déclare qu'il repousse les réformes petites ou grandes. Le ministère aime mieux, dit le *Siècle*, donner gain de cause aux radicaux et courir la chance des révolutions que de se réformer.

Les gouvernements qui ne veulent pas inscrire sur leur drapeau le mot *Progrès*, y trouveront écrit par une main qui n'est pas la leur le mot *Révolution*.

21 mai. — M. Michelet, à son dernier cours au collége de France, avait pris pour texte de son discours : *La liberté de la presse a sauvé la liberté de la*

parole. Le *Siècle*, sur qui on doit toujours compter quand il s'agit de défendre la liberté, reproduit une grande partie de ce beau discours, qui se termine par ces paroles de l'Hospital : « Perdre la liberté, ô bon Dieu! que reste-t-il à perdre après cela? »

8 juin. — Le *Siècle* publie textuellement le discours prononcé au banquet de Mâcon par M. de Lamartine. Qu'importe, dit-il, un léger dissentiment, dont le souvenir s'efface bientôt, quand il n'y a au fond qu'une pensée, qu'un but : organiser la démocratie, c'est-à-dire le peuple tout entier; fonder la stabilité publique sur l'égalité des droits, la fraternité entre les hommes?

13 juillet. — Le *Siècle* est convaincu que la mission actuelle de la France, c'est l'émancipation des classes laborieuses, leur émancipation par la liberté de l'industrie, par l'instruction, la moralité qui naît de la prévoyance et de la sécurité dans l'avenir. Il indique comme conformes aux principes les réformes suivantes qui sont en voie de réalisation : salles d'asile, instruction primaire, sociétés de secours mutuels, caisses d'épargne, loi sur le travail des enfants, marques de fabrique, conseils de Prud'homme, caisse de retraite.

30 juillet. — L'anniversaire de la révolution de juillet s'est passé sans aucune pompe officielle. Le

Siècle pense que la révolution de juillet ne peut pas s'effacer; c'est un ensemble d'idées, d'institutions, de principes auquel l'avenir appartient.

22 août. — Le *Siècle* se préoccupe vivement des classes laborieuses. Il dit que le travail a obtenu une formule nouvelle comme les autres droits de l'humanité : la liberté de l'industrie a été proclamée en même temps que la liberté de la pensée. Il énumère à quelles conditions le progrès social peut se faire.

14 novembre. — Le ministère est triomphant de n'avoir en face de lui personne qui lui dispute le pouvoir. On ne peut attendre de changement que d'une *crise*, selon l'expression de M. de Lamartine. Les ministres s'applaudissent de cette situation. Mais qui pourrait affirmer, s'écrie le *Siècle*, que cette crise ne sera pas un péril ? Qui dit qu'elle sera purement ministérielle? qui assure qu'on en sortira sans secousses, sans violences et sans dommage ?

14 décembre. — Le *Siècle* termine aujourd'hui son sixième et dernier article sur l'émancipation des esclaves.

27 décembre. — L'ouverture de la session a eu lieu aujourd'hui, au milieu des cris. Le *Siècle* constate que les députés de l'opposition sont restés calmes et silencieux.

Le pays, dit-il, n'a plus rien à apprendre sur le

système qui prévaut; la corruption, l'intrigue, les prétentions à l'omnipotence monarchique, sont maintenant à découvert.

IX

1844.— 2 janvier. — Les réceptions aux Tuileries ont donné lieu à une multitude de harangues qui se valent toutes pour la pensée et pour l'expression. Le *Siècle* juge qu'il est parfaitement inutile de les citer; cependant à la lecture du discours de MM. Pasquier et Sauzet, il n'a pu se défendre d'un sentiment de tristesse et presque de honte.

5 janvier. — Un des moyens d'assurer l'indépendance de la Chambre, du mandataire, et qui se pratique en Belgique et aux États Unis, c'est de donner une indemnité à chaque député. Cette opinion est soutenue dans le *Siècle* par M. G. de Beaumont, comme elle l'a été par Léon Faucher, collaborateur de ce journal, au fort de la lutte de la coalition.

9 janvier. — La situation actuelle présente un rapport singulier avec celle qui a précédé 1830. Le *Siècle* constate dans le pays de tristes pressentiments, de vagues terreurs et une sorte d'attente :

M. de Chateaubriand bénit à Londres la naissance politique du duc de Bordeaux. M. Laffitte déplore la ruine de nos institutions; M. de Lamartine abandonne les conservateurs qui marchent vers un abîme; M. Odilon Barrot s'éloigne de plus en plus d'un système corrompu et corrupteur. Les hommes qui président à l'ordre de choses actuel semblent frappés de cet esprit de vertige qui amène les catastrophes. Il faut sans doute, ajoute le *Siècle*, se garder de conclure qu'une révolution soit imminente, mais on en doit tirer un salutaire avertissement.

10 janvier. — Dans sa neuvième lettre sur la session que publie le *Siècle*, M. G. de Beaumont traite des améliorations sociales. Il prend l'homme à son berceau et le suit jusqu'à la tombe. Il indique tout ce que pourrait tenter en faveur des ouvriers une Chambre indépendante, sous le rapport de l'instruction, des sociétés de prévoyance pour les cas de maladie, la loi de recrutement surtout où l'égoïsme du riche soit le plus éclatant et la triste condition du pauvre soit mieux mise à découvert; il demande qu'on admette quelques conditions d'indemnité. Il voudrait aussi la création d'un *Moniteur du travail* pour renseigner les ouvriers sur tous leurs intérêts.

15 décembre. — La discussion de l'adresse s'est ouverte avec solennité, elle contenait une menace de flétrissure à l'égard des légitimistes qui s'étaient rendus à Belgrave-Square. M. Berryer a pris la parole, M. Guizot lui a répondu avec habileté et talent. Le *Siècle* lui rend cette justice, en regrettant que les sentiments généreux, vrais, justes, qu'il exprimait en beau langage ne fussent pas dans son cœur comme ils étaient sur ses lèvres.

26 janvier. — La séance a été très-orageuse, toujours à propos de la flétrissure à infliger aux légitimistes. M. Berryer, rapprochant le voyage de Gand de celui de Londres, s'écrie : « Nous n'avons pas été, nous, comme ceux qui nous accusent, comme ceux qui veulent nous imprimer une note d'infamie, au milieu des étrangers en armes; nous n'avons pas placé nos espérances dans un immense désastre près de fondre sur notre patrie. » A cette accusation, M. Guizot monte à la tribune. Il fait son éloge; en entrant dans la vie publique il s'est promis d'écarter de lui le vice de l'hypocrisie. Interrompu par un tonnerre de cris, il déclare dix fois qu'il a été à Gand. Dix fois, dit le *Siècle*, un cri immense l'interrompt et l'arrête. La gauche tout entière proteste; elle se soulève, s'agite. C'eût été une honte, une lâcheté, s'écrie le *Siècle*, de ne pas protester

contre cette doctrine impie d'où ne peut sortir que la trahison.

2 février. — Le *Siècle* publiait, il y a quelques jours, la mort de sir Hudson Lowe ; aujourd'hui il annonce la mort du général Bertrand. Après le bourreau, dit-il, le compagnon fidèle, le serviteur héroïque.

13 mars. — Quand le gouvernement s'est laissé emporter à la colère au sujet des démonstrations légitimistes, écrit le *Siècle*, nous l'avons averti qu'il faisait une grande faute. Toutes les fois qu'une garantie constitutionnelle sera violée en leur personne, ils pourront, comme tous, compter sur notre appui, car nous ne sommes pas de ceux qui ne veulent la liberté que pour eux-mêmes.

17 mars. — M. de Lamartine, s'adressant à l'opposition, lui répète : « Ne comptez plus sur les demi-mesures, sur les petites réformes; il y a un parti-pris de rejeter tout ce qui vient de nous; et d'ailleurs ces réformes seraient impuissantes. » Le *Siècle* se demande quel espoir reste à la France. Sera-t-elle réduite à l'alternative de subir en silence un régime ignominieux ou de se précipiter, contre ses propres vœux, dans de nouvelles révolutions ?

9 avril. — Le *Siècle* trace un tableau fort triste de la chambre des députés. « Oui, dit-il, c'est un

spectacle affligeant que celui de cette assemblée souveraine de droit, impuissante de fait, en qui devrait vivre l'unité de la France. Des divisions, des doutes, des fluctuations, de petites idées, de petites intrigues, de petites lois; nul dévouement, peu d'espérances, beaucoup de lassitude et de dégoût, voilà le régime actuel. »

4 mai. — La Chambre s'est occupée de la question de l'abolition de l'esclavage dans nos colonies. Une pétition, signée de plusieurs milliers d'ouvriers de Paris, a donné lieu à un grave et imposant débat, auquel ont pris part MM. Agénor de Gasparin, Ledru-Rollin et de Tracy. L'auteur du rapport est M. le duc de Broglie. En face de ce travail, le *Siècle* constate que le ministère reste inactif. Mais ce qui a un sens profond, c'est le sentiment de sympathie pour la cause de l'émancipation qui, pendant toute cette discussion, a dominé l'assemblée tout entière.

27 mai. — Le *Siècle* annonce la mort de Jacques Laffitte; il est allé, dit-il, rejoindre Manuel, Foy, Benjamin Constant, le général Lafayette, dont il partageait les sentiments, les espérances, les travaux, et dont les noms resteront, comme le sien, dans la mémoire du peuple.

30 mai. — La Chambre ne siége pas pour assister aux obsèques de Jacques Laffitte. Pour tous ceux qui

ont vu le spectacle admirable de cette journée, dit le *Siècle*, il rappelle, sans affaiblir la grande impression qui en était restée, le mouvement spontané, immense, qui entraîna, il y a bientôt vingt ans, le peuple de Paris aux funérailles du général Foy.

30 juin. — Le *Moniteur* contient un article sur la question de la dotation. Il s'efforce de démontrer que les fils du roi ne peuvent se passer de dotation, et que le domaine ne pouvant les leur donner, c'est le budget qui doit en faire les frais. Que signifie, s'écrie le *Siècle*, ce manifeste officiel? Une seule chose lui paraît évidente, c'est le vertige dont semble frappé ce ministère qui ne sait rien vouloir, ni renoncer à rien, qui, après s'être montré dans cette affaire cauteleux et pusillanime, prend des airs d'insolence et d'audace, et ne sait répondre à ses adversaires que par l'injure et la forfanterie.

21 août. — La police correctionnelle a condamné des ouvriers en papiers peints, depuis huit jours jusqu'à huit mois d'emprisonnement, pour délit de coalition. Les prescriptions du Code pénal, dit le *Siècle*, prouvent combien nos lois industrielles auraient besoin d'une révision prompte et radicale.

29 octobre. — Le ministère atteint la quatrième année de son existence; il est le dix-septième ca-

binet qui ait été formé depuis quatorze ans : il représente plus intimement le système qui s'est incarné en lui. Dans l'état actuel des choses, le *Siècle* ne croit pas qu'un ministère national puisse se former; c'est au corps électoral à voir s'il veut se rendre complice d'un régime qui efface les scandales du ministère Villèle. Pour lui, tant que sa voix pourra se faire entendre, il protestera contre les pratiques infâmes de ces roués politiques qui, pour dominer la volonté et contenir l'ardeur généreuse d'un grand peuple, commencent par le démoraliser.

19 novembre. — Le *Siècle*, répondant à diverses questions que lui pose le *National*, déclare qu'il veut : une modification à la constitution de la Chambre, le vote au chef-lieu, l'indemnité aux députés, la réforme des lois de septembre, l'indépendance du jury, et une enquête sur l'état des classes laborieuses qui peuvent compter sur ses sympathies.

22 novembre. — Le *Siècle*, qui reçoit les félicitations de la *Réforme* pour avoir parlé de l'enquête sur la situation des travailleurs, publie à sa première page la pétition demandant l'enquête que les ouvriers ont adressée aux membres de la chambre des députés.

C'est la deuxième fois que les ouvriers prennent une initiative.

X

1845. — 2 janvier. — C'est toujours en vain que le *Siècle* signale l'inopportunité et le danger des harangues politiques qui se substituent à un simple échange de compliments les jours où les corps de l'État viennent présenter au roi leurs hommages.

4 janvier. — Sous ce titre : la *Séance royale*, le *Siècle* insère une pièce de vers de Barthélemy. Le poëte s'adresse aux députés :

> Réhabilitez-vous par six mois de travaux ;
> Le peuple universel attend des droits nouveaux :
> Du titre électoral, dotez l'intelligence ;
> Levez-vous, suscitez, comme une loi d'urgence,
> Le salaire aux sueurs, le pain à l'atelier ;
> A l'esclave souffrant, desserrez le collier.

6 janvier. — Le *Siècle* combat contre le *Commerce* pour la liberté commerciale. La science pure, dit M. Wolowski, conduit à des théorèmes d'économie politique qui sont tout aussi vrais que ceux de la géométrie. Il est étonné qu'un journal, qui s'intitule le *Commerce*, défende les doctrines les plus propres

à contrarier le développement des rapports commerciaux.

8 janvier. — M. Quinet ouvre son cours; il a pris pour sujet l'histoire des révolutions religieuses dans ses rapports avec les arts, les sciences, les lettres du Midi. Le *Siècle* reproduit en entier le discours de l'illustre professeur; il mentionne en ces termes le succès de M. Quinet : « Les applaudissements de la jeunesse, qui se montre si digne d'entendre ce noble langage, prouvent en même temps que l'esprit de vie et de liberté n'est prêt de succomber en France ni sous les embûches du parti ultramontain ni sous les séductions d'un grossier matérialisme. »

10 janvier. — A voir ce qui se passe, le *Siècle* conçoit les vœux et les espérances des partis extrêmes; ils sont en droit de supposer qu'un détestable gouvernement ne peut être durable en France; le passé justifie leurs prévisions. Ce qui a perdu la Restauration, c'est son *système*, c'est son désir aveugle, mais tenace, ardent, invincible, de ramener la France en arrière, de dompter la révolution de 1789, comme aujourd'hui on veut dompter la révolution de 1830.

11 janvier. — Le projet d'adresse de la chambre des pairs est publié par le *Siècle*, convaincu que si elle n'est pas modifiée, elle portera un tort irré-

parable à la considération de la Chambre. La louange est permise, l'erreur est trop souvent inévitable; mais dans la louange comme dans l'erreur, il est une mesure qu'on ne saurait dépasser sans encourir le blâme universel.

19 janvier. — M. Michelet publie un livre, sous ce titre : *Du prêtre, de la femme, de la famille*. Le *Siècle*, qui en donne quelques citations, exprime sa vive sympathie pour la pensée qui anime ce beau livre, pour cette nécessité d'une régénération de l'église catholique, qui la mette enfin d'accord avec la raison publique et avec l'État.

28 janvier. — Le *Siècle* publie les noms des députés qui ont voté pour l'indemnité Pritchard, ils sont 213. Trois voix de majorité. Le ministère devrait donner sa démission; mais, dit le *Siècle*, l'homme qui a manqué en 1815 à son pays; en 1830, à ses engagements anciens et nouveaux; au commencement de 1839, à son parti; six mois après, à ses alliés; en 1840, au ministère dont il était l'agent; toute sa vie, à ses propres maximes, cet homme, M. Guizot enfin, ne se croira jamais obligé de se soumettre aux règles du gouvernement représentatif.

3 février. — M. Drouin de l'Huys, député, est destitué de ses fonctions de directeur de la division

...mmerciale au ministère des affaires étrangères. ...la nouvelle de cette destitution, il s'est manifesté ...r tous les bancs de l'opposition une très-vive in...ignation, selon le *Siècle*, qui rapporte les paroles ...ue M. Philippe Dupin aurait dites à M. Dumon, ...inistre : « Quoi! des destitutions pour un vote ...lencieux, et mon frère est épargné après son dis-...ours! Ce n'est pas de la modération, c'est de la ...cheté! »

11 février. — On ne sait pas comment le ministère ...t encore; car, dit le *Siècle*, il doute de sa position, ...e ses amis et de lui-même; il n'ose s'aventurer ...ans aucune route, car il craint de n'y être point ...ivi. A peine ose-t-il se redresser et relever la tête ...epuis sa chute; chacun de ses mouvements est une ...ouleur, et il sent qu'à chaque pas qu'il fera on ...rra mieux qu'il est blessé.

27 février. — Réception à l'Académie de M. de ...ainte-Beuve. Le *Siècle* publie les deux discours, ...elui du récipiendaire, et la réponse par Victor ...ugo : dans son appréciation du discours de Victor ...ugo, le *Siècle* dit qu'il ne pouvait être donné à ...ersonne de parler de Casimir Delavigne dans un ...yle plus beau, plus grandiose, plus majestueux. ...'auteur a obtenu le plus grand triomphe qu'on ...uisse espérer; il a exprimé avec son originalité

puissante les sensations, les opinions, les désirs, les regrets des amis et des admirateurs de l'homme, du citoyen et du poëte.

12 mars. — MM. Ledru-Rollin et Crémieux ont déposé des propositions tendantes à introduire diverses modifications à la loi électorale. Le *Siècle* a déjà exprimé son opinion à ce sujet; il regrette seulement que les diverses fractions de l'opposition ne se soient pas encore entendues pour présenter une proposition de réforme qui leur soit commune.

14 mars. — On commence à apprécier le ministère Guizot, comme il est jugé en France. Mais M. Guizot se cramponne. Il ne comptera pour rien les humiliations, dit le *Siècle*, les échecs, l'abandon même, tant qu'on le laissera debout. Il ressemble, par le côté matériel, à ces soldats russes dont un grand général disait après la bataille d'Eylau : « Ce n'est pas assez de les tuer, il faut encore les jeter par terre. »

7 avril. — La Chambre a discuté la proposition de M. Crémieux relative à l'adjonction des capacités. Cette proposition, après une première épreuve douteuse, dit le *Siècle*, a été rejetée par 179 voix contre 131; mais plus de 60 membres de l'opposition ont manqué à l'appel.

10 avril. — M. Ledru-Rollin a déposé diverses

pétitions pour provoquer une enquête sur la situation des travailleurs en France, elles portent 40,000 signatures qui, réunies aux signatures des autres pétitions, forment le chiffre de 80,000. La Chambre, dit le *Siècle*, a été faiblement émue de l'acte et des déclarations du député radical.

23 mai. — M. Havin a rendu facile, par son lumineux rapport, l'appréciation du projet de loi sur les justices de paix, qu'il fallait conformer au principe de la gratuité de la justice. Les diverses dispositions du projet ont été adoptées à une forte majorité.

17 juin. — M. Ledru-Rollin a demandé, du haut de la tribune, qu'un jour fût fixé avant la fin de la session pour l'examen de la pétition des *travailleurs*. A ce mot, des exclamations peu bienveillantes, le *Siècle* en convient, sont parties de certains bancs des centres, en réponse à cette proposition.

12 juillet. — Sur l'invitation du ministère, les professeurs du collége de France doivent examiner s'il y a lieu de porter un blâme contre MM. Michelet et Quinet. Quoi qu'il arrive, dit le *Siècle*, la liberté du haut enseignement ne sera point désertée par ceux qui l'ont représentée avec le plus d'éclat. Tant que le droit n'aura pas fait place à la violence, MM. Michelet et Quinet sauront le faire respecter en leur personne.

14 juillet. — Les ouvriers charpentiers ont suspendu leurs travaux, les chantiers sont déserts. Les entrepreneurs se plaignent de ce que les travaux ont été arrêtés brusquement, les ouvriers répondent qu'on n'a pas voulu les entendre. Le *Siècle* pense qu'une discussion sérieuse conduirait probablement à une solution favorable aux deux grandes fractions de la famille des travailleurs. Bien triste serait le calcul, dit le *Siècle*, de ceux qui compteraient sur l'épuisement de l'épargne du travailleur pour l'amener à se rendre à grâce et à merci.

16 juillet. — Le *Siècle* publie la circulaire du comité du centre gauche aux électeurs, comme il a publié celle du comité de la gauche, en prévision de la dissolution des Chambres. Ces circulaires prouvent que le ministère trouvera l'opposition préparée à combattre.

18 juillet. — Dans l'affaire des ouvriers charpentiers, de nouvelles arrestations ont eu lieu, celle de la mère des charpentiers, madame Linard, et de M. Linard, son mari. Le *Siècle* blâme cette intervention de la justice dans une question de salaire, lorsque nulle violence n'était commise.

1er août. — Le conflit entre les maîtres et les ouvriers charpentiers est en voie d'arrangement. Le *Siècle* ne voit pas dans un accroissement de salaire

un péril pour l'industrie. Rétribuer convenablement le travail humain, tel doit être le premier but de tous les efforts sociaux, car il n'est pas de plus déplorable économie que celle qui porte sur l'existence des travailleurs,

5 août. — La *Réforme* attaque le *Siècle*, qu'il accuse de s'être prononcé en faveur des maîtres. Celui-ci répond qu'il n'est personne qui attache plus de prix que lui à l'amélioration du sort des travailleurs, personne qui soit plus disposé à prendre en main la défense de leurs droits.

26 août. — Le tribunal de police correctionnelle a rendu une décision sévère contre les ouvriers charpentiers; il a appliqué la loi dans sa rigueur, quelques prévenus ont été frappés d'une peine plus forte, comme chefs et moteurs. Le jugement du tribunal va être frappé d'appel. Le *Siècle* espère que la cour royale en tempérera la rigueur.

11 octobre. — L'arrêt rendu par la Chambre des appels de police correctionnelle, dans l'affaire des ouvriers charpentiers, confirme la sentence sévère des premiers juges. Le *Siècle* déplore ce résultat; mais il espère que le procès des ouvriers charpentiers amènera une meilleure interprétation des articles 415 et 416.

26 décembre. — La session va s'ouvrir. Le *Siècle*

ne saurait trop redire que la tutelle de la Chambre est plus que jamais nécessaire à côté de ce cabinet frappé d'une sorte d'interdiction politique et administrative. Chacun, dans un pareil moment, assume, en présence du pays, une immense responsabilité.

28 décembre. — Une pétition se signe parmi les ouvriers pour la fondation d'une caisse de retraite. Le *Siècle* approuve cette idée qui est entièrement dans ses vues. Pour résoudre le problème de l'amélioration des classes laborieuses, il faut adopter successivement des créations modestes en apparence, mais d'une utilité incontestable, en élevant pierre à pierre l'édifice de l'avenir.

31 décembre. — M. Sauzet, nommé président de la chambre des députés, prend pour texte de sa harangue la vie de Royer Collard. En entendant l'éloge de cet illustre citoyen, le *Siècle* dit qu'on se rappelait de quels ineffaçables stigmates sa puissante ironie marquait au front l'*austérité intrigante*. M. Royer Collard occupait le fauteuil de la présidence par l'estime qu'il imposait à tous les partis, non pas, comme aujourd'hui, en servant tous les caprices du pouvoir.

XI

1846. — 2 janvier. — Les harangues officielles de cette année contiennent les éloges de la paix à tout prix et la glorification de la pensée du règne. Le *Siècle* constate avec regret que, par la faute des courtisans, cet usage dégénère en une démonstration politique. Un discours a fait exception cette fois ; ce discours, prononcé au nom de l'Institut par M. de Rémusat, a prouvé qu'il est possible de conserver le sentiment profond des droits du pays et de la dignité du corps au nom duquel on a l'honneur de porter la parole, tout en rendant un respectueux hommage au roi et à la dynastie.

6 janvier. — L'idée de la caisse de retraite pour les ouvriers fait son chemin ; les conseils généraux des manufactures et du commerce se prononcent en leur faveur. Tout se réunit, dit le *Siècle*, pour hâter la réalisation de cette pensée, qui est le complément nécessaire de l'institution des caisses d'épargne.

14 janvier. — Un congrès réformiste s'est formé entre les journalistes de Paris et ceux de province.

Le *Siècle* s'est tenu en dehors de ce congrès; il pense que le journaliste est plus puissant du haut de la tribune qu'il fait tous les jours retentir, qui sert d'écho à des croyances communes, à des volontés réunies, qu'au sein d'un congrès où il ne conserve plus que l'influence d'une personne et d'une volonté particulière.

30 janvier. — Le plan financier de sir Robert Peel est publié entièrement par le *Siècle*, qui en fait le plus grand éloge; il dit que ce discours est une véritable révolution dans le monde industriel et économique. Par cette mesure hardie, les droits prohibitifs vont être réduits de tout ou partie, tandis que notre gouvernement s'obstine à les conserver intacts.

9 février. — Un projet de loi sur les livrets des ouvriers est soumis aux délibérations de la chambre des pairs. Le *Siècle* approuve le projet, et il demande un ensemble de dispositions nouvelles, un code industriel, afin de mettre la législation en rapport avec la liberté inaugurée par la révolution.

14 février. — Le projet de loi sur les modèles et dessins de fabrique est en discussion à la chambre des pairs. Ce projet a été l'occasion du début de M. Victor Hugo, qui, dit le *Siècle*, a été très-brillant.

15 février.— Des députés nouveaux, envoyés pour combattre la déplorable politique du cabinet, ont passé au ministère avec armes et bagages. Le *Siècle* flétrit ces défections parlementaires, ainsi qu'il les qualifie. Ces funestes manœuvres, s'écrie-t-il, n'atteindront pas leur but ; cette école de corruption ne comptera pas de nombreux adeptes. La nation appréciera, déposera devant elle le bilan des votes ; les scandaleux articles du tarif des consciences passeront sous ses yeux, et elle décidera de la sévère sanction que réclame la loi morale trop longtemps méconnue avec impunité.

26 février. — Une association pour la liberté des échanges vient de se constituer à Bordeaux parmi les négociants, propriétaires et industriels. La société des Économistes de Paris correspond avec l'association de Bordeaux. Le *Siècle*, qui est pour la liberté, approuve ces efforts.

.5 mars. — La Pologne est en pleine insurection. Les deux documents officiels publiés par les chefs de l'insurection à Cracovie sont insérés complétement dans le *Siècle* avec sympathie... Quelle que soit l'issue de la lutte désespérée, dit-il, cette héroïque résistance à l'oppression excitera une vive émotion dans le monde.

7 mars. — Plusieurs articles sont consacrés à la

Pologne. Une pièce de vers de madame Louise Colet, commence ainsi :

> Elle se lève, elle appelle la vie,
> La nation qu'on veut anéantir!
> Sublime effort de ce peuple martyr,
> Son aigle blanc plane sur Cracovie!

8 mars. — Le *Siècle* est tout entier à la Pologne, comme le *National* qui a ouvert une souscription en faveur de la Pologne, avec le nom de Béranger en tête ; le *Siècle* recevra les fonds qu'on voudra bien déposer dans ses bureaux.

10 mars. — Cent vingt-deux députés se sont réunis, avant l'ouverture de la séance, pour s'occuper de la situation actuelle de la Pologne. Une souscription est immédiatement ouverte. Le *Siècle* rend compte de cette manifestation. Ah! dit-il, ne laissons pas périr, faute de leur tendre la main, ces sublimes infortunés qui, dans les grandes guerres de la Révolution et de l'Empire, ont été les compagnons d'armes de nos soldats, et qui ont eu réellement pour nous, depuis cinquante ans, un dévoûment de frères.

30 mars. — Insertion dans le *Siècle* de circulaires du comité de la gauche constitutionelle, et

du comité du centre gauche, en prévision de la dissolution de la Chambre.

21 avril. — Les trois puissances qui se sont distribué la Pologne préparent un nouveau partage. En lisant les renseignements qu'il a recuillis, le *Siècle* éprouve un sentiment d'horreur à la vue de cette conjuration permanente de rois ambitieux qui dévorent un territoire comme un héritage, et partagent un peuple comme un troupeau.

26 mai. — Évasion du prince Louis Napoléon du fort de Ham. Le *Siècle* ne voit pas quel inconvénient peut avoir l'évasion d'un prisonnier dont le malheur, bien que mérité, inspirait un intérêt général, et a qui, grâce aux progrès de la raison publique, aussi bien que par ses propres fautes, il n'est rien resté des prestiges d'un prétendant.

14 juillet. — La Chambre est dissoute, on se prépare aux élections. Le *Siècle* dit que ce qu'il faut combattre en ce moment et avant tout, c'est la corruption qui s'est répandue partout; la souillure de l'administration, le crime des ministres, le grand danger de la couronne, la plus grande honte pour le pays, le vice interne qui mine les institutions, la contagion qui envahit et dégrade les âmes, c'est la corruption, ainsi que tout le monde le proclame.

21 juillet. — La lutte électorale est engagée dans la France entière. Le *Siècle* s'évertue à donner des avertissements. C'est l'heure des catastrophes qu'il faut écarter ; ce sont les conflits de pouvoir, c'est la réaction terrible des esprits emportés au delà de toute limite qu'il faut prévenir. Vous avez votre moyen, nous avons le nôtre. Vous espérez dompter, asservir le pays en le démoralisant ; nous voulons le satisfaire par des réformes. Est-ce avec nous qu'est le péril ? Est-ce avec vous qu'est l'honneur ? Voilà ce que les électeurs ont à décider.

22 juillet. — Le *Siècle* publie, dans un supplément, la liste des députés qui ont voté pour et contre l'indemnité Pritchard. Il publie en outre, une satire dans laquelle M. Barthélemy a encadré les noms des deux cent treize pritchardistes.

4 septembre. — L'état de la Chambre provoque ces réflexions au *Siècle* : « La classe moyenne, dit-il, nous parlons de celle qui est restée pure, doit reconnaître qu'en s'isolant des masses, elle amoindrit son droit et perd la moitié de ses forces. L'épreuve des élections, huit ou dix fois renouvelée, prouve que le pays légal, quand il est restreint aux proportions d'un corps privilégié ou d'une caste, peut se laisser intimider ou corrompre. La nation dans sa masse est incorruptible, c'est là qu'il faut puiser,

avec discernement sans doute, mais avec confiance, les éléments qui rendront la vie à un corps malade et épuisé.

14 septembre. — Le *Siècle* soutient le libre échange en s'appuyant sur les bons effets de la liberté commerciale, et il conseille aux prohibitionnistes de renoncer aux arguments vieillis; il cite la Suisse comme exemple, la Suisse qui vient donner un démenti à ceux qui taxent d'utopie le régime du libre-échange.

20 septembre. — Sous ce titre : *Des espérances de l'Italie*, le *Siècle* signale de nouvelles dispositions en Italie; il conseille aux princes des concessions et une large amnistie; aux patriotes, de la sagesse. Au nom et pour l'amour de l'Italie, dit-il, qu'aucun élément de désordre ne vienne troubler les commencements de ce grand travail, et la cause italienne sera bientôt gagnée.

2 octobre. — Le *Siècle* insère une communication de M. de Lamartine sur la crise des subsistances, qui agite profondément les populations. M. Wolowski consacre deux articles au même sujet, il conclut à la liberté, dont il ne voudrait pas laisser le monopole à l'Angleterre.

27 novembre. — Le *Siècle* publie un manifeste énergique relativement à la Pologne vaincue, signé

des membres de la commission exécutive : Lamennais, de Courtais, Ledru-Rollin, Guinard, Goudchaux, Flocon, Armand Marrast.

Le gouvernement, dit le *Siècle*, laisse aux radicaux le soin de protester au nom de la démocratie française, comme si le gouvernement moral du pays, en attendant le pouvoir matériel, avait déjà passé entre leurs mains.

14 décembre. — L'œuvre protectrice des traités de Vienne, dit le *Siècle*, se trouve complétement anéantie, de l'aveu et par la honteuse complicité de la Prusse et de l'Autriche. La Pologne se relèvera un jour pour l'épouvante de ses bourreaux et pour le salut de la civilisation européenne, menacée à la fois par les emportements de la force brutale et par les excès de la corruption.

31 décembre. — Le *Siècle* trace le bilan diplomatique du cabinet du 29 octobre pour l'année 1846 Tous les vœux et les sacrifices faits à la paix, dit-il, aboutissent à une conspiration diplomatique contre la France. Voilà les fruits de cette sagesse, de cette habileté consommée. Tout autour de nous une ceinture d'influences ennemies; pas un allié qu'on ose avouer, et au lieu de la quadruple alliance de 1834, une alliance anti-française des quatre principales puissances de l'Europe.

XII

1847. — 2 janvier. — Ce qu'a bien souvent dit le *Siècle* sur l'inconvénient ou l'insignifiante banalité des harangues débitées solennellement devant le roi à des jours convenus, des conservateurs commencent à le répéter. On est fatigué de ces flagorneries incroyables, de ce style boursouflé ou grotesque.

6 janvier. — Rappelant le mot de M. Guizot : *Enrichissez-vous*, le *Siècle* montre les tristes fruits de ces conseils : l'agiotage, le vol, la fraude, infestent la société. Pour arriver plus vite à la fortune, les uns infestent les boissons, les substances alimentaires, les autres profitent de leurs fonctions publiques pour réaliser des bénéfices illicites. Quel est donc le gardien de la morale publique contre un pareil débordement de la cupidité la plus éhontée? Le ministère public semble partout avoir perdu le sentiment de sa mission sociale.

8 janvier. — Des divisions et des alarmes éclatent au sein du parti conservateur. L'opposition, dit le

Siècle, ne fera aucun effort pour accabler le ministère qui succombe sous le poids de ses fautes. La *Presse* lui offre comme refuge l'alliance russe! Une telle proposition, s'écrie le *Siècle*, sur les ruines fumantes de la Pologne, en présence des terreurs qui agitent l'Italie, l'Allemagne, les États secondaires, les villes libres, n'est pas concevable. Ce serait le *pacte du diable*.

9 janvier. — On se préoccupe de ce que pourra contenir le discours de la couronne. La difficulté n'est pas dans la manière de poser la question, elle est dans la situation même. Plate ou fanfaronne, dit le *Siècle*, la prose n'y fera rien. Il n'y a plus personne à tromper ni à éblouir par des harangues. Ce sont les événements qu'il faut dénouer aujourd'hui; il y faut une main ferme; tôt ou tard il y faudra peut-être une épée. C'est dire que le système est fini.

11 janvier. — Le discours du roi contient des paroles convenables sur la misère publique, mais le *Siècle* craint bien qu'elles soient stériles. Il verra quelles mesures, dignes d'une grande nation, seront prises pour adoucir les souffrances de tant de milliers de malheureux et pour prévenir, autant que possible, des calamités nouvelles.

12 janvier. — Les repus et les cupides du régime

actuel ferment les yeux sur les périls qui menacent le gouvernement représentatif. Le *Siècle* croit que si on ne fait pas appel aux réformes, on peut s'attendre à voir se précipiter la ruine de notre société officielle. Ce qui se passe dès à présent, au milieu du dégoût des uns, de la violence et du cynisme des autres, ressemble à quelque chose qui finit, et l'on ne sait au juste de quoi ce peut-être le commencement.

13 février. — La corvée vient d'être supprimée en Autriche. La loi du progrès, dit le *Siècle*, domine jusqu'aux plus tenaces représentants du passé, tout sert la cause du mouvement; les secousses les plus terribles ne font que hâter le développement des idées de justice et de liberté.

17 février. — Les désaveux et les démentis sont des moyens de gouvernement pour M. Guizot: Dans son ambassade, il n'est pas cru; dans ses instructions, il n'est pas compris. Corrompre ses concitoyens, dit le *Siècle*, abandonner ses agens, tromper ses alliés, compromettre ses amis, flatter ou calomnier ses amis, est-ce là le secret de la grande politique?

18 mars. — Aujourd'hui ont eu lieu les obsèques de M. Martin (du Nord), ministre. Pas de discours sur la tombe, pas de réflexions de la part du *Siècle*

qui rapporte brièvement les faits de la cérémonie et les noms des assistants. Passons.

21 mars. — L'Angleterre vient de réduire par une loi le travail des enfants et des femmes: à 6 heures par jour pour les enfants au-dessous de 13 ans; à 12 heures, de 13 à 18 ans. Les femmes sont placées dans cette dernière catégorie. Le *Siècle*, par la plume de Léon Faucher, condamne cette intervention de la loi dans l'industrie; il oppose, pour l'Angleterre, le danger de résister à la concurrence des peuples étrangers.

24 mars. — On discute à la chambre la proposition de la réforme électorale. Le *Siècle* recommande à l'opposition la vigilance. Il ne faut pas qu'une seule voix indépendante manque à la protestation de la minorité.

La proposition a été rejetée par 252 voix contre 154.

8 avril — M. Léon Faucher a publié dans le *Siècle* plusieurs lettres sur la réforme électorale : « Faisons de l'intelligence, dit-il, un titre qui se place à côté de la richesse, appelons les forces de l'ordre moral à concourir avec l'énergie des intérêts matériels; que le corps électoral représente tous les principes d'émulation, de progrès et de stabilité que la société renferme.

2 juin. — La chambre des pairs a expédié un message à la chambre des députés pour obtenir l'autorisation de poursuivre M. Émile de Girardin, rédacteur de la *Presse*, qui a publié, dans son n° du 12 mai, que des promesses de pairie avaient été vendues 80,000 francs au bénéfice de *l'Époque*.

14 juin. — La chambre des pairs discute et vote sur la pétition dans laquelle le prince Jérôme demandait qu'il lui fût permis de mourir dans son pays, au milieu de ses concitoyens. M. Victor Hugo monte à la tribune pour soutenir la pétition. Il déclare qu'il est du parti des exilés; l'exil est une désignation à la couronne, l'exil fait des prétendants de ceux que l'air de la patrie rendrait citoyens dévoués.

27 juin. — Deux anciens ministres sont accusés de s'être laissés corrompre, l'un dans l'exercice de ses fonctions, l'autre sous la prévention de corruption ou d'escroquerie. Nous rougissons, dit le *Siècle*, pour le pouvoir qu'il se soit élevé, contre des hommes qui ont eu l'honneur de s'asseoir dans les conseils du gouvernement, des charges assez graves pour que la mise en accusation soit décrétée.

1ᵉʳ juillet. — Le *Siècle* pense que le premier intérêt du pays, c'est d'avoir un gouvernement honnête, et le plus grand malheur pour lui, c'est d'être cor-

rompu par ceux qui lui doivent l'exemple de l'honneur et de la probité ; mieux vaudraient à la France les guerres de la République et de l'Empire que le régime infâme des Dubois et des Barras.

8 juillet. — Le *Siècle* publie au long le procès Cubières qui doit avoir une haute portée politique. Sont compris aussi dans le procès MM. Teste, et Parmentier, écroués à la prison du Luxembourg.

10 juillet. — Douze cents électeurs de Paris se sont réunis au Château-Rouge, dans un immense banquet en faveur de la réforme électorale. Des discours ont été prononcés par MM. Lasteyrie, Recurt, Odilon Barrot, Sénart, Marie, Grisier, Gustave Beaumont, Riglet, Chambolle, Fr. Degeorges, Hamelin, Léon de Malleville. A l'intérieur, dit le *Siècle*, le spectacle était vraiment magique.

11 juillet. — Le *Siècle* reproduit tous les discours prononcés la veille au Château-Rouge: à la souveraineté, à la révolution, à la réforme, à l'amélioration des classes laborieuses, à la presse, aux députés de l'opposition ; ces discours occupent quatre pages du journal.

17 juillet. — L'arrêt de la cour est prononcé. Le *Siècle* éprouve quelque commisération pour un brave soldat dont le sang a coulé par neuf ou dix

blessures sur le champ de bataille de Waterloo, et qui s'est laissé égarer vers la fin de sa vie.

22 juillet. — Le *Siècle* reproduit le discours que M. de Lamartine a prononcé à Mâcon le 18 courant, dans un banquet qui lui était offert par les habitants de cette ville. 2,000 convives y assistaient. Les souscripteurs arrivaient par les voitures et les bateaux à vapeur, des principales communes de l'arrondissement; quarante villes avaient envoyé des députations à cette fête.

30 juillet. — Anniversaire de la révolution de 1830. Il rappelle à la France des souvenirs trop grands pour que les tristes déceptions de ces derniers temps surtout ne s'effacent pas ce jour-là. Le *Siècle* veut que l'union des bons citoyens s'achève, que l'opposition légale déploie d'autant plus de vigueur que le peuple montre plus de calme, que les intérêts soient confondus, que tous les droits soient garantis.

3 août. — Enfin, dit le *Siècle*, il n'y a plus personne en France qui puisse être dupe au point de juger M. Guizot sur ses théories et sur ses phrases. Que prouve, après tout, l'insolence des dédains qu'il se plait à étaler? C'est ainsi que Marat répondait autrefois à ses accusateurs; c'est ainsi que M. Teste parlait, en présence de ses juges.

20 août. — Assassinat de madame la duchesse de Choiseul-Praslin. Ce crime, pense le *Siècle*, est un avertissement donné à cette société en déroute que la loi morale ne gouverne plus, et qu'il est grand temps pour elle de sacrifier à d'autres dieux que l'égoïsme et la peur.

22 août. — La *Réforme*, la *Gazette de France* et le *Charivari* ont été saisis. Cette mesure, dit le *Siècle*, a pour but d'atteindre différents articles qui font remonter au gouvernement les crimes et les scandales qui ont coup sur coup effrayé la société. Si le ministère, ajoute ce journal, veut savoir ce qu'on pense de lui, qu'il prête l'oreille aux bruits de la rue, des salons, des ateliers, il verra que jamais jugement n'a été formulé en des termes plus énergiques et avec plus d'unanimité.

24 août. — Le *Siècle* mentionne la saisie de trois autres journaux.

13 septembre. — Le *Siècle* constate le mouvement réformiste qui se propage; il insère les toasts.

14 septembre. — L'Italie! l'Italie! s'écrie le *Siècle*, voilà le mot qui, après tant de siècles, retentit encore; voilà le pays qui de nouveau attire les regards et l'attention de l'Europe. Si l'accord des princes et des peuples se maintient, le commun triomphe n'est pas douteux.

19 septembre. — Le *Siècle* insère une chanson de Béranger, le *Déluge*, vraiment prophétique.

26 octobre. — Le *Siècle* a publié le 23 un manifeste de M. de Lamartine relatif à la politique de la France, aujourd'hui il donne le tableau que l'illustre poëte trace de la situation de la France à l'extérieur.

1er décembre. — Les banquets réformistes se multiplient. Les hommes honnêtes se rapprochent, dit le *Siècle*, les opinions loyales marchent en commun à un but avoué par la morale et les lois, les pensées de progrès et de bien public se font jour; le pays montre qu'il comprend ses droits et qu'il est digne de les exercer.

31 décembre. — Le *Siècle*, accusé d'être passionné et violent par le *Journal des Débats*, répond qu'il ne se laissera ni emporter au delà de ses propres desseins, ni intimider par de vaines menaces. Nous sommes de ceux, dit-il, qui ont voulu fonder un gouvernement représentatif, vrai, honnête et sérieux. Ce gouvernement, nous ne l'avons pas. Nous ne cesserons de protester contre l'oubli ou la violation des engagements de 1830. Avec le concours de la nation, nous espérons affermir, malgré le pouvoir lui-même et pour son propre salut, les institutions que son premier devoir eût été de respecter.

La sœur du roi, madame Adélaïde d'Orléans, est morte aujourd'hui. Le *Siècle* dit qu'elle a montré, le lendemain des journées de 1830, une présence d'esprit et un courage qui honorent également son intelligence et son cœur; elle se confia au peuple armé et victorieux en rentrant au Palais-Royal. Personne ne l'a jamais soupçonnée d'avoir usé de cette influence contre les grands intérêts de la nation ni contre les droits de la liberté.

XIII

1848. — 2 janvier. — Abd-el-Kader, qui a fait sa soumission au général de Lamoricière, est arrivé à Toulon. L'opinion, dit le *Siècle*, tiendra compte au général Lamoricière de ce succès ajouté à tant de glorieux services.

3 janvier. — Le cours de Michelet vient d'être fermé par le ministre de l'instruction publique, comme l'ont été ceux de MM. Miçkiewicz et E. Quinet. Le *Siècle* publie la lettre de M. Michelet au ministre, qui se termine ainsi :

« Maintenant, qu'elle soit fermée cette salle, tandis qu'on ouvrira des chaires ou des tribunes aux

ennemis de la pensée. Elle n'en a pas moins enseigné, répandu, par le génie de mes amis, par ma grande et sincère volonté, un esprit d'unité nouvelle qui ne périra pas demain. »

5 janvier. — Il s'agit encore de honteux trafics, de places vendues, de négociations abjectes poursuivies par l'intermédiaire de personnes placées tout près de M. Guizot et admises notoirement à sa plus intime confidence. Le *Siècle* publie l'article du *National* qui dévoile tous ces faits honteux, et il dit qu'il est temps que la nation apprenne enfin si elle est livrée en proie à une bande de maraudeurs qui, sous le patronage de certains ministres, se regardent comme assurés de l'impunité.

7 janvier. — La satire de Barthélemy, insérée dans le *Siècle*, est adressée à Lamennais; elle débute ainsi :

> Ton instinct, Lamennais, t'a pressé bien des fois
> D'interroger ton siècle et d'élever la voix ;
> Ton oreille toujours attendait l'agonie
> Des pouvoirs qui vantaient leur savante harmonie ;
> Ton doigt touchait le ver qui les rongeait vivants,
> Et tu les menaçais, au bruit lointain des vents
> Qui passeraient bientôt sur leurs grandeurs défaites...

15 janvier. — Grâce aux théories et aux actes de M. Guizot, le *Siècle* dit qu'il devient impossible de

définir et de comprendre la raison d'être du gouvernement actuel. Les passions assoupies renaissent, l'irritation s'accroît, les témérités se multiplient; partout, sous des apparences diverses, c'est la révolution et la contre-révolution qui sont aux prises ou se menacent.

24 janvier. — M. Duchâtel, ministre de l'intérieur, interdit le banquet réformiste du 12ᵉ arrondissement. La commission proteste contre l'illégalité de l'interdiction; elle déclare que, persistant dans sa résolution, elle indiquera ultérieurement le jour où cette manifestation aura lieu. Ainsi, dit le *Siècle*, le pouvoir se place gratuitement en antagonisme avec les classes de la société près desquelles il cherchait et trouvait jadis aide et assistance. Ce qu'il a toléré dans soixante-dix autres villes, il prétend l'empêcher dans la capitale.

1ᵉʳ février. — Un projet du travail des enfants dans les manufactures est soumis aux délibérations de la chambre des pairs. Ce sera le premier pas sérieux, dit le *Siècle*, dans la voie de la régularisation du travail libre, ce grand problème de notre époque. Espérons que, pour les mesures qui touchent de si près à des questions d'humanité et de prévoyance sociale et qui doivent contribuer à l'amélioration du sort des classes laborieuses, la France

ne voudra pas rester plus longtemps en arrière de l'Angleterre.

3 février. — A propos de la conduite suivie par le cabinet dans les affaires de la Suisse, le *Siècle* interprète le sentiment public en ces termes: « Après deux révolutions triomphantes, le gouvernement de juillet, fondé en dépit des traités de Vienne, s'unit à l'oppresseur de la Pologne, au bourreau du Milanais, aux violateurs de l'indépendance de Cracovie consacrée par ces mêmes traités, pour défendre en Suisse, contre le parti qui s'est toujours montré l'ami de la France, les Jésuites expulsés de notre territoire depuis deux cents ans, et les cantons oligarchiques qui ont livré deux fois le pont de Bâle aux soldats coalisés contre la France. ».

10 février. — Les débats de la chambre des députés sont très-vifs et très-passionnés. On y discute le droit de réunion. MM. Thiers, Barrot, Ledru-Rollin, Paillet, Lesseps, Genoude, Boissel prennent tour à tour la parole en faveur du droit de réunion; ils sont combattus par MM. Guizot, Hébert, Dumon. La séance d'aujourd'hui a duré jusqu'à huit heures. « Nous revenons chaque soir émus, presque épuisés de ces séances dans lesquelles la fatigue de l'âme, dit le *Siècle*, s'ajoute à la fatigue du corps, et qui, par moment, ressemblent moins à une discussion

qu'a une lutte. Nous craignons de faire passer dans l'esprit de nos lecteurs toute l'indignation dont nous sommes saisis; car en voyant approcher les jours de crise, nous voudrions retenir l'opinion, au lieu de l'exciter. »

11 février. — Pendant qu'un gouvernement de rénégats enlève à la France les libertés conquises par deux révolutions, le roi de Danemark, dit le *Siècle*, donne une constitution à ses États; et le roi de Sardaigne vient de poser les bases d'une constitution analogue à la Charte française.

Aujourd'hui commence le procès intenté à Léotade accusé d'avoir assassiné Cécile Combette. Le *Siècle* fait la remarque qu'aucune dame n'assiste à l'audience.

14 février. — Une agitation immense règne aujourd'hui dans Paris et va s'étendre dans la France entière. Tout le monde en France, dit le *Siècle*, comprend ce qu'il y a d'imposant et d'invincible dans la résistance légale. Ce devoir sera rempli sans bravade, sans faste, avec l'adhésion et l'appui des électeurs, des gardes nationaux, des citoyens dont l'opposition parlementaire défend les droits.

Le ministère commence à s'émouvoir; il a des craintes; il fait des promesses que les *Débats* insèrent: « La question de la réforme sera discutée à

fond et vidée dans le cours de la législation actuelle, dit-il; que l'agitation cesse donc avec tous ses maux et tous ses périls; que le pays revienne au calme et à la confiance. » — Nous lui répondrons, s'écrie le *Siècle*, ce qu'on répondit aux envoyés de Charles X qui offraient, après un acte irréparable, de rapporter les ordonnances de juillet:

Il est trop tard.

16 février. — S'adressant aux ministres, le *Siècle* dit : « De quoi nous menacez-vous? Nous savons quels ordres sont donnés aux troupes, quelles munitions vous avez entassées, quelles mesures vous avez prises. Après tous ces préparatifs, que ferez-vous? Allez-vous mitrailler une population sans armes, sans défense? Ferez-vous contre les Parisiens ce qu'un Bourbon, souillé de bien des meurtres politiques, n'a pas osé ou n'a pas pu faire contre la population de Naples ?

17 février. — On prépare tout au château de Vincennes comme pour un siége.

La chambre des pairs adopte sans débat le paragraphe qui étend aux femmes de tout âge la limitation du travail journalier à un maximum de douze heures.

19 février. — Le *Siècle* insère la communication d'une note par laquelle on fait connaître que les dé-

putés de l'opposition se sont réunis afin de délibérer sur la part qu'ils doivent prendre à la manifestation qui se prépare pour le maintien du droit de réunion contesté et violé par le ministère. Séance tenante, lecture a été donnée d'une lettre qui annonce l'acceptation par les députés de l'invitation des commissaires du 12e arrondissement. Quatre-vingts députés l'ont déjà signée.

20 février. — Le *Siècle* publie la lettre que les députés de l'opposition ont adressée aux commissaires du banquet du 12e arrondissement, en réponse à l'invitation collective qu'ils avaient reçue. Les noms des signataires, au nombre de quatre-vingt-treize, suivent la lettre.

21 février. — En tête du *Siècle* et sur toute la largeur du journal, on lit un avis adressé A TOUS LES CITOYENS, annonçant l'ajournement du banquet, pour ne pas exposer les citoyens aux conséquences d'une lutte qui serait aussi funeste à l'ordre qu'à la liberté. En conséquence de cette résolution, un acte d'accusation contre le ministère sera immédiatement proposé par un grand nombre de députés, dont quelques-uns signent l'engagement.

22 février. — La *Révolution du mépris* a déjà commencé, dit le *Siècle*, et l'agitation légale dont le ministère se plaint avec amertume n'est que l'expres-

sion très-affaiblie de ce qui se passe au fond des cœurs.

La mise en accusation du ministère est déposée et signée par 54 députés. Le *Siècle* publie le texte de la proposition.

23 février. — Paris était ce matin dans l'anxiété et la stupeur; les rassemblements de la veille s'étaient reformés plus nombreux et avec la résolution d'opposer une résistance plus énergique. Le peuple se croit trahi, dit le *Siècle*, il relève les barricades dans les rues et cherche partout des armes. On entend la fusillade. Nul ne peut dire comment se passera la journée de demain si la plus éclatante satisfaction n'est pas donnée au peuple.

24 février. — La Révolution est accomplie. Le *Siècle*, qui parait en une seule page, l'autre est en blanc, s'exprime ainsi : « Le gouvernement établi par la révolution de juillet avait trahi les droits de la nation et ses propres serments. Il a eu le sort que nous lui avions souvent prédit : il est tombé souillé de sang et couvert d'ignominie. Que la France entière se préoccupe des destinées de l'Europe. Unie et calme dans sa force, elle peut assurer le salut des peuples qui tournent depuis si longtemps les regards vers elle.

Le gouvernement provisoire est formé : le journal

publie les noms des membres : Arago, Louis Blanc, Marie, Lamartine, Flocon, Ledru-Rollin, Recurt, Marrast et Albert, ouvrier mécanicien.

25 février. — Le *Siècle* paraît en deux pages ; il enregistre les actes du gouvernement provisoire. Il reconnaît que le dogme de la souveraineté nationale est admis par tout le monde dans notre pays, et qu'il faut le pratiquer sincèrement.

26 février. — Le *Siècle* a repris ses quatre pages, il fait l'éloge de la conduite des ouvriers : Oui, nous le disons avec orgueil, l'attitude des braves ouvriers qui viennent de renverser le trône d'un autre roi parjure est encore plus admirable le lendemain de la bataille que dans le feu de l'action.

27 février. — Le gouvernement a proclamé le principe du droit au travail ; mais l'organisation de ce principe, selon le *Siècle*, ne saurait être improvisée ; il en appelle au concours de tous les bons citoyens ; les élans de charité et de fraternité civiques ne suffisant pas pour pourvoir aux besoins des travailleurs, il faut que les combinaisons de la science dirigent les mouvements des cœurs.

29 février. — Le malheur de la République, dit le *Siècle*, avant qu'elle fût proclamée, c'était de faire peur à beaucoup de gens. Qu'elle se montre géné-

euse autant que forte; qu'elle commande le respect,
et elle est à jamais affermie.

7 mars. — Le timbre sur la presse périodique
étant aboli, le *Siècle* fixe à 24 francs son abonnement
annuel.

Les élections vont avoir lieu; il ne faut pas, dit le
Siècle, qu'elles soient le triomphe d'un parti exclusif. Les candidats sérieux ne doivent pas craindre
l'influence illégitime du gouvernement; l'intrigue
et l'intimidation ne seront plus des puissances électorales au service du pouvoir. Le gouvernement n'a
d'autre mission que de protéger la liberté des
suffrages, et cette confiance, il saura la remplir.

8 mars. — Un comptoir national d'escompte est
constitué. Le *Siècle*, qui approuve cette création,
souscrit pour 10,000 francs.

12 mars. — Le *Siècle* rend compte de la séance
de la commission du gouvernement pour les travailleurs, présidée par Louis Blanc, au palais du
Luxembourg. A la fin du discours du président, le
Siècle remarque que tout le monde est debout, et
que les ouvriers, en proie à une émotion inexprimable, versent des larmes.

18 mars. — Sans renoncer à exprimer son avis
sur les candidats qui lui sont connus, le *Siècle* pense
qu'il est sage de laisser aux départements l'appré-

ciation des titres des nombreux candidats qui se disputent leurs suffrages ; il désire que partout ils fassent librement leur choix.

19 mars. — Le *Siècle* explique, dans un article signé de MM. Chambolle et Perrée, quelle sera sa conduite dans les élections ; il aspire à réaliser une pensée de concorde, de progrès, d'ordre et de liberté; il aime mieux se proposer une pareille tâche que de travailler stérilement, après toutes les expériences faites, au triomphe d'un parti.

23 mars. — Ce que la France propose aujourd'hui, c'est de faire pénétrer le sens des lois divines dans les institutions humaines ; c'est de rendre à cette devise : liberté, égalité, fraternité, que les sectes religieuses et les fractions politiques ont de tout temps fait mentir, son caractère sublime ; qu'il y ait entre les peuples une noble émulation à qui accomplira le mieux ces lois de la sagesse éternelle; que la paix et la concorde, affermies au sein de chacun d'eux, soient le gage du bon accord qui tend a s'établir de nations à nations.

31 mars. — Le *Siècle* publie la lettre de Béranger, par laquelle le poëte prie ses chers concitoyens de le laisser dans sa solitude, il demande qu'on ne transforme pas en législateur inutile le bon et vieux chansonnier.

7 avril. — Le *Siècle* conjure les hommes qui sont au pouvoir de ne point se montrer exclusifs, mais d'appeler franchement à eux tous les mérites et toutes les probités politiques ; en parlant ainsi, il plaide la cause même de la République et de ceux qui se donnent pour ses plus dévoués défenseurs.

Le *Siècle* publie une lettre de Béranger, adressée aux électeurs de Péronne, qui portent Coutant, ouvrier typographe, à la candidature. Cettre lettre est très-intéressante ; nous la donnons :

A Messieurs les ouvriers de Péronne.

Messieurs,

Je suis touché que vous ayez eu un moment la pensée de me porter pour votre représentant à la Constituante. Je vois qu'on n'a pas oublié, dans vos murs, le petit parisien qui vint y chercher son éducation et qui y fut ouvrier comme vous. Un pareil souvenir doit m'inspirer de la reconnaissance.

Vous me consultez sur le typographe Coutant pour lui donner vos suffrages. Un tel choix vous fait honneur, messieurs, car il prouve que vous êtes dignes d'apprécier les qualités qui distinguent votre compatriote, qui a toujours donné l'exemple de la conduite la plus sage, des sentiments les plus purs et les plus désintéressés. Coutant, aussi modeste qu'il sait être utile, a cultivé son intelligence moins pour chercher le bruit que pour instruire et guider ses camarades de travail et de peine. Tout ce qu'il a écrit porte le cachet de ses vertus et de son patriotisme. Heureux si tous les ouvriers qui vont prendre place à la Constituante ressemblent à cet excellent jeune homme.

Je n'ai pas besoin de vous en dire plus, messieurs, sur ce can-

didat, à côté de qui je serai heureux de m'asseoir à la Chambre, si je ne puis éviter le bourd fardeau qu'on veut imposer à mon âge.

Recevez etc.,

BÉRANGER.

8 avril. — M. Wolowski explique dans le *Siècle*, sous le titre : de l'*Organisation du travail*, le sens de la révolution : « La révolution de février n'est pas seulement une révolution politique, elle doit servir de point de départ à une transformation sociale; il faut qu'elle profite aux populations agricoles comme aux ouvriers des villes, qu'elle relève tous les travailleurs de leur longue déchéance. »

10 avril. — Insertion de la profession de foi de M. Louis Perrée, directeur du *Siècle*, aux électeurs de la Manche.

16 avril. — Le n° 16 du *Bulletin de la République*, que le *Siècle* a reproduit hier, était lu aujourd'hui, dit ce journal, avec stupeur au coin des rues par un très-grand nombre de citoyens.

20 avril. — Le *Siècle* publie trois listes électorales.

22 avril. — Le *Siècle* publie une liste unique ; il recommande vivement l'accord et le concert aux bons citoyens, afin que la République établisse la justice entre toutes les classes, l'égalité entre tous

les intérêts, l'union entre tous les cœurs, l'influence au dehors, la sécurité au dedans.

25 avril. — Dans un article consacré au *salaire* et à l'*association*, le *Siècle* reconnaît que le salaire, qui n'est pas une juste répartition des produits, est en même temps une rémunération insuffisante du travail ; le salaire, qui fait à peine vivre l'ouvrier pendant qu'il travaille, ne lui laisse rien dans sa vieillesse, quand il ne peut plus travailler. Pour l'activité, la misère ; pour retraite, la détresse absolue. Tel est sous le régime du salariat le sort des masses laborieuses.

28 avril. — Les élections attestent que la France a le sentiment de sa force, de sa dignité et de ses droits. La République existe donc, dit le *Siècle*, en fait et en droit, nulle part elle n'a été contestée. Il s'agit maintenant de l'asseoir sur des bases d'équité et de sagesse qui la rendent impérissable. A l'œuvre donc ! qu'une pensée d'union et d'espérance préside à tous les travaux, encourage tous les efforts. La France a noblement usé de ses droits et rempli ses devoirs. Puissent ses représentants être dignes d'elle !

16 mai. — De tous les événements qui se succèdent, dit le *Siècle*, un fait consolant ressort avec évidence, c'est que la sagesse, aussi bien que la force

est dans les masses de la population. Nous traversons une crise difficile, mais l'énergie de la population est grande, son union est admirable, ses forces, ralliées en un seul faisceau, sont invincibles. Que le Gouvernement ait donc confiance en cette généreuse population.

2 juin. — Le *Siècle* publie une liste de onze candidats pour le département de la Seine. M. Thiers figure dans cette liste. Le journal qui ne veut point d'équivoque, déclare qu'on ne doit voir dans cet assentiment que le souvenir des luttes soutenues en commun dans l'opposition.

3 juin. — Sur les quais et les boulevards, surtout aux environs de la Bastille, le *Siècle* a été ému et affligé de voir un grand nombre d'ouvriers inoccupés. Ce désœuvrement forcé est une incitation puissante aux projets des agitateurs. Si les fougueux démocrates aimaient le peuple autant qu'ils le disent, ils respecteraient davantage son repos, ils s'appliqueraient à écarter les soupçons et à faire naître une mutuelle bienveillance, à susciter des sentimens de bon accord et de fraternité sans lesquels il n'y aura jamais ni force pour la République ni prospérité pour le pays.

8 juin. — Les élections de la Seine qui ont donné la majorité à MM. Caussidière, Moreau, Goudchaux,

Changarnier, Thiers, Leroux, V. Hugo, Louis Bonaparte, Lagrange, Boissel, Proudhon, ont fait une vive impression sur le *National*. Le *Siècle* saisit encore cette occasion pour donner des conseils aux républicains de la veille, à ce moment surtout où il n'y a plus que des devoirs et des périls à partager. « Unissez-vous, dit-il, à la masse de la nation, et demandez franchement, pour la rassurer, le concours de tous les hommes qui ont fait leurs preuves de patriotisme, de talent et de probité. N'hésitez plus, fortifiez vos rangs si vous voulez sauver la république!

12 juin. — Dans la séance de ce jour, M. de Lamartine annonce que le pouvoir exécutif ne considère pas comme abrogée la loi du 10 avril 1832, à l'égard des membres de la famille de Napoléon, qu'il était résolu à faire exécuter cette loi envers Charles-Louis-Napoléon Bonaparte. Le *Siècle* pense qu'il vaudrait mieux laisser Louis-Napoléon venir s'asseoir au sein de la représentation nationale. Un prétendant vu de près est beaucoup moins dangereux. La république lui paraît assez forte pour n'avoir pas besoin de s'abriter derrière une loi de proscription.

Insertion dans le *Siècle* de la lettre de Raspail par laquelle le savant chimiste remercie, la « main

sur le cœur, et les yeux tournés vers l'avenir de la France et du monde, » les 72,000 électeurs qui ont voté pour lui.

16 juin. — Le citoyen Louis Bonaparte envoie de Londres un message contenant sa démission de représentant du peuple, afin de n'être point dans la République, même involontairement, une cause de désordre. Le *Siècle* ne se dissimule pas que cette démission contribuera à rehausser la position de celui dans lequel on affecte maladroitement de voir un prétendant; il conserve le prestige de l'éloignement.

18 juin. — La liberté de la presse est un principe acquis à la France, dit le *Siècle*; il l'a défendue sous la monarchie, il la défendra sous la République. L'examen et la discussion de toutes les théories sociales ou politiques est libre et doit rester libre, c'est le fait aujourd'hui, dit-il, et c'est le droit toujours. Les inconvénients s'atténuent par la pratique, par l'habitude; d'ailleurs, c'est la condition du progrès. Point de privilége. Que la liberté de la presse entière, sincère, soit le droit commun; mais que les délits et les crimes commis par la voie de la presse ne prétendent pas à l'impunité!

19 juin. — Le projet de constitution est publié en supplément par le *Siècle*.

23 juin. — La journée a été sanglante, dit le *Siècle*. L'assemblée nationale est en permanence. Le journal est plein des faits de l'insurrection.

24 juin. — Encore une journée sinistre, dit le *Siècle*, puisque la lutte a continué terrible, acharnée, entre les citoyens du même pays, de la même ville, puisque de part et d'autre le sang a coulé à grands flots. Ah! ils sont braves aussi, ces malheureux que la souffrance, l'erreur ou le ressentiment a entraînés contre la société dans une agression désespérée. Il faut les plaindre de faire tant de mal à eux-mêmes et aux autres sans en avoir conscience.

25 juin. — Ce n'est pas une bataille, s'écrie le *Siècle* c'est une guerre implacable, terrible, qui se livre depuis trois jours et qui continue dans deux faubourgs de Paris. Qui donc a allumé cette haine, cette démence dans le cœur de tant de malheureux? Maintenant tout péril a disparu; partout l'insurrection est vaincue ou refoulée dans ses dernières limites.

26 juin. — La rébellion est partout soumise ou vaincue. Maintenant, dit le *Siècle*, faut-il faire appel à la pitié ou à la vengeance? La pitié est due au crime comme au malheur. Pas de vengeance envers les ennemis vaincus ou désarmés. Indulgence même pour tous les malheureux qui auront été égarés,

mais justice pour ceux qui ont entraîné les masses. Une législation, conciliant les intérêts sociaux avec les conséquences légitimes de la révolution de février, une législation équitable et ferme est nécessaire pour prévenir ces crimes. Ce soin sera laissé aux délibérations de l'Assemblée nationale.

2 juillet. — Le *Siècle* dit qu'après la révolution de février, le gouvernement provisoire aurait dû ne rien négliger pour favoriser l'industrie, pour maintenir l'activité du travail. L'Assemblée nationale se gardera des périlleuses utopies, mais elle sanctionnera les mesures qui tendent à une amélioration sérieuse, efficace, du sort des classes laborieuses. Le plus pressant problème, dit le *Siècle*, c'est la prompte reprise des travaux productifs. Quant aux essais d'avenir, le décret relatif aux associations d'ouvriers et aux associations entre patrons et ouvriers permettra de réaliser tous ceux qui présentent des chances de succès.

13 juillet. — La république que nous voulons, dit le *Siècle*, n'est ni celle des ouvriers, ni celle des paysans, ni celle des bourgeois : c'est la république du peuple tout entier, sans distinction de classes, la république où la majorité décide sous sa seule responsabilité morale devant Dieu et devant les générations futures. Cette république, nous la vou-

lons avec toute la France pour clore à jamais l'ère des révolutions, en ouvrant celle des réformes progressives.

21 juillet. — Sous ce titre : *Du socialisme et de l'économie politique*, M. Jules Le Bastier pose en ces termes le problème social : obtenir des conditions d'organisation économique et sociale par lesquelles chaque membre de la société puisse acquérir un bien-être physique et moral proportionné à l'exercice régulier et au développement de ses facultés personnelles.

24 juillet. — Les obsèques de M. de Chateaubriand ont eu lieu le 22 à Saint-Malo. Trois discours ont été prononcés. Le *Siècle* publie celui de M. Ampère qui a produit sur tous les assistans une profonde impression.

26 juillet. — Le *Siècle* publie le rapport de M. Thiers sur la proposition du citoyen Proudhon, qui consiste à s'emparer du tiers des fermages, des loyers, des intérêts de capitaux, dans un double but d'impôt et de crédit. Le comité des finances, par l'organe de son rapporteur, déclare à l'unanimité qu'elle ne prend pas en considération cette proposition.

31 juillet. — La proposition de M. Proudhon a été soumise aux délibérations de l'Assemblée.

M. Proudhon a occupé la tribune pendant trois heures, abusant de la tolérance, dit le *Siècle*, franchissant toutes les limites imposées à l'inviolabilité de la parole du représentant. On a demandé l'ordre du jour contre lequel deux personnes seulement ont voté sur 693 votants! MM. Proudhon et Greppo.

2 août. — Le *Siècle* examine les belles promesses faites par l'*Union* et la *Gazette de France*, au nom du parti légitimiste; il n'en est nullement séduit. Puisque nous avons la République, puisque nous avons traversé les épreuves sanglantes que nous redoutions avant d'y arriver, nous ne voulons pas, au prix des mêmes épreuves, retourner en arrière, et nous ferons tout ce qui dépendra de nous pour que cette République honnête, pure, honorée, dégagée de toute tradition démagogique, exempte d'esprit de haine, de violence et d'exclusion, se fasse accepter définitivement par toute la France.

6 août. — Notre diplomatie, selon le *Siècle*, n'a pas compris que l'Italie désire l'intervention diplomatique de la France, tout en affectant de la maudire; dans la question italienne, elle n'a eu ni pensée propre ni but certain. Elle a regardé. Aujourd'hui les Autrichiens menacent Milan; la diète de Francfort les appuie, la Hongrie leur vend ses soldats, l'Italie est compromise; la paix européenne est en

eu. Il serait temps que la France déclarât sa pensée. Qu'on se hâte, qu'on parle ou qu'on agisse.

16 août. — Le comité du travail a présenté un projet sur les coalitions. Il propose, par l'organe de M. Rouher, de modifier les articlees 414, 415 et 416, de manière à soumettre les patrons et les ouriers a une pénalité uniforme pour des délits pareils. Le *Siècle* blâme cette intervention légale dans es questions de travail ; pénétré de la pensée de Turgot, il ne voudrait pas que l'entente commune de plusieurs personnes qui déterminent le prix auquel eur coopération sera acquise, constituât un délit. Si nous voulons, dit-il, que les travailleurs s'élèvent n dignité morale, cessons de les traiter comme des mineurs.

26 août. — La séance à l'Assemblée nationale n'a été levée qu'à six heures du matin. On a autorisé es poursuites contre MM. Caussidière et Louis Blanc, à raison de l'attentat du 15 mai. MM. Bac et Flocon ont parlé en faveur de Caussidière et Louis Blanc.

28 août. — M. Cousin développe, dans les colonnes du *Siècle*, un projet de philosophie populaire. Il affirme qu'on peut enseigner au peuple la philosophie, qui est la science des grandes vérités intellectuelles et morales. Les développements de cet

article tiennent trois colonnes et demie du journal. Qu'est devenu ce projet? S'adresser rue de Poitiers.

17 septembre. — Le *Siècle* constate qu'il règne une très-grande agitation dans les rues de Paris; il attribue cette agitation à l'élection de trois représentants, qui sont d'un côté : Thoré, Raspail et Cabet; de l'autre, Adam, Gervais (de Caen), Roger (du Nord); il invite les électeurs à ne pas s'abstenir.

21 septembre. — Sont élus : Louis-Napoléon, Achille Fould, Raspail.

14 octobre. — Le *Siècle* repousse énergiquement toutes les distinctions qu'on prétend établir entre les républicains. Si l'on veut que la France, dit-il, qui n'était pas républicaine il y a un an, accepte franchement le régime nouveau, n'est il pas temps de renoncer à faire de la République le patrimoine d'un parti?

27 octobre. — L'élection du président de la République est fixée au 10 décembre prochain. Déjà les esprits sont agités. On cite des noms de candidats à la présidence. La *Presse* s'écrie : « M. Louis-Napoléon, c'est l'avenir! » Le *Siècle* lui répond : Louis-Napoléon, c'est l'inconnu!

7 novembre. — Le *Siècle* se prononce pour la candidature à la présidence en faveur de Cavaignac.

Après un parallèle entre les deux candidats, il conclut ainsi : avec M. Cavaignac, la révolution peut finir; avec M. Louis-Bonaparte elle continue. Pour lui, dans cette solennelle épreuve, il veut rester fidèle à une politique qui lui est chère, politique consacrée par le souvenir des souffrances de l'humanité, et qui consiste à tout faire pour améliorer les gouvernements établis, au lieu de les renverser, jusqu'à l'heure où ils n'offrent plus ni garantie ni espérance.

12 novembre. — Le *Siècle* reproche à la *Presse* de reproduire d'interminables et d'absurdes calomnies contre le général Cavaignac. Jamais, dit-il, on n'avait vu, sous l'influence d'une passion personnelle, distiller tant de poisons et de haines. Si la liberté de la presse était ainsi comprise par tous les journaux, bientôt elle ferait horreur.

20 novembre. — Le *Siècle* insère une longue lettre de M. Ferdinand Barrot en faveur de la candidature de M. Louis-Bonaparte ; cette lettre est suivie de critiques modérées que signe M. Chambolle.

28 novembre. — Le manifeste électoral de M. Louis-Bonaparte est publié par le *Siècle*.

1er décembre. — Pour répondre aux nombreuses accusations dirigées avec tant de mauvaise foi contre le général Cavaignac, le *Siècle* oppose les discours

prononcés par le général dans la séance de samedi ; il envoie donc aux maires des 37,000 communes de France un numéro spécial contenant les réponses faites par le chef du pouvoir exécutif à MM. Barthélemy Saint-Hilaire et Ledru-Rollin.

8 décembre. — Le *Siècle* soutient énergiquement la candidature du général Cavaignac.

9 décembre. — Allez voter ! s'écrie le *Siècle*. Jamais citoyens ne tinrent entre leurs mains de plus grandes destinées; mais souvenez-vous aussi que jamais citoyens ne furent chargés devant l'histoire d'une responsabilité plus grande. Partisans de la contre-révolution, la France peut périr dans votre triomphe ; amis de l'ordre, de la paix, du bien public, votre victoire est deux fois sainte, elle est la victoire même de la société et de la patrie.

11 décembre. — Le scrutin est fermé. Nous ne gardons plus, dit le *Siècle*, désormais aucun souvenir de nos prédilections ni de nos répugnances. Quel que soit l'élu de la nation, nous espérons qu'il s'attachera à réconcilier les partis, à protéger tous les interêts, à maintenir tous les droits.

20 décembre. — Le président de la République est proclamé. M. Louis-Bonaparte a obtenu 5,434,000 suffrages. La cérémonie d'inauguration a été simple et touchante, dit le *Siècle*.

24 décembre. — Le *Siècle* demande au nouveau pouvoir ce qu'on attend vainement depuis bien des années, un gouvernement juste, sensé, national. Pour cela il n'est pas besoin de génie ni d'héroïsme, mais seulement d'honnêteté : les grandes pensées viennent du cœur.

La cérémonie destinée à servir d'installation à la présidence de M. Louis-Bonaparte, tout le monde l'a remarqué, dit le *Siècle*, a été toute républicaine.

XIV

1849. — 10 janvier. — Le *Siècle* examine brièvement l'écrit de M. Guizot sur la *Démocratie*; selon l'auteur de ce livre, le mal, le grand mal de la société actuelle, c'est l'idolâtrie démocratique. Ce manifeste, c'est celui du passé, non de l'avenir. On doit s'attendre à ces retours, il ne faut pas s'en indigner.

14 janvier. — Le *Siècle* est contre la proposition Rateau. Vouloir remplacer une assemblée par une autre assemblée, dit-il, un ministère par un autre ministère, un président par un roi. ce n'est point

marcher vers une solution, c'est tourner dans un cercle vicieux sans avancer vers le but.

27 janvier. — Le *Siècle* constate une gravité nouvelle dans la situation ; il rapporte que beaucoup d'esprits sont frappés des analogies qu'elle présente avec les événements qui ont précédé la Révolution du 24 février. Un conflit lui semble inévitable, et quel que soit le parti qui l'aura provoqué, il faut s'attendre, dit-il, à une longue série de malheurs et de désastres.

29 janvier. — Une agitation extraordinaire s'est manifestée dans Paris ; un déploiement considérable de troupes a eu lieu autour de l'Assemblée nationale, le rappel a été battu dans plusieurs quartiers, de nombreuses arrestations ont été faites, des bruits sinistres ont circulé. Tout cet appareil militaire devait protéger l'Assemblée nationale et la liberté de ses délibérations.

1er février. — Le *Siècle* adjure les hommes qui ont rencontré des obstacles, des répulsions, de ne pas se montrer aveugles, injustes, défiants à leur tour. Nous ne cesserons de le répéter, dit-il, jusqu'à ce que notre vœu soit entendu, et, s'il ne doit pas l'être, si de nouvelles calamités nous surprennent, au milieu de nos pitoyables querelles, nous voulons du moins qu'il soit constaté aux yeux de tous que

nous n'avons rien négligé pour amener pendant qu'il en était temps une pacification si désirable et si nécessaire.

2 février. — On parle de conspirateurs et de conspirations. Le *Siècle* prêche l'union dans les conseils du gouvernement, union dans les esprits, sympathie sincère pour le peuple qui travaille et qui souffre ; c'est le seul moyen d'échapper aux complots des ennemis de la société, que l'assemblée, que tous les hommes raisonnables y songent : tout peut être sauvé si les divisions s'effacent dans nos Chambres ; si elles durent, tout est compromis.

7 février. — M. Proudhon vient de livrer à la publicité les statuts d'une société de commerce, sous le nom de Banque du peuple. Le *Siècle* fait connaître l'esprit des statuts de cette banque qu'il qualifie de folie. Il y a, dit-il, un recours assuré, dans la raison universelle, contre la déraison de quelques cerveaux malades qui en rêvent la ruine. Il faut seulement que le bon sens de la nation soit averti.

25 février. — L'anniversaire de la révolution du 24 février a été célébré hier. Dans ce jour solennel, le *Siècle* rappelle les grandes choses que la République a faites : le suffrage universel, l'abolition de la peine de mort en matière politique, l'abolition de l'esclavage, qui resteront, dit-il, comme des témoi-

gnages irrécusables de la grandeur qui animait tous les esprits dans ces premiers moments. Il y aura là aux yeux de l'histoire, aux yeux du pays, des excuses pour bien des fautes.

1er mars. — Les derniers banquets des ultrà-démocrates sont l'objet de réflexions de la part du *Siècle*. « Laissons, dit-il, les exaltés de tous les partis s'isoler de la France et se persuader qu'ils font preuve de beaucoup d'audace et d'un rare discernement parce qu'ils ne craignent pas de la pousser aux révolutions les plus aventureuses. Toutes les voies ouvertes à l'illégalité, à la violence, qu'on suive une bannière blanche ou un drapeau rouge, conduisent également à la guerre civile et à l'anarchie. Ceux qui veulent le salut de la société doivent s'unir sincèrement dans une pensée de concorde et de modération. »

20 mars. — A une majorité de dix-neuf voix, les clubs sont interdits. Le *Siècle* croit que les ouvriers laborieux et honnêtes seront les premiers à s'en réjouir, car ils échapperont ainsi à la contrainte qui s'exerçait sur la plupart de ceux qui allaient perdre leur soirée dans les clubs; ils y verront le symptôme de la reprise des travaux industriels qui ont avant tout besoin de sécurité.

31 mars. — La démission de M. Chambolle,

comme rédacteur en chef du *Siècle*, est insérée en tête du journal. Aucune réflexion n'accompagne cette démission qui est acceptée.

Direction politique de M. Perrée.

2 avril. — L'Italie a succombé dans sa lutte contre l'Autriche. Le Piémont semble se préparer à une nouvelle résistance ; le *Siècle* doute du succès. L'Italie, dit-il, après ses efforts, ses luttes glorieuses, a besoin, pour le succès même de la grande idée qui bat dans son sein, de rentrer dans une nouvelle période d'élaboration pacifique.

14 avril. — Le manifeste de la rue de Poitiers est connu. M. Guizot l'a publié. Il est bon, dit le *Siècle*, que la France sache que M. Guizot, dont le nom se trouve fatalement lié à toutes les hontes, à tous les malheurs que notre patrie a subis depuis 1814, est le chef, le guide, l'inspirateur de quelques-uns des hommes qui ont confondu leurs principes et leurs espérances dans le comité de la rue de Poitiers.

Les numéros du *Siècle* sont remplis de manifestes électoraux de tous les partis et de professions de foi de MM. de Lamoricière, Gustave de Beaumont, Jules Bastide, Louis Perrée, etc., etc.

5 mai. — Le *Siècle* constate la solennité de la fête du 4 mai. La fête a été belle, dit-il, elle a été calme surtout ; partout le sentiment de l'ordre ; et de tous les rangs de la garde nationale, sans exception, le cri, s'échappant sur le passage des membres du gouvernement : Vive la République !

9 mai. — Le *Siècle* publie les noms des candidats de l'opinion républicaine modérée à la députation de la Seine, liste de conciliation.

20 mai. — Le triomphe partiel des candidats socialistes ne trouble pas le *Siècle*, comme certains conservateurs qui annoncent la ruine de la société. C'est à la voix de ceux qui ne désespèrent ni du pays ni d'eux-mêmes, dit ce journal, que doivent se rallier tous les bons citoyens ; les hommes qu'il faut craindre et fuir, ce sont ceux qui, à force d'égoïsme, confondent leur personnalité avec le bien public et prennent leur impuissance pour celle du pays.

1ᵉʳ juin. — Le *Siècle* trace le programme d'une politique nouvelle, qui est, dit-il, le port vers lequel on doit marcher. Partout ailleurs nous ne voyons que des écueils et des tempêtes. Au nom du ciel, évitons-les ! Épargnons à la patrie de nouveaux déchirements, des révolutions.

7 juin. — Après la publication du message du

président de la République, le *Siècle* se livre à ses réflexions. « Nous le disons avec douleur, ce message est destiné à redoubler l'inquiétude qui pèse aujourd'hui sur tous les esprits. Nous ne lui reprochons pas tout ce qu'il dit, mais nous lui reprochons ce qu'il ne dit pas, en ce qui concerne notre politique intérieure et extérieure. Ce n'est pas ainsi que nous comprenons le langage du président de la République aux élus du suffrage universel.

10 juin. — On annonce un débat important à l'Assemblée : Rome a été attaquée. Qui a donné cet ordre ? Que les hommes sages de tous les partis y apportent et y fassent régner le calme et la modération qui les animent.

11 juin. — Rome a été attaquée au mépris de la constitution. M. Ledru Rollin a déposé sur le bureau un acte d'accusation contre le président de la République et le ministère tout entier. Ce que redoutait le *Siècle* est arrivé. L'ordre du jour pur et simple a été adopté.

13 juin. — Une manifestation a eu lieu aux cris de : vive la Constitution ! vive la République ! trois coups de feu ont été tirés par les hommes de la manifestation. Dans ces tristes circonstances, le *Siècle* ne dira pas un mot, n'écrira pas une ligne qui puisse lui enlever le droit de dire demain au pouvoir toute

la vérité, s'il voulait abuser d'un douloureux succès.

17 juin. — La *Censure est rétablie*, tel est le titre d'un avis inséré en tête du *Siècle*. Un commissaire ds police s'est rendu au bureau du *National*, du *Siècle* et de la *Presse*, pour prévenir que s'ils persistaient à reproduire leur pensée sur l'interprétation par la majorité des articles 5 et 54 de la Constitution, la majorité de la Chambre qui serait interpellée à ce sujet, autoriserait la mise *sous séquestre*. « Nous nous soumettons à la force, dit le *Siècle*, mais nous voulons que le public sache que notre plume n'est plus libre.

24 juin. — Le *Siècle* repousse les imitateurs de Bonaparte. Que faites-vous en 1849? Vous mettant à la remorque des vieux partis, dit ce journal, des vieux gouvernements, vous allez humilier dans Rome le principe de la souveraineté du peuple. Pourquoi? Pour relever la puissance temporelle des papes, cette puissance que voulait supprimer à jamais ce Bonaparte que vous prétendez prendre pour modèle. Pas de folles tentatives, pas de parodies. Les intérêts sont assez grands, les difficultés assez graves pour absorber vos études, vos efforts et même votre génie.

5 juillet. — L'occupation de Rome est un fait consommé. La responsabilité de cette expédition,

dit le *Siècle*, est écrasante pour le ministère qui l'a conçue et exécutée.

11 juillet. — Les élections sont terminées ; la liste du parti de l'ordre a passé à Paris. Le socialisme est aujourd'hui ce qu'il était hier, dit le *Siècle;* il ne faut pas croire qu'on puisse moins compter avec lui. Nos conseils aussi seront les mêmes. La seule force du socialisme, c'est la misère. C'est la misère qu'il faut combattre, non par des phrases, mais par des actes ; non par des enquêtes, mais par des lois.

13 juillet. — Le *Siècle* continuera de suivre la ligne politique qu'il a toujours suivie, il n'est donné à personne d'emporter avec soi la politique de ce journal. Le *Siècle* dit qu'il est resté, non pas journal d'opposition, mais journal des principes constitutionnels; il a accepté un nouveau gouvernement, il en veut le maintien, c'est pour cela qu'il parle avec indépendance, d'ailleurs sa politique est dans sa collection comme l'histoire officielle est dans le *Moniteur*.

18 juillet. — Le *Siècle* attaque à outrance cette politique sans entrailles qui, les yeux fixés sur le passé, n'a jamais que cette seule phrase : « il n'y a rien à faire ; partout et toujours il y a eu des pauvres et des riches ; c'est un mal inévitable. » Pour nous, répond le *Siècle*, une pareille politique n'est pas

seulement cruelle, elle est dangereuse, elle nous conduit droit aux abîmes; les hommes qui la pratiquent sont les ennemis les plus redoutables de la société.

La question de Rome, telle qu'elle a été conçue et exécutée par le cabinet, est encore plus impie qu'impolitique, dit le *Siècle*. On a surtout compromis la religion qui a besoin pour vivre de sentir qu'elle est en dehors des affaires de ce monde. Dieu veuille que vous n'ayez pas porté un trop vif ferment de discorde au foyer domestique et désuni la famille, base première et sainte des sociétés.

19 juillet. — Que le gouvernement y réfléchisse, pour résoudre toutes les difficultés au milieu desquelles nous nous débattons, dit le *Siècle*, il ne faut qu'une chose : le vouloir, mais le vouloir loyalement et franchement, par la Constitution et pour la République.

21 juillet.— M. de Montalembert, dans un discours à l'Assemblée législative, a attaqué la liberté de la presse. La nouvelle loi sur la presse est destinée, dit-il, à abriter la société contre les fureurs de ses ennemis. Quel triste spectacle donne en ce moment M. de Montalembert! il a fait de l'opposition contre l'autorité pendant une partie de sa vie, dit le *Siècle*, aujourd'hui il fait de l'opposition contre la liberté.

C'est trop présumer du bon sens et de l'esprit public.

23 juillet. — La discussion sur la liberté de la presse continue à l'Assemblée. Elle a mis en évidence deux faits : la lutte entre la république et la monarchie, entre l'avenir et le passé, entre l'ordre et le désordre. On aura beau faire, ce n'est ni la loi contre la presse, dit le *Siècle*, ni les lois que l'on nous promet comme des corollaires subséquents, mais bien la réalisation des promesses de la Constitution qui garantissent la vie morale et matérielle : au père de famille, le travail; au vieillard, un asile. On ne fera pas que cette vérité ne soit la vérité entre toutes.

25 juillet, — M. Thiers s'est fait l'organe de toutes les attaques injustes et violentes portées contre les institutions républicaines. Le *Siècle* lui répond en citant tout ce que la République a déjà fait dans la politique, pour la morale, pour l'intelligence, pour le peuple, pour les contribuables, enfin pour la nation. Ce que nous défendons, continue le *Siècle*, c'est la République, c'est l'idée du progrès, l'idée de l'avenir. Cette République, elle existe aujourd'hui ; la Constitution l'a sanctionnée; c'est pour nous comme pour tous les bons citoyens, un devoir de la défendre.

31 juillet. — La question suivante est posée : La Constitution peut-elle légalement être révisée assez à temps pour que le président actuel puisse être prorogé dans ses fonctions? Non, répond le *Siècle*. Nous espérons que l'homme qui a eu la rare fortune de passer du fond d'une prison, des misères de l'exil, à l'insigne honneur de gouverner la France, saura assez ce qu'il doit à son pays pour descendre du pouvoir au jour fixé par la Constitution qui l'y a fait monter.

1er août. — On organise la lutte contre le pacte fondamental; on agit par les conseils généraux, les conseils d'arrondissements et les conseils municipaux. On n'ose pas faire un coup d'État à main armée, mais on veut, par une agitation qui aurait une apparence de légalité, perpétuer les inquiétudes, empêcher les travaux de reprendre. Les hommes qui poursuivent un pareil but, dit le *Siècle*, se cachent sous le masque de l'ordre; nous arracherons ce masque, et le pays connaîtra les véritables ennemis de la prospérité et de la sécurité publiques.

2 août. — Dans la cinquième livraison du *Conseiller du peuple*, M. de Lamartine développe l'idée de l'impossibilité d'un coup d'État. Le *Siècle* est pleinement d'accord avec l'illustre écrivain. Espérons, dit ce journal, que cette voix puissante sera enten-

due. Espérons surtout qu'après avoir accablé et démasqué les ennemis de la République, M. de Lamartine s'appliquera à l'étude des moyens les plus propres à atteindre le but que la République doit se proposer : l'ordre, le travail, le bien-être pour tous ses enfants.

8 août. — La *Presse* expose les quatre systèmes politiques qui se trouvent aujourd'hui en présence. Qu'est-ce que tout cela peut prouver? Laissons donc, dit le *Siècle*, les drapeaux politiques servir de suaire aux hommes politiques du passé; mais, au nom du ciel! occupons-nous des trente-cinq millions d'habitants, de vingt-cinq millions de prolétaires. Passons la revue de cette armée de la misère pour lui donner l'instruction qu'elle n'a pas, les outils, la paix, les souliers qui lui manquent. Vos drapeaux politiques, c'est la guerre, la lutte inféconde, et cette armée dont nous parlons attend un nouveau drapeau, celui de la paix et du travail.

16 août. — Le *Siècle* reçoit du procureur de la République sommation d'insérer une note, au sujet d'une lettre de M. Bareste qu'il aurait publiée. Mais le *Siècle* n'a pas inséré cette lettre, seulement il aurait pu l'insérer, qu'importe! le procureur Victor Fouché n'est pas tenu à être juste.

20 août. — En rapportant les rumeurs, les bruits

de coup d'État qui paralysent la remise des affaires, le *Siècle* n'accuse que le pays. Il aurait cru flatter un homme, une faction, en lui supposant la puissance d'élever une folie jusqu'à la proportion d'un coup d'État.

22 août. — Le *Siècle* rend compte de la première séance du congrès des amis de la paix universelle.

31 août. — Venise est tombée! Aux efforts héroïques du peuple luttant contre les rois, au bruit des armes, va bientôt succéder un silence profond. Il n'a pas dépendu de nous, dit le *Siècle*, que la France ne comprit autrement sa mission. Les faits se sont accomplis, l'histoire jugera, et elle jugera sévèrement.

6 septembre. — Les journaux anglais publient force réclames en faveur de M. le comte de Chambord pour sa réintégration dans « l'héritage de ses pères. » Le *Siècle*, qui n'a d'autre passion que celle du bonheur et de la gloire de la France, a peine à comprendre que des hommes de cœur puissent jouer ainsi comme des enfants cruels avec l'avenir et le repos de leur pays, en vue de la restauration d'une personne et d'un principe, il n'y a plus qu'une personne souveraine et digne de toute la sollicitude du gouvernement: c'est le peuple dont il faut purifier le corps, élever le cœur et l'intelligence. Là est toute

la politique, là est le sauveur des sociétés modernes.

7 septembre. — Le *Siècle* publie la lettre adressée par M. le président de la République à M. le lieutenant-colonel Ney, officier d'ordonnance, en ce moment à Rome. Les paroles contenues dans cette lettre, sont dignes et françaises, dit le *Siècle*, qui rend hommage à la pensée toute patriotique qui l'avait inspirée.

11 septembre. — Le *Siècle* s'écrie : Le sort en est jeté ! il faut que la France désavoue hautement le président de la République, ou qu'elle appuie ses paroles. Les affaires d'Italie pour nous en sont venues là; la France a posé nettement son *ultimatum :* amnistie générale, sécularisation de l'administration, Code Napoléon et gouvernement libéral.

24 septembre. — Le *Siècle* reproduit la lettre adressée par l'ex-triumvir Mazzini à MM. de Toqueville et de Falloux ; elle tient six colonnes du journal en petits caractères ; le *Siècle* la publie à titre de document historique.

12 octobre. — M. Napoléon Bonaparte a donné une nouvelle forme à sa proposition relative à l'exil des familles qui ont régné en France. Pour nous, dit le *Siècle*, nous souhaitons vivement que la proposition soit favorablement accueillie. Mais si le résultat,

quel qu'il soit, nous rassure complètement, l'incertitude nous paraît un danger; ce sont des questions qui, une fois posées, doivent être résolues le plus tôt possible.

24 octobre. — La question de la proscription des Bourbons est résolue en fait; il reste la question d'opportunité. M. Thiers a voté avec les légitimistes l'exil du comte de Chambord. Voilà, dit le *Siècle*, de ces phénomènes politiques correspondant à l'apparition des monstres dans la nature !

29 octobre. — Un projet de caisse de retraite est soumis à l'Assemblée. Le *Siècle* est de l'avis qu'on ne doit demander à l'État que sa protection et sa surveillance éclairée; mais il faut laisser à l'énergie, à l'intelligence, à la prudence humaine le soin de préparer l'avenir; encourager seulement les efforts, voilà la mission de l'État.

31 octobre. — On se trouve dans une situation impossible, devant une population résignée, calme, dont les aspirations sont tournées vers le progrès par la tranquillité, vers le bien-être par le travail ; cependant les coryphées des vieux partis, dit le *Siècle*, narguaient la politique, la république et tout ce qui s'y rattache dans des discours qui tendaient à décourager du présent, à l'entraver, à le frapper d'impuissance ou de ridicule. Dans ces circonstances

graves, le chef du gouvernement croit devoir faire acte de volonté ; il communique à l'assemblée, par la voie du président Dupin, un message par lequel il fait appel à la bonne volonté de chacun pour établir l'accord entre les différents pouvoirs de l'État : « Relevons, y est-il dit, l'autorité sans inquiéter la vraie liberté ; calmons les craintes en domptant les mauvaises passions et en donnant à tous les nobles instincts une direction utile ; affermissons le principe religieux sans rien abandonner des conquêtes de la Révolution. »

Ce message du Président de la république est accueilli par le *Siècle* avec sympathie, avec réserve, et avec l'ardent désir de voir les actes du pouvoir se conformer à ses paroles. La ligne politique ainsi tracée est, à peu de chose près, celle que le *Siècle* a indiquée avec persévérance.

5 novembre. — La dernière communication présidentielle est discutée par tous les journaux ; le *Siècle* déclare que le message est une rupture ouverte avec les anciens partis, et plus encore avec les chefs de ces partis.

7 novembre. — Le *Siècle* défend contre M. Nathan Harington la Constitution attaquée violemment dans une très-longue lettre publiée par un des grands journaux de la réaction. Si M. Harington,

dit ce journal, veut savoir les noms des vices de notre Constitution, nous les lui dirons : ils s'appellent Thiers, Molé, de Broglie, Montalembert, Falloux, Berryer. Otez à ces hommes, ajoute-t-il, le crédit funeste que leur ont donné l'intrigue et un incontestable talent de parole, et la République est consolidée.

Le *Siècle* signale une reprise du travail : sur 28,474 ouvriers en garni, 23,119 sont occupés, 5.355 sans travail.

10 novembre. — M. Carlier, nommé préfet de police, fait afficher sur les murs de Paris une proclamation très-violente : « Habitants de Paris, dit-il, il s'agit aujourd'hui d'une ligue sociale contre le socialisme, c'est la cause de toutes les familles, de tous les intérêts. » Le *Siècle* reproche à M. Carlier de n'avoir pas compris les circonstances nouvelles, il qualifie de malencontreuse cette proclamation, et il blâme le ministre de l'intérieur, M. F. Barrot, de l'avoir approuvée et signée, probablement sans la lire.

13 novembre. — Le jury a rendu son verdict dans l'affaire du 13 juin. Sont condamnés, par arrêt de la haute cour : 17 à la déportation, 3 à cinq ans de détention, tous solidairement aux frais et dépens. Le *Siècle* espère qu'en présence des faits qui ont pré-

cédé le verdict du jury, le président voudra effacer ce que la rigueur du texte a mis de sévérité dans l'arrêt de la cour.

15 novembre. — Un projet de loi sur les coalitions est soumis aux délibérations de l'Assemblée; plusieurs systèmes sont en présence. Le *Siècle* déclare que la coalition ne doit être punie que lorsqu'elle se manifeste par des faits coupables et dangereux. C'est ainsi, dit-il, qu'on arrivera à une protection réelle des droits de tous, des droits de l'ouvrier surtout.

16 novembre. — L'ordre du jour appelle la deuxième délibération sur le projet de coalition. M. Morin a la parole; mais les bancs s'étant dégarnis, dit le *Siècle*, force est de renvoyer la discussion à demain.

17 novembre. — MM. Walewski, Valette, Bastiat et Morin prennent tour à tour la parole, sur la question de coalition. On ne peut se faire une idée, dit le *Siècle*, de tant d'indifférence, de tant d'apathie. Ce difficile problème n'a pu parvenir à éveiller l'Assemblée. Les orateurs ont crié dans le désert.

19 novembre. — Enfin, dit le *Siècle*, cette longue, froide et diffuse discussion sur les articles 414, 415, 416 du Code pénal s'est terminée par le vote pur et simple du projet de la commission; c'est la condamnation de toute coalition.

28 novembre. — Suivant une version, le président aurait fait venir les préfets et les aurait entretenus d'éventualités politiques possibles en dehors du texte de la Constitution. La nouvelle est grave ; le *Siècle* voudrait un démenti aux bruits qui circulent ; le commerce, le travail, l'industrie, dit-il, en sauraient gré à M. Louis-Napoléon Bonaparte. Le *Siècle* se confie à la Constitution en dehors de laquelle tout zèle lui paraît suspect.

10 décembre. — Au banquet donné au palais de la présidence, M. Dupin a porté un toast auquel a répondu M. le président de la République. Le toast était : à l'Union des pouvoirs publics ! Le *Siècle* déclare que c'est là de la banalité, et de la banalité mensongère. L'union, l'accord des grands pouvoirs de l'État n'est qu'un danger de plus s'ils ne s'entendent pas pour satisfaire aux vœux, parlons net, à la volonté du peuple. M. le président de la République est parfaitement libre de dédaigner nos avertissements et de se fourvoyer à la suite de la majorité.

21 décembre. — Le *Siècle* conseille à la classe moyenne de ne pas se laisser entraîner dans une sorte d'émigration morale contre la République, et de ne pas porter ses sympathies, son concours et ses suffrages aux partisans d'une royauté : Cette conduite

deviendrait bientôt dangereuse, car une révolution a fait passer le suffrage universel.

La *Patrie* insiste pour connaître le programme tout entier du *Siècle* qui répond : notre programme, c'est la défense de la République contre ses ennemis honteux ou fanfarons ; le respect de la Constitution; le maintien du suffrage universel; le respect des nationalités étrangères; la sympathie la plus profonde pour tous les peuples qui sous l'influence de nos principes, se sont levés à notre exemple pour reconquérir leurs libertés et leurs droits, etc., etc., etc.

27 décembre. — La réaction a fait de très-grands progrès; aux élections prochaines, la question sera celle-ci : Monarchie ou République. Le *Siècle* dit : le peuple a conquis un moyen de progrès considérable ; il a déblayé le terrain de tous les intérêts de dynastie. La conquête a été faite si vite que l'on en conteste aujourd'hui la légitimité. Défendons-la. La République est un moyen d'arriver au but, qui est la société fondée sur la justice.

XV

1850. — 6 janvier. — M. Chambolle, qui a fondé le journal l'*Ordre*, dit qu'il s'est séparé du *Siècle* qui

est le journal de l'équivoque. M. Perrée lui renvoie l'accusation ; et d'ailleurs, dit-il, c'est le *Siècle* qui s'est séparé de vous.

A cette question de M. Chambolle : êtes-vous pour les socialistes ? — M. Perrée répond. « Je suis contre ceux qui veulent détruire la République, la Constitution et le suffrage universel.

27 janvier. — Le *Siècle* critique le rapport général de M. Thiers sur l'assistance publique ; il touche à toutes les questions, parle de toutes choses avec cette imperturbable suffisance qui fait le fond de son talent ; on y retrouve tout « le papillotage d'idées » auquel on est habitué de la part de l'ex-président du conseil.

28 janvier. — Le rapport de M. Thiers est inséré dans ls *Siècle*, il occupe vingt-quatre colonnes. Quelle loquacité ! M. Thiers n'écrit plus, ne parle plus, dit le *Siècle*, il déborde.

4 février. — Des avertissements ont lieu sur plusieurs points de Paris, à propos de la destruction des arbres de la liberté. Ceux qui appellent le peuple aux armes, dit le *Siècle*, ceux qui le provoquent à des manifestations déplorables, qui paralysent les sources du travail, qui ferment les ateliers, ceux-là sont les ennemis de la République et de la liberté.

10 février. — On crie : A bas les riches ! Puisqu'il faut absolument un cri de guerre en ce monde, le *Siècle* en propose un qui fera bientôt tomber tous les autres. Ayons le courage de l'adopter ; qu'il nous anime tous et nous soutienne ; qu'il parte du cœur et qu'il soit répété dans les villes et les campagnes ; il est digne peut-être de la France, entreprenante et émancipée :

Guerre, guerre à outrance à la misère !

A bas la pauvreté !

4 mars. — On se prépare pour les élections du 10 mars. Pourquoi parler encore de classes? dit le *Siècle*. Où commence une classe? Anciens électeurs, ne vous séparez pas de la masse ; ne refaites pas imprudemment ce que le suffrage universel a détruit ; ne reformez pas une classe bourgeoise au profit d'un despotisme ridicule ou d'une royauté sans avenir.

7 mars. — Le *Siècle* signale une brochure qui vient de paraître faisant appel aux *coups* d'État ; elle est signée par M. Vaucorbeil, l'un des employés ou le bibliothécaire de l'Élysée. Le *Siècle* se refuse à le croire.

11 mars. — Quel que soit le résultat de l'élection, le *Siècle* le proclame respectable et sacré. La nation française a voulu ; sa volonté, c'est sa puissance.

17 mars. — Élus : Carnot, de Flotte, Vidal. Le triomphe de la cause démocratique, malgré la colère, ou à cause de la colère de ses ennemis, est assuré si le peuple sait attendre.

16 mars. — Qui va gouverner ? s'écrie le *Siècle*. — Nous tous, répond-il, unissons-nous dans une pensée d'ordre et de conciliation ; unissons-nous contre les démolisseurs, quels qu'ils soient qui voudraient plonger la France dans d'interminables angoisses et la ramener vers la barbarie du passé.

22 mars. — Le *Siècle* ouvre une souscription nationale au profit des instituteurs révoqués pour cause politique.

26 mars. — Sous le titre: *République* ou *Monarchie*, emprunté à M. Henri de la Rochejaquelin, qui a posé cette question à l'Assemblée, le *Siècle* signifie aux légitimistes, aux orléanistes et aux impérialistes, de prendre bravement leur parti de la République et de la Constitution. Il faut qu'ils maintiennent l'un et qu'ils respectent l'autre. Ils y sont désormais engagés d'honneur.

11 avril. — Nous sommes dans ces moments de crise, dit le *Siècle*, où la franchise et la loyauté peuvent seules conjurer le péril; il faut que chacun dise nettement, hautement ce qu'il veut. Ce que nous voulons, ce que veut le parti modéré, c'est le pro-

grès sans révolution ; ce que nous repoussons énergiquement, c'est l'immobilité ; ce que nous combattons à outrance, c'est la réaction.

12 avril. — Le *Siècle* soutient énergiquement la candidature de M. Dupont (de l'Eure), qui aura lieu le 28. Le nom de M. Dupont (de l'Eure) peut se passer de toute désignation personnelle.

— Je persévère, je *maintiens*, — tel est le sens de ce nom-là, dit le *Siècle*.

14 avril. — M. Dupont (de l'Eure), se retire, M. Eugène Sue est seul candidat de l'opposition.

17 avril. — Le *Siècle* ouvre une souscription en faveur des soldats blessés ou noyés dans la Loire, le 15 avril 1850. Il souscrit pour 500 francs.

21 avril. — Devant le manifeste de M. Sue, le *Siècle* s'abstient; son abstention est une protestation contre un dictature inintelligente et une exclusion impolitique.

23 avril. — La candidature de M. Hébert, soutenue par le parti de l'ordre ou la réaction, est combattue énergiquement par le *Siècle*, qui déclare que cette candidature est un leurre, un acte impolitique et un danger.

30 avril. — Eugène Sue est élu par 128,007 voix. Retournons aux affaires, aux intérêts, dit le *Siècle*,

et laissons les passions politiques à ceux qui en vivent.

1ᵉʳ mai. — Les burgraves font une démarche près de M. Baroche pour l'inciter à proposer une loi d'urgence sur les élections. M. Baroche engage les burgraves à prendre l'initiative d'une modification. Déconcertés, mais non abattus, les burgraves chargent M. le duc de Broglie d'attaquer le suffrage universel. Ne touchez pas au suffrage universel, s'écrie le *Siècle*, c'est l'arche sainte qui peut seule préserver la France de nouvelles et sanglantes révolutions; c'est le flambeau qni vous éclaire, et vous guide.

2 mai. — Recensement des votes. Le nom de M. Sue est proclamé. La foule, qui a écouté en silence, chapeaux bas, répète à trois fois le cri de : Vive la République! Les tambours battent aux champs, et la foule se disperse.

8 mai. — Aujourd'hui, le projet de modifications à la loi électorale a été présenté par dix-sept royalistes. M. G. de Beaumont le qualifie d'inopportun et de malavisé.

10 mai. — Aujourd'hui, dit le *Siècle*, le peuple apprend avec autorisation et par privilége de M. Carlier à insulter la République et la Constitution. Si ce fait que nous citons est faux, que l'on fasse prononcer par le jury sur notre invention calomniatrice.

11 mai. — Il semble au *Siècle* que ce soit le gouvernement lui-même qui prenne à tâche de faire haïr la République. De là ce trouble moral, ces inquiétudes, cette atonie dans les affaires, constatés à l'Assemblée par MM. Mauguin et Berryer.

13 mai. — Le *Siècle* publie à sa première colonne et en gros caractères une pétition adressée aux membres de l'Assemblée nationale contre le projet de loi qui a pour but de restreindre le nombre des électeurs. Ce projet, disent les pétitionnaires, menace la République dans son essence, le droit dans ce qu'il a de plus sacré, l'ordre lui-même. Cette pétition est signée de noms connus, la plupart anciens constituants.

14 mai. — La pétition contre le projet des royalistes est déposée dans les bureaux du *Siècle* où les citoyens se pressent en foule pour la signer.

18 mai. — M. Peauger, directeur de l'imprimerie impériale, a envoyé sa démission qui aurait pour cause, dit le *Siècle*, surtout sa résistance à des destitutions dont plusieurs ouvriers de l'imprimerie nationale, désignés par M. Carlier, préfet de police, devaient être victimes.

21. mai. — Discussion de la loi électorale. Le général Cavaignac, Victor Hugo, Pascal Duprat défendent avec beaucoup d'éloquence et de netteté le suf-

frage universel, mais la majorité ne veut pas discuter. L'Assemblée législative, dit le *Siècle*, peut toucher au suffrage universel, mais elle se blessera du même coup, et de cette blessure elle mourra. Un jour peut-être ils demanderont grâce, mais à qui? — Au peuple qu'ils auront dépouillé, ou bien à l'homme de Strasbourg et de Boulogne?.

22 mai. — Victor Hugo a qualifié le projet de loi électorale soutenu par M. de Montalembert: un enfant de Tartuffe baptisé par Escobar. Maintenant, dit le *Siècle*, prêchez la guerre de Rome à l'intérieur, appelez à grands cris un autre 13 juin, vous ne l'aurez pas! Vos clameurs ne lasseront pas la longanimité de cette grande population parisienne qui déjà deux fois, au prix de son sang, vous a sauvés des horreurs de la guerre civile.

31 mai. — Le *Siècle* a été saisi pour un feuilleton, accusé d'excitation à la haine et au mépris du gouvernement de la République. Le feuilleton est de M. Louis Desnoyers.

2 juin. — La loi contre le suffrage universel a réuni 436 voix contre 241. Le *Siècle* fait cette réflexion. «On a dit de l'empereur Napoléon: L'enfant de la liberté a tué sa mère. Ne pourrait-on pas dire ainsi avec plus de raison encore, de M. Louis-Napoléon Bonaparte, président de la République:

L'enfant du suffrage universel a mutilé son père. »

3 juin. — La nouvelle loi électorale est promulguée dans le *Moniteur*. Le *Siècle* l'insère entièrement. Ce qu'on a fait, dit ce journal, on a enlevé à cinq millions d'électeurs leurs droits politiques.

6 juin. — La loi sur le droit de réunion est votée. Le *Siècle* la qualifie de loi de vengeance et de compression qui restera, ainsi que la loi électorale, comme un monument de la sagesse et de la rare pénétration de la majorité actuelle.

19 juin. — Le *Siècle* reçoit de M. le préfet de police une rectification ou une confirmation *ad libitum*, relativement à ce qu'il a dit que le chef de l'État touche un demi-million sur les fonds spéciaux accordés pour secours généraux aux ministères de la guerre et de l'intérieur. Le fait est exact, mais cette somme est distribuée aux nombreuses infortunes qui s'adressent au chef de l'État.

24 juin. — L'Assemblée législative accorde un crédit extraordinaire de 2 millions 160,000 francs pour frais de la Présidence. Ce vote n'a rien concilié; il n'a pas grandi l'Assemblée, dit le *Siècle*, il a amoindri la Présidence.

27 juin. — Le *Siècle* reçoit, par exploit d'huissier, une nouvelle communication de M. le préfet de police Carlier, touchant les dépenses de l'Élysée.

28 juin. — Le *Siècle* reçoit encore des communications de M. le préfet de police, au nombre de deux. Il maintient ses affirmations et il cite les dénégations de M. Teste, qui étaient sans valeur, et l'affaire Benier, qui causa la mort de l'honnête homme qui avait signalé des faits coupables.

29 juin. — Le numéro du *Siècle* a été saisi à la poste et dans ses bureaux. L'article incriminé se rapporte au rappel du procès Teste. Le *Siècle* compte sur la justice du pays, comme le pays peut compter sur sa persévérance et sa modération.

30 juin. — Le *Siècle* insère en *Variétés* des articles sur les *Mémoires d'Outre-Tombe*, de Châteaubriand : « Si quelques grands transfuges élevés sur le progrès et la liberté donnent aujourd'hui le cynique spectacle d'une négation aussi ambitieuse que folle, c'est une chose consolante de voir quel Juvénal inattendu vient tout à coup de surgir contre eux, du fond de la tombe. » Tel est le début du premier article.

1er juillet. — Nouvelle communication de M. Carlier.

6 juillet. — Un projet de loi sur la presse est soumis aux délibérations de l'Assemblée. Mais on aura beau faire, dit le *Siècle*, on ne bâillonnera pas la presse. Sans doute plus d'un champion succomberait dans la lutte, mais il léguerait à ceux qui lui

survivraient le soin, non de le venger, mais de venger et de réhabiliter l'idée opprimée, et malgré tous les échecs, la liberté de la presse, la liberté de la pensée, finiront toujours par triompher de leurs ennemis.

8 juillet. — La séance consacrée à la liberté de la presse a été très-tumultueuse. Est-ce aux scènes les plus terribles de la Révolution, dit le *Siècle*, est-ce à l'anarchie que le gouvernement veut nous ramener? On le croirait. M. le ministre de la justice, M. Rouher, a déversé l'injure sur la révolution de février qu'il avait autrefois qualifiée de *politique* et *sociale*. Une réunion de la gauche a décidé de remettre à M. le président de l'Assemblée une protestation contre les paroles de M. le ministre de la justice, soit contre l'institution du jury, soit contre la révolution de février.

24 juillet. — Le *Siècle* vient de gagner un des deux procès qui lui sont intentés.

C'est aujourd'hui l'anniversaire de la mort d'Armand Carrel. « Si Carrel manque à la jeune République, dit le *Siècle*, les républicains ne manqueront jamais à sa mémoire. »

10 août. — A titre de renseignement historique, le *Siècle* publie un manifeste signé par quatre-vingt-dix représentants de l'extrême gauche. Nous vou-

drions, dit ce journal, que la montagne comprît enfin ce qu'elle perd de force, d'éléments vitaux, à se modeler sur la montagne de notre première révolution. Elle ferait ainsi preuve d'intelligence politique, et c'est quelque chose par le temps qui court.

11 août. — Le *Siècle* insère un article de M. Louis Blanc, exilé, en réponse à un article critiquant son dernier ouvrage : *Pages d'histoire*. Cette réponse est intitulée : *De la véritable Histoire du Progrès*.

25 août. — Le *Siècle* a toujours été trouvé prêt à combattre les erreurs du gouvernement de M. Bonaparte. Ce que nous avons fait, dit-il, nous le ferons encore, sans parti pris, sans esprit de dénigrement. Le droit, la loi, la liberté, voilà le criterium de tous nos jugements. Le président de la République ne saurait égaler ni le génie ni la gloire de son oncle, mais il peut en suivant les inspirations de son honnêteté, atteindre à la gloire si pure de Washington. »

27 août. — La nouvelle de la mort de l'ex-roi Louis-Philippe est confirmée. « Si la politique des dynasties, dit le *Siècle*, veut que l'exil se prolonge pour les vivants, elle ne croira peut-être pas que l'exil est bon même pour les morts. L'ex-roi peut reposer auprès de son fils aîné, le duc d'Orléans.

Ce n'est pas seulement le sentiment républicain, c'est le sentiment français que nous exprimons en quelques mots. »

20 août. — En présence des intrigues impérialistes, légitimistes, orléanistes, le *Siècle* fait remarquer que le souverain qu'on cherche, on ne veut pas le voir, car ce souverain aujourd'hui, c'est tout le monde : il est dans les ateliers, dans les champs, dans l'armée, dans le comptoir du négociant, dans l'étude de l'avocat, partout enfin, et le seul pouvoir désormais est celui qui travaille sans relâche et de tout son cœur à amoindrir les misères, à étendre le crédit, à faciliter la productions et les échanges et à accroître ainsi le bonheur de tous.

31 août. — L'ordre et la stabilité ne consistent pas, dit le *Siècle*, à bâcler un trône et des chartes, mais bien à élever progressivement la moralité et le bien-être de tous. La République suffira à cette grande tâche, avec ou sans le concours des Césars.

5 septembre. — Nous croyons, dit le *Siècle*, qui répond à des inquiétudes, à l'honnêteté de M. Louis-Napoléon Bonaparte. Tout concourt donc à nous rassurer contre les bruits que l'on jette dans la circulation.

21 septembre. — Le *Siècle* vient d'être condamné à trois mois de prison et à 2.000 francs d'amende

comme coupable d'avoir excité à la haine et au mépris du gouvernement de la République.

23 septembre. — Le *Siècle* exécute la loi sur la presse en ce qui concerne les signatures. Les articles sont signés Louis Perrée, Louis Jourdan, H. Lamarche, E. de la Bédollière, Auguste Husson.

4 octobre. — La seconde élection pour la présidence de la République qui doit avoir lieu en 1852, donne déjà lieu à beaucoup de discussions. Le *Siècle* attend avec confiance. Forts de notre conscience, sûrs de ne pas dévier de notre voie républicaine, dit-il, nous indiquons au pays une route que nous croyons tracée par la Constitution et par laquelle il peut arriver au salut, rien qu'en manifestant légalement et pacifiquement sa volonté. Autrement, nous ne voyons que crises, recours à la force brutale, et nous croyons faire œuvre de bons citoyens en rendant impossible le retour de ces tristes nécessités.

11 octobre. — L'association des ouvriers facteurs de pianos occupe le *Siècle*. M. Louis Perrée fait l'historique des efforts de cette association qui a complétement réussi. Il n'y a plus rien à faire pour eux, ceux-là sont arrivés.

12 octobre. — M. Louis Jourdan fait la revue des associations ouvrières des menuisiers en fauteuils, des ébénistes, des tapissiers ; il dit que cette triple

association offre à un très-haut degré le caractère d'union et de force morale qui sera la règle de toutes les associations ouvrières.

31 octobre.—Le spectacle qui s'offre en ce moment est qualifié par M. Pierre Bernard de décrépitude. Presque partout, dit-il, le cœur manque; la vanité la plus misérable tient la place d'ambition chez les hommes.

2 novembre. — La société du *Siècle* est prorogée pour vingt-cinq ans. M. Perrée a réuni autour de lui toutes les personnes qui concourent de près ou de loin au succès de cette feuille. Par son initiative, une caisse de retraite est fondée pour les travailleurs de tous rangs, de tout sexe, de tout grade.

20 novembre. — Le *Siècle* publie un démenti donné par le général Cavaignac à quiconque prétendrait qu'il est disposé à mettre ses affections et son épée au service de celui qui, après avoir juré l'observation de la Constitution du pays, accepterait une candidature, une élection repoussée par cette Constitution.

Décembre est entièrement livré aux discussions des partis, aux menées impérialistes, aux intrigues multicolores, qui, toutes sont dirigées contre la République, au risque de mettre tout à feu à sang. Le *Siècle*, dont la politique est toujours honnête et

loyale, défend la République comme il a défendu, jusqu'au dernier jour, le suffrage universel, comme ila défendu la liberté de la presse.

XVI

1851. — 2 janvier. — On constate un dissentiment profond entre le pouvoir exécutif et le pouvoir législatif. On répète partout que c'est la faute de la Constitution ; le *Siècle* soutient que c'est la faute des hommes et de leur but respectif. Ainsi M. Louis Napoléon a un but que le *Siècle* ne doit pas préciser dans le journal ; mais la tendance du pouvoir exécutif est connue de la majorité, les procès-verbaux de la commission de permanence en témoignent longuement. En soutenant le chef de l'État jusque dans ses fantaisies les moins républicaines, la majorité n'a qu'un but : ruiner la République.

11 janvier. — La minorité de l'Assemblée ne veut pas de malentendu ; elle repousse toute coalition ; elle veut agir publiquement, au grand jour. Le *Siècle* dit que les partis hostiles à la République se renvoient les accusations les plus graves, et se soupçonnent les uns les autres de projets odieux.

14 janvier. — Les anciens chefs de la majorité se livrent à de petites taquineries bien dignes de ces partis monarchiques, et cependant, dit M. Perrée, ce sont ces luttes misérables qui, depuis deux ans, entravent toutes choses. Le jour où le pays retirera sa confiance aux hommes qui les fomentent, on sera étonné de voir que le gouvernement républicain peut réaliser pacifiquement les réformes et les améliorations vainement attendues depuis soixante années.

16 janvier. — M. Louis Perrée est mort ce matin, à la suite d'une congestion cérébrale; il était âgé de trente-cinq ans. La mort l'a surpris au milieu de ses travaux, au moment où il terminait le projet de caisse de retraite en faveur de tous les travailleurs de l'administration. Perrée voulait la république modérée, le progrès par l'ordre, l'ordre par la légalité. On lui rend cette justice qu'il a défendu loyalement des opinions qui étaient et sont encore celles de toute la France.

18 janvier. — Les obsèques de Louis Perrée ont eu lieu aujourd'hui. L'idée de Louis Perrée, dit le *Siècle*, a reçu la consécration populaire et religieuse. Un homme du peuple s'étant approché du cercueil, a dit : « Louis Perrée, issu d'une famille riche et honorée; Louis Perrée, fils de tes œuvres, la République te bénit. » C'est ainsi, dit M. Pierre Bernard,

qu'à la veille des graves événements, l'alliance de la bourgeoisie et du peuple a été cimentée devant Dieu.

Plusieurs discours ont été prononcés : par M. Havin, au nom du conseil de surveillance; par M. Lamarche, au nom de la rédaction politique; par M. Louis Desnoyers, par M. Tramont, par M. Voivenelle, au nom des typographes.

20 janvier. — Le *Siècle* jette un coup-d'œil sur la route qu'il a parcourue depuis deux ans, alors que ce journal, quittant la trace des anciens partis, s'est rangé résolûment du côté de la République. Il se résume ainsi : La démagogie sait que nous ne la suivrons jamais dans ses écarts; la bourgeoisie, que nous ne sacrifierons jamais ses intérêts légitimes. La bourgeoisie ne voit pas en nous de démagogie hypocrite; le peuple n'y voit pas d'aristocratie cauteleuse. Cette ligne de conduite explique l'hommage rendu de tous côtés à celui qui fut le patron d'une politique vraiment nouvelle, politique dont les collaborateurs de Perrée ne s'écarteront pas d'une ligne, d'un mot.

24 janvier. — M. Dupin donne lecture à l'Assemblée d'un nouveau message de M. le président de la République, dans lequel il est dit que, pour ne point prolonger une dissidence pénible, le chef de

l'État s'est résolu à former un ministère de transition composé d'hommes n'appartenant à aucune fraction de l'Assemblée. Soit, dit le *Siècle*, faites donc les affaires du pays, faites-les honnêtement, dans l'esprit de la Constitution, et tout le monde applaudira.

26 janvier. — Le *Siècle* renouvelle aujourd'hui des engagements de marcher dans la ligne politique que Louis Perrée a tracée, et qu'il a toujours suivie avec tant de loyauté et de résolution. Désormais, le *Siècle*, sera placé sous la direction de M. Havin qui, depuis son entrée dans la vie politique, n'a pas cessé d'être un des plus dignes défenseurs des idées libérales.

La société du journal décide qu'une pension de 3,000 fr. sera servie à la veuve de M. Perrée et une pension annuelle de 1000 fr. à chacun des trois enfants, pour toute la durée de la société du *Siècle*.

27 janvier. — Le mot de M. Thiers (l'Empire est fait,) circule sur plusieurs bancs de l'Assemblée. Le *Siècle* n'est pas de cet avis. Non ! s'écrie M. Louis Jourdan, l'Empire n'est pas fait; non, l'Empire ne se fera pas; il y a dans le bon sens, dans la volonté de tous, dans cette force mystérieuse qui s'appelle l'opinion publique, une puissance que les plus

téméraires n'osent affronter et qui les brisent quand ils l'osent.

DIRECTION POLITIQUE : M. HAVIN

3 février. — Le principe d'association repoussé par les anciens partis, est adopté par le *Siècle*. L'application du principe d'association, dit M. Jourdan, contient en germe la solution des plus difficiles problèmes de ce temps. On admet bien les principes généraux, mais on recule devant l'application. Hors de ce principe on ne fera rien cependant, on tournera dans ce cercle vicieux de la charité, de la nécessité de la misère.

6 février. — La dotation demandée par M. le président de la république doit être refusée par l'Assemblée. Les républicains, dit le *Siècle*, refusent, comme c'est leur devoir, une dotation princière au premier magistrat d'un état démocratique, Point de dotation, dit M. Lamarche, doit être le cri de ralliement de tous les citoyens qui veulent épargner à la France une nouvelle révolution.

10 février. — La dotation qui trouble, qui agite les esprits depuis plus d'un mois, est enfin rejetée par l'Assemblée. Dans cette discussion, M. de Montalembert a subtitué le mot *autorité* au mot *argent*.

Mais, dit le *Siècle*, l'idée d'autorité se spiritualise chaque jour, tandis qu'un manteau de velours, un sceptre, un trône, cela se traîne dans la boue, tout cela se brûle.

16 février. — Le *Siècle* demande l'amnistie qui est, selon lui, une grande question politique, parce qu'elle est au fond une question de famille, d'honneur et de loyauté.

23 février. — Un service en commémoration de la révolution de février, sera célébré demain à Notre-Dame. Maintenons la République, dit le *Siècle*, pour sauver la religion, la famille, la propriété; dans tous ces cas, elle préservera le monde d'un bouleversement général. Constitution et République sont aujourd'hui synonymes d'humanité.

24 février. — Jamais l'anniversaire du 24 février, dit le *Siècle*, n'avait été célébré avec une solennité plus vraie; jamais l'hommage rendu aux fondateurs de la République n'a été plus complet, plus sincère, plus universel. L'effet de la journée, continue M. Émile de la Bédollière, a été immense. Le troisième anniversaire de la révolution contribuera puissamment à l'affermissement de la République et à la sécurité du pays.

17 mars, — Une commission de l'Assemblée a rédigé un libelle contre les associations ouvrières;

la majorité l'a applaudi des deux mains; les journaux royalistes fulminent contre les tendances pacifiques des classes laborieuses. Le *Siècle* défend les associations ouvrières qui ont réalisé depuis un an surtout des progrès incontestables. Ce succès est dû pour beaucoup au travail, à l'honnêteté, au dévoûement de leurs membres.

29 mars. — Le terrain est toujours livré aux coups d'État. Le *Siècle* trace le rôle de l'opposition qui est désormais de forcer les mauvaises volontés et les impuissances avérées du nihilisme, de le poursuivre dans ses sophismes et dans ses retraites et d'obtenir pour la nation les réformes pratiques.

2 avril. — Sous ce titre : *ils n'oseront pas*, le *Siècle* publie un article contre les ennemis de la République. Dans tous les cas, dit M. Léon Plée, secrétaire de la rédaction, notre drapeau est celui de la constitution et de l'ordre; la bannière adverse, celle de la contre-révolution, de la confiscation, de la loi et du désordre. Si ces deux drapeaux se rencontraient, la victoire ne saurait être douteuse; veuille néanmoins le ciel nous préserver d'un pareil choc, et ne pas permettre la nécessité d'une telle victoire.

5 avril. — Le *Siècle* annonce que l'association des ébénistes prendra part d'une façon éclatante à

l'Exposition Univervelle de Londres. Partout, dit M. Jourdan, le nombre des associés s'accroît, les dissidences s'effacent, les ouvriers répondent par leur travail, leur honnêteté, la loyauté avec laquelle ils remplissent tous leurs engagements, aux calomnies dont ils sont l'objet.

14 avril. — Le *Siècle* dit qu'il n'est pas nécessaire de chercher un autre drapeau que celui de la constitution, il n'est pas de système qui soit plus complet dans son but; toutes les réformes imaginables sont là en germe et sans nuire à aucun intérêt. Assurons donc, dit-il, l'avenir de la République démocratique en la défendant, et ne cherchons pas d'autre bannière.

19 avril. — Le cri de guerre de toutes les nuances républicaines doit être : réformes, constitution ! liberté, dit le *Siècle*, égalité, fraternité, religion, nationalité, ordre public, famille, travail, propriété, voilà ce que nous avons à protéger avec un indomptable bon sens contre les folies rétrogrades des factions monarchiques. L'heure est solennelle, ne nous laissons pas diviser.

26 avril. — Le *Siècle* donne les résultats obtenus par l'association des manufactures des cuirs et peaux de Paris. Voilà de simples travailleurs, dit M. Plée, secrétaire de la rédaction, qui ont résolu

dans leur modeste sphère les plus graves des problèmes industriels. Ils se sont affranchis. Ils travaillent sous les auspices de la plus entière liberté; leurs instruments de travail sont à eux. Avions-nous raison de dire dernièrement que le drapeau de la constitution suffisait, et ne doit-il pas être, par excellence, celui des associations?

2 mai. — Tout le monde s'adresse aujourd'hui cette question : *Où allons nous?* Le *Siècle* répond: Rapportez la loi du 31 mai, renouvelez les serments de décembre, traitez en ennemis les factieux du *Constitutionnel* ainsi que tous ceux qui veulent changer par des voies illégales ce que la France entière a établi, et personne ne s'adressera plus cette question.

5 mai. — La fête du 4 mai a été calme. On a remarqué les illuminations de l'Élysée qui étaient les plus brillantes de la capitale. Le *Siècle* croit que le rôle de Washington est le seul qui puisse sauver devant l'histoire M. L. Bonaparte. Courage donc, démocratie! Au 4 mai 1852 maintenant!

21 mai. — Le *Siècle* s'adresse à tous les partis. Soyez donc Français avant tout, dit-il, voyez donc l'état des esprits, posez-vous donc dans la situation. Ne rouvrez pas l'abîme; ayez pitié de votre pays. N'a-t-il pas assez vécu, depuis soixante ans, parmi

les troubles et les angoisses. Il a trouvé une forme de gouvernement qui donne satisfaction à tous les droits et à tous les intérêts honnêtes.

14 juin. — L'archevêque de Paris publie un mandement inspiré par des sentiments libéraux. Le *Siècle* voudrait que l'Église nous donnât toujours de tels enseignements; le progrès se ferait sans obstacle; la justice et la fraternité, dominant toutes les relations, adouciraient la vie du pauvre.

19 juin. — Des partis en insurrection morale contre la République qualifient le *Siècle* de « factieux. » Nous les laisserons sans colère, dit le *Siècle*, continuer à nous couvrir d'injures. Permis à ceux surtout qui sont partis de Boulogne et de Strasbourg de nous menacer d'une humiliante défaite; nous n'envierons pas le succès de ceux qui se révolteraient contre l'Assemblée et contre la constitution, car ils commenceraient une ère qui les ferait maudire de la France.

25 juin. — Les révisionnistes ont échoué dans leurs entreprises. Le *Siècle* dit : Nous, républicains, profitons de l'exemple. Trop longtemps nos dissensions et nos faiblesses ont fait la force de la réaction. Serrons-nous plus étroitement que jamais autour de la constitution, et, quoiqu'il arrive, ne cédons pas!

2 juillet — M. le président de la République a prononcé un discours à Poitiers. Autant le discours de Dijon a été hardi, dit le *Siècle*, autant est sage celui de Poitiers. Le président a parlé de vieux et de nouveau monde. L'ancien régime ne reviendra pas, dit M. Léon Plée, sous aucun nom, même sous celui de bonapartisme. Quant à la République, elle sera fondée le jour où ceux qui l'administrent consentiront à l'honorer dans leurs discours officiels et à ne pas l'oublier dans leurs actes journaliers.

13 juillet. — Le *Siècle* croit faire une chose utile, au moment où va commencer la discussion sur la révision, de publier le texte de la constitution, avec les principales opinions de ceux qui l'ont votée.

19 juillet. — A la sixième séance, le projet de révision a été repoussé par 278 voix. Ce résultat, dit le *Siècle*, a jeté la consternation la plus profonde dans les rangs des ennemis de la République.

25 juillet. — Les adversaires de la République appellent 1852 une échéance fatale. Ceux-là, dit le *Siècle*, se croient la nation; ils n'en sont que les perturbateurs. M. Louis Bonaparte descendra du pouvoir; il ne voudra ni ne pourra faire autrement. On aura enfin la vérité de la République. Cette date se fatale, mais pour toutes les mauvaises choses,

et tous le mauvais projets qui lèvent effrontément la tête.

29 juillet. — Le numéro du *Siècle* du 28 à été saisi pour avoir excité à la haine et au mépris du gouvernement de la République. Heureusement, dit le journal, s'il y a eu des juges à Berlin, il y a un jury en France. Nous attendons avec confiance son verdict.

Étrange accusation portée contre un journal qui défend la République contre tant d'ennemis !

30 juillet. — Le *Siècle* fait cette triste réflexion, que la presse supporte presque seule aujourd'hui tous les efforts des hommes du pouvoir contre les libertés et les franchises nationales. Situation inouie, incroyable, elle défend la liberté en ayant contre elle la loi sur la presse.

Le public et le jury ne l'oublieront pas.

6 août. — Condamnation du *Siècle*. M. Sougère est condamné à trois mois de prison et 2,500 fr. d'amende; Louis Jourdan, à deux mois de prison et 500 fr. d'amende ; tous deux aux dépens. C'est une guerre à la libre pensée. La *Presse* a deux de ses gérants à la conciergerie. L'*Evénement*, un de ses gérants et deux de ses rédacteurs ; le *Messager*, l'un de ses principaux rédacteurs. L'ancien rédacteur du *Peuple* est depuis deux ans dans un cachot. Nous

nous inclinons blessés, dit M. Plée, blessés dans la personne de combattants d'élite; mais nous nous inclinons au cri de *Vive la République!* et pour retourner au combat.

11 août. — Le *Siècle* publie en trois colonnes le compte rendu de la Montagne au peuple, auquel Victor Hugo adhère par une lettre, et qui se termine par ces mots : « Nous ne manquerons à aucun des devoirs que nous commandera le salut de la République. » Suivent les signatures de tous les représentants de la Montagne.

12 août. — Le *Siècle* s'occupe du candidat de 1852, et déclare d'abord que, quoi qu'en dise la docte cabale de l'inconstitutionnalité, M. Louis Bonaparte, président de la république actuelle, élu pour trois ans et quelques mois, n'est pas, ne peut pas être et ne sera pas le candidat de 1852.

14 août. — Le choix du candidat futur à la présidence est plein de difficultés; mais le *Siècle* compte sur le patriotisme et l'intelligence de tous ceux qui aiment la république. Ainsi qu'il l'a déjà dit, le candidat avéré, acclamé, vérifié, certain de la démocratie sera le sien.

17 août. — Le *Siècle* publie un manifeste du comité démocratique français — espagnol — italien, tout entier consacré à la question extérieure... Il

est signé de Lamennais, Joly, Mathieu (de la Drôme) Schoelcher, Baune, Bertholon, Lesteyras, Michel (de Bourges), tous représentants du peuple. Le manifeste occupe cinq colonnes du journal.

20 août. — Le *Siècle* insère une lettre concernant le duel qui a eu lieu en Belgique le 19 août, entre M. Charles de Fiennes du *Siècle*, et M. Villemessant. ce dernier a été blessé à l'épaule droite, mais sans gravité. L'engagement étant devenu assez vif, disent MM. de la Pierre et Maquet, les deux témoins ont usé de leur autorité pour déclarer le combat terminé.

26 août. — Les journaux de la réaction et de la prorogation saluent le *Siècle* de longues bordées d'injures; il leur oppose son programme de liberté, et il dit à tous ses adversaires pétris de mauvaise foi et de trahison! « Faites ce que nous faisons, aimez assez la liberté pour la défendre même contre ses excès; alors seulement vous aurez le droit de parler d'elle. Jusque-là, non, dit M. Plée; jusque-là nous vous appliquons le titre de cet article : *les Tartuffes de la liberté.*

12 septembre. — La République offusque tout ce qui n'est pas le produit du suffrage universel. Quoi qu'on fasse, on ne se fera pas pardonner par l'Europe nos grandes époques révolutionnaires; il faut donc nous préparer. Pour la gloire future du pays,

dit le *Siècle*, pour sa sécurité extérieure, pour son influence demandons le rappel de la loi du 31 mai. Demandez-le surtout, vous monsieur le président de la République, qui avez si bien invoqué en juin 1849, dans un danger moins grand, la légitimité de la République fondée sur le suffrage universel.

15 septembre. — Le *Siècle* enregistre deux condamnations pour délit de presse. M. E.-Victor Hugo fils est condamné à neuf mois de prison et à 2,000 francs d'amende, il ira rejoindre son frère à la conciergerie. M. Paul Meurice est frappé de neuf mois de prison et de 3,000 francs d'amende. L'*Événement* est suspendu pendant un mois.

18 septembre. — L'*Événement*, tué par le verdict du jury de la Seine, sera remplacé par l'*Avènement du peuple*. M. Victor Hugo fait connaître cette détermination dans une lettre très-développée qui se termine ainsi : « Quel bonheur si nous pouvions arriver sans secousse, sans représailles à cet avenir inévitable, où la patrie sera grande, où le peuple sera heureux, où la République française créera par son seul exemple la république européenne, où nous serons tous sur cette bien-aimée terre de France, libres comme en Angleterre, égaux comme en Amérique, frères comme au ciel. »

25 septembre. — Dans un discours prononcé à

Châlons, M. Léon Faucher a traité d'*abîme* la révolution de février. Vous qui avez glorifié la révolution de février, dit M. Plée, vous doutiez-vous que vous la qualifieriez un jour d'abîme ou de catastrophe ? Soyez donc plus sobre d'entraînement, qui sait si vous ne maudirez pas un jour l'édifice que vous voulez élever, comme vous maudissez aujourd'hui le prétendu abîme de février.

3 octobre. — Le gouvernement de la République refuse à M. Kossuth l'autorisation de traverser la France pour se rendre au Havre où il devait s'embarquer pour Southampton. Cette mesure indigne le *Siècle*, il dit que le gouvernement du 10 décembre s'est placé au-dessous d'une monarchie.

13 octobre. — La *Presse* accuse le *Siècle* d'être pour le suffrage restreint, et pour la guerre civile. C'est là évidemment une calomnie. Mais, dit le *Siècle*, on veut faire de M. Bonaparte un candidat à perpétuité, on veut nous acculer à la guerre civile si nous ne consentons pas à sa réélection. Nous n'accepterons ni sa réélection ni la guerre civile. Nous en appelons à la justice et à la raison.

18 octobre. — La *Presse* interroge le *Siècle* sur la résolution du président de proposer l'abrogation complète de la loi du 31 mai et de laisser à l'Assembler l'initiative de la révision de la constitution :

« Nous voulons être francs jusqu'au bout, dit M. Husson, en conséquence nous ajoutons qu'après avoir obtenu de l'Assemblée législative le rejet de la révision, nous combattrons la réélection inconstitutionnelle de M. Louis Bonaparte de toutes nos forces et de tout notre courage. »

M. Cochut a écrit un livre sur les associations ouvrières. M. L. Jourdan examine cette publication; il dit: « Les associations ouvrières, écloses sous le régime démocratique, ont élevé la moralité, accru le bien-être des classes laborieuses; elles ont intéressé au maintien pacifique et libre du développede nos institutions des masses de travailleurs qu'autrefois l'émeute eût recrutés sans peine. »

27 octobre. — Le ministère est complétement changé; le préfet de police, Carlier, remplacé par M. de Maupas. Le *Siècle* suivra avec impartialité les mouvements de cette nouvelle situation. Les républicains convaincus, dont il est un des organes, seront avec le pouvoir exécutif pour le rétablissement du suffrage universel; ils seront avec l'Assemblée nationale contre tout empiètement sur ses droits constitutionnels et sur ses prérogatives parlementaires.

28 octobre. — Un manifeste insensé, dit le *Siècle*, publié par le *Constitutionnel*, a ému profondément

les esprits. « Nous attendons le message avec calme, dit le secrétaire de la rédaction, M. Husson. Si, par impossible, ce message était factieux, comme on ose l'annoncer, nous saurions ce qui resterait à faire, et nous saurions le dire. »

30 octobre. — Le *Siècle* revient sur le manifeste du *Constitutionnel*, il le discute et il leur dit : Vous êtes les plus mortels ennemis de cette société française dont vous vous dites les défenseurs. Vous lui avez été plus funestes pendant ces trois jours de révélations ou de silence calculés que les plus mauvais actes du gouvernement depuis trois années. Nous en appelons au jugement impartial de tous les bons Français! Vous êtes des factieux!

4 novembre. — Le *Siècle* publie en outre le message du président de la république aux représentants. Le point essentiel du message, c'est la condamnation du suffrage restreint.

12 novembre. — Le *Siècle* dit que la constitution gagne du terrain; à l'unanimité qui est en train de se former, il ne manque plus qu'une déclaration de M. Louis Bonaparte. Serait-il donc difficile à M. Louis Bonaparte, dit M. Plée, de se résigner à être *grand* par l'honnêteté? Faite en présence de l'hostilité de la majorité, une déclaration d'honnêteté apaiserait bien des mauvaises volontés.

13 novembre. — Rejet de la proposition du gouvernement touchant la loi du 31 mai. Le vote d'aujourd'hui ne finit rien, dit le *Siècle*, il commence tout.

17 novembre. — La proposition des questeurs, touchant le droit que l'Assemblée tient de la constitution, de se garder et de se défendre, est rejetée. Le ministre de la guerre, répondant à M. le général Bedeau, que le décret du 11 mai, pour la réquisition directe, ayant disparu des casernes par ses ordres, les menaces de mise en accusation circulent sur tous les bancs de l'Assemblée. Les membres de la gauche se proposent de la voter.

27 novembre. — Il y aura une élection à Paris, le 30 novembre. Le *Siècle* commande le calme au peuple. Il ne faut laisser, dit-il, dans les jours où nous sommes, aucun prétexte à l'emploi de la force, de la force sur laquelle on paraît compter. Il ne faut laisser aucun prétexte à une nouvelle alliance de M. Bonaparte et de la majorité.

30 novembre. — Jour électoral. Le peuple de Paris, dit le *Siècle*, a porté un coup décisif à l'œuvre du dix-sept. Quoi qu'on fasse, quoi qu'on dise, le suffrage universel est rétabli en fait, il ne tardera pas à l'être en droit. Que les royautés déchues, que les prétentions surannées, que les défenseurs des

vieux régimes en prennent leur parti : la République et le suffrage universel ont remporté aujourd'hui une victoire solennelle.

1ᵉʳ décembre. — Le *Siècle* examine la question de la révision impérialiste ; il dit que le succès a, de tout temps, eu le privilége de conduire à leur perte les mauvaises causes et les ambitions mal fondées.

2 décembre. — Coup d'État. Le *Siècle* enregistre le décret de M. Louis-Napoléon Bonaparte, qui dissout l'assemblée nationale et convoque le peuple français dans ses comices, à partir du 14 décembre jusqu'au 21 décembre; 1° l'appel au peuple par le président de la république qui rétablit le suffrage universel; 2° une proclamation du président à l'armée, etc., etc.

Le *Siècle* fait la déclaration suivante, signée de tous ses rédacteurs :

« Par suite de l'état de siége décrété le 2 décem-
» bre, autant que par respect pour nos principes
» qui sont inaltérables, nous sommes obligés de
» nous abstenir de toute appréciation et de toute
» discussion des faits et actes officiels que nous
» nous bornerons par conséquent à enregistrer. »

10 décembre. — Le *Siècle* engage les électeurs à se faire inscrire ou à vérifier s'ils sont inscrits.

16 décembre. — Le *Siècle* donne un supplément contenant tous les actes officiels.

20 décembre. — Le *Siècle* rappelle que c'est aujourd'hui le dernier jour du vote, et engage ses concitoyens à ne point s'abstenir d'y prendre part.

XVII

1852. — L'année commence triste et silencieuse; le pouvoir seul a la parole, que reproduit sans observation chaque journal. Le *Siècle* continue à enregistrer toutes les nouvelles officielles, les décrets, et les événements extérieurs. Mais point de réflexions. Il publie en huit lignes le vote sur le plébiscite du 2 décembre tel qu'il a été présenté à M. le président de la république par la commission consultative : Oui, 7,437,107 voix; non. 645,211.

8 janvier. — Le *Siècle* rompt le silence, et au-dessus des nouvelles officielles, il place un Premier-Paris, traitant *De la Production de l'or*, signé par M. Bénard. Dans le même numéro, en Variétés, M. Louis Jourdan publie une étude sur les cafés de Paris.

Ces sujets n'ont pas d'actualité, mais attendons;

ce qui importe en ce moment, c'est que la plume soit en main et l'écrivain debout.

10 janvier. — M. Léon Plée commence une série d'articles sur les systèmes économiques, leurs conséquences et le progrès. Il combat les systèmes et les panacées; il est convaincu que le problème général des améliorations morales et matérielles, a toujours été posé soit au delà, soit en de çà de la juste mesure. Il repousse tout ce qui est exclusif; l'éclectisme lui paraît le parti le plus sage pour remédier aux maladies du corps social. On sent que l'auteur a longtemps réfléchi à son sujet, qu'il le traite en maître et avec conviction.

On le voit, la pensée reprend ses droits.

11 janvier. — Publication du décret d'expulsion de soixante-six représentants, et un autre décret éloignant momentanément du territoire français dix-huit autres représentants. Aucune appréciation n'accompagne ces décrets.

15 janvier. — MM. Havin et Tillot signent une note qui rappelle, en termes sympathiques, les qualités de Louis Perrée, à l'occasion de l'anniversaire de sa mort.

M. Plée continue ses savantes dissertations sur les systèmes économiques et sur la constance du progrès.

Le *Siècle* publie, en supplément, la Constitution faite en vertu des pouvoirs délégués par le peuple français à Louis-Napoléon Bonaparte, par le vote des 20 et 21 décembre 1851.

Cet acte important n'est l'objet d'aucune critique, ni d'aucune espèce d'approbation, ou d'assentiment : il est inséré ; il donne lieu seulement à quelques recherches sur la valeur et sur la teneur des principes de 1789 que la nouvelle constitution reconnaît, confirme et garantit.

M. Émile de La Bédollière fait l'historique des communes dans le numéro du 21 janvier.

M. Louis Jourdan continue ses études sur l'industrie parisienne : ce sont là des travaux très-curieux, soit qu'il parle de l'alimentation, du bâtiment, des industries de vêtements, des fils et des tissus.

31 janvier. — Le Premier-Paris est consacré au conseil d'État ; M. Émile de la Bédollière fait l'historique de cette institution, dont il examinera les transformation qu'elle a subies depuis 1804 jusqu'en 1852.

4 février. — Le *Siècle* publie le décret organique pour l'élection des députés au Corps-Législatif. Ce décret est suivi de deux articles de M. Léon Plée, qui traite de nos lois électorales, mais s'abstient de tout jugement à l'égard de la loi nouvelle.

Le journalisme entre dans une nouvelle phase; un progrès vient de s'accomplir. Sous ce titre : *Courrier universel quotidien*, le *Siècle* fait une revue rapide de tous les actes politiques intérieurs et extérieurs. M. L. Plée signe le *Courrier*.

C'est le 10 février que s'accomplit cet acte audacieux.

Le sang commence à circuler; on sent que la vie revient.

Les élections au Corps-Législatif approchent; elles sont fixées au 29 février. Le *Siècle* commande l'action; il engage ses amis à veiller à leur inscription sur les listes électorales, et à se préparer pour le scrutin.

En attendant la loi sur la presse, le *Siècle*, examine les lois et les décrets qui ont régi cette matière, depuis la vieille monarchie jusqu'à nos jours.

Le décret organique sur la presse a paru dans le *Moniteur* du 18 février. Le *Siècle* en donne les principales dispositions; pas un mot de réflexion, par une observation ; rien.

Les élections au Corps-Législatif approchent. Le *Siècle* publie une liste qui a été apportée par les délégués des diverses réunions qui l'ont adoptée :

Cette liste est ainsi composée :

1re ciconscription. Dupont (de l'Eure); 2e, général

Lamoricière, 3ᵉ, général Eugène Cavaignac; 4ᵉ, Carnot; 5ᵉ Goudechaut (Michel); 6ᵉ; Bixio; 7ᵉ, Eugène Sue; 8ᵉ Ferdinand de Lasteyrie.

Ce journal engage tous les électeurs, comme il l'avait déjà conseillé sous la loi du 31 mai, ainsi qu'au 20 décembre, à user de leurs droits. « Nous voulons indiquer, dit-il, les noms d'hommes honorables autour desquels puissent se rallier nos amis politiques, tous les amis de la Révolution française, tous les hommes qui, imbus des principes de 1789, veulent loyalement et sérieusement l'application de ces principes »

C'était là la meilleure conduite à tenir à cette époque, car si petit que soit votre pouvoir, si limité que soit votre droit, il faut s'en servir pour conquérir le tout. Là est le devoir. S'abstenir, c'est ne croire ni à son droit ni à la justice, ni à la raison. Qu'on s'abstienne pour des questions personnelles, c'est le droit de l'individu ; mais quand il s'agit des autres, du peuple, de l'humanité, alors, l'abstention est une trahison, un crime.

En tête de sa partie politique, le *Siècle* annonce les obsèques de M. Armand Marrast, auquel il donne les plus vifs regrets. Ce journal fait remarquer qu'un seul jour a séparé les funérailles de la mort. En ce temps-là on enterrait précipitamment et

silencieusement les hommes qui avaient marqué dans la politique.

Le *Siècle* insère une communication de M. de Lamartine sur Marrast. En parlant de l'attitude respectueuse du peuple devant ce cercueil, notre grand poëte, s'écrie : « La France à de bien vilaines années et de beaux moments. C'est de la poussière; oui, mais cette poussière n'est jamais de la boue. »

L'élection de M. Carnot est vivement attaquée par les journaux qu'inspire le pouvoir; le *Siècle* répond avec beaucoup d'énergie. On signifie à la bourgoisie de se mettre à la tête du mouvement qui a applaudi au 2 décembre, sinon l'influence passera à d'autres. La table est louée, lui crie-t-on. — Nous ne savons, répond le *Siècle*, si la table est louée, mais nous pouvons affirmer que la bourgeoisie ne regrettera jamais de n'être point assise à une table où la liberté n'a pas été conviée jusqu'ici.

21 mars. — Le *Siècle* insère un article qui porte ce titre significatif : la *Clémence*; On y réclame l'amnistie en faveur des prisonniers politiques qui vont subir leur châtiment « derrière l'horizon. » Ils laissent là « des mères, des sœurs, des femmes, des veuves avant l'heure. » Il faudra plus d'un article encore pour obtenir ce grand acte de sagesse, ou plutôt de justice.

Le *Siècle* continue à soutenir l'amnistie contre la *Patrie* dans son numéro du 25 mars : « Nous savons, dit-il, tant de familles désolées, tant de pauvres enfants orphelins par l'absence de leur père, nus, sans asile et sans pain, que c'est pour nous un impérieux devoir d'élever la voix en leur faveur. »

2 avril. — le *Siècle* publie un article, sous ce titre : la *République ou l'Empire*. Le but de l'article était de rassurer contre les propos des amis trop zélés qui annonçaient la proclamation prochaine de l'Empire. Le *Siècle* s'appuyait des paroles que M. Louis Napoléon Bonaparte avait prononcées dans son discours d'ouverture, où il disait : « la République ne menace personne et rassure tout le monde. » Les réflexions de ce journal sont faibles, et la fin peu rassurante : « Soyons en république, ou qu'on nous donne l'Empire, soit, pourvu que l'on s'arrête définitivement à une forme quelconque. » Ce langage fait trop beau jeu aux courtisans; c'est une faute. La forme définitive, c'était la République existante. Pourquoi des doutes !

6 avril. — Attaqué par la *Presse*, avec insistance, au sujet du général Cavaignac, le *Siècle* répond nettement qu'il est et reste ce qu'il a toujours été : l'organe d'une opinion, et non l'organe particulier d'un homme, quelque éminent qu'il puisse être.

Quand il s'agit de liberté, le *Siècle* ne tergiverse jamais; tous ses rédacteurs sont unanimes sur ce point. Répondant à *l'Univers*, M. Havin déclare que le *Siècle* a pour mission de défendre toutes les libertés, aussi bien celles qui furent conquises et consacrées par la glorieuse Révolution de 1789 que celles dont l'origine remonte à des époques antérieures.

8 juillet. — La *Correspondance de Rome* est supprimée. L'épiscopat français, par suite de cette mesure, se sent redevenir libre. Mais les intrigans, dit M. Lamarche, ne se tiennent pas pour battus. Pix IX s'arrête sur la pente où de faux amis croyaient l'avoir lancé irrésistiblement. Nos opinions, dit le *Siècle*, n'ont jamais eu rien d'hostile au culte de la majorité de nos concitoyens. Ce que nous voulons à Rome et partout, c'est la séparation du spirituel et du temporel.

M. Louis Jourdan entreprend ce qu'il appelle ses *promenades industrielles*. Il rend hommage à l'industrie proclamée partout la souveraine des temps modernes, dont les luttes pacifiques et fécondes seront les seules auxquelles les peuples doivent être appelés dans l'avenir. Il expose ensuite les curieux travaux qui s'exécutent à la teinturerie située à Clichy-la-Garenne.

10 juillet. — Le *Siècle* rappelle les services que la presse a toujours rendus en tout temps. Il est étonné que des journalistes trouvent à blâmer leurs collègues, accusant le journalisme en masse de n'avoir éclairé aucune question, sans même tenir compte de la situation de la presse dont la liberté est si étroitement limitée par la législation nouvelle. A qui devons-nous, fait observer M. Jourdan, notre émancipation, nos progrès, notre supériorité nationale, si ce n'est à la presse? Est-ce que les plus grands mouvements sociaux de l'ère moderne ne sont pas nos contemporains? qui a préparé l'immortelle Révolution de 1789 et formulé si péniblement les principes impérissables sur lesquels s'appuie aujourd'ui la constitution actuelle? n'est-ce pas la presse du XVIIIe siècle?

11 juillet. — M. Léon Plée entreprend l'examen du problème de la misère.

15 juillet. — Il n'y aura désormais qu'une fête politique, celle du 15 août, d'après un décret du président de la république. Le *Siècle* veut apporter à cette fête son vœu : l'amnistie. Nous qui recevons tous les jours, dit M. Plée, par position, d'affligentes confidences; nous qui savons en particulier la plupart des misères que soulageraient des grâces générales, nous demandons constamment à

nos confrères de toutes les opinions de se joindre à nous pour que ces misères soient soulagées.

16 juillet. — Dans son deuxième article sur le problème de la misère, M. Plée dit que le grand malheur de ce problème, c'est que, pour le résoudre, on ait toujours tourné dans les deux cercles de l'assistance et de la répression. Les causes de la misère, qu'il ne faut pas toujours mettre sur le compte de l'homme, ne sont souvent que des effets de l'infortune, de l'oisiveté forcée ou du travail excessif. Les solutions doivent donc être des solutions de fond et non de forme.

20 juillet. — A propos d'un voyage du président de la république, le *Siècle* constate la décadence des journaux et des députés ministériels. Autrefois, dit-il, il était d'usage de soulever les questions de politique générale ou d'économie publique qui intéressaient les localité que parcourait le cortége royal. Aujourd'hui on a changé tout cela : l'un raconte les fleurs dont le sol était jonché, l'autre l'ivresse des populations en termes pindariques. Flattez, flattez toujours, brûlez sous le nez des gens un encens perpétuel. C'est bien banal.

25 juillet. — On demande au *Siècle*, sous une forme accusatrice, s'il ne désespère pas de la France qu'il regarde comme ayant perdu le sens monarchique.

Au contraire, répond-il, nous n'en avons jamais mieux espéré. Est-ce qu'un monde nouveau se fonde sans orages? non, les luttes, les convulsions et toutes ces tempêtes morales qui ébranlent la conscience de l'homme sont inséparables d'une telle fondation.

27 juillet. — Un des remèdes à appliquer à la misère. M. Plée mentionne l'augmentation de la production agricole qu'il développe savamment.

28 juillet. — Les élections communales se préparent. Le *Siècle* invite tous ses amis à déposer leur bulletin dans l'urne. Ce bulletin sera d'accord avec les véritables intérêts du pays et de la civilisation, intérêts, qui exigent impérieusement qu'il n'y ait pas dans la nation que l'État représenté.

30 juillet. — Le *Siècle* vient parler pour la dernière fois d'amnistie, afin d'accomplir jusqu'au bout un devoir sacré. « Nous recevrons l'amnistie, dit M. L. Havin, comme un acte de haute conciliation, de sage politique. Nous la recevrons comme un acte de justice pour les uns, d'humanité pour les autres.

6 août. — Sous ce titre : *la Tombe du pauvre*, le *Siècle* annonce que le gouvernement prépare un décret sur les inhumations. M. Louis Jourdan se prononce énergiquement contre la fosse commune qui est, dit-il, la violation de la loi, la morale

offensée : c'est le principe de la famille atteint dans ce qu'il a de plus sacré, ce sont les affections les plus saintes cruellement froissées, c'est l'inégalité devant la mort, c'est la spoliation des pauvres. Au nom de la loi, de la morale, de la famille, nous en demandons l'abolition.

9 août. — Le *Siècle* combat les flatteurs qui donnent des éloges à tout ce qui se fait sans exception. Il faut, dit M. Jourdan, que le président de la république, qui n'a pas la science infuse, voie par d'autres intelligences que la sienne. L'autorité n'est plus le droit donné à un homme de faire ce qui lui plaît : c'est le devoir imposé à un homme et accepté par lui de faire ce qui convient à la nation.

11 août. — Le *Siècle* insère une lettre de M. Proudhon attaqué par plusieurs journaux, au sujet de l'autorisation accordée par M. le président de la République à son dernier ouvrage : *la Révolution sociale démontrée par le coup d'Etat du 2 décembre.*

24 avril. — Le *Siècle* s'attaque aux pédants qui viennent donner des leçons à la presse opposante qui n'est pourtant pas dans une merveilleuse situation. Le journalisme ne devrait plus dominer, selon le *Pays*, il doit enseigner. Le journalime n'a jamais fait autre chose. Croyez-vous, dit M. Jourdan, que les principes de 1789 ont reçu tous leurs dévelop-

pements? Et s'il est vrai que la liberté ne soit pas en pleine floraison, que la presse soit entravée, est-il convenable de choisir ce moment pour jeter l'injure à des vaincus?

9 septembre. — En vertu de l'art 32 de la loi du 17 février, le *Corsaire* est supprimé par un décret du président de la République. Ce journal, dit le *Siècle*, représentait sous un de ses aspects les plus vifs cet ancien esprit français qui perd chaque jour de ses droits. Ce n'est point toutefois une raison pour perdre courage et pour ne pas espérer encore que là s'arrêteront les rigueurs du gouvernement contre la presse quotidienne.

12 septembre. — Le *Siècle* répond à ses adversaires qui font chaque jour le panégyrique du principe de l'autorité. Selon M. Plée, la puissance du principe d'autorité ne s'accroît ni en raison de la force dont l'autorité l'environne, ni de la rigueur qu'elle déploie pour la répression. Cette puissance du principe conservateur des sociétés n'augmente qu'en raison du bien-être moral et matériel qu'il procure aux sociétés par la manière dont on le fait valoir. On respecte plus un pouvoir prévoyant et réformateur qu'un pouvoir qui serait uniquement occupé à punir et à réprimer.

29 septembre. — Le *Siècle* rappelle aux électeurs

de la 3ᵉ et 4ᵉ circonscription de la Seine que les élections auront lieu le dimanche 26, et que M. Goudchaux est, dans la 4ᵉ circonscription, le seul candidat de la démocratie.

1ᵉʳ octobre. — MM. Sougère et Louis Jourdan sont condamnés chacun à un an de prison et 1000 fr. d'amende à propos d'un article publié le 11 août sur les fonds de non-valeurs.

18 octobre. — M. le président de la République rend la liberté à Abd-el-Kader. Dans les paroles adressées à l'illustre prisonnier, le président a dit : « La générosité est toujours la meilleure conseillère. » M. Havin espère que cette conseillère ne lui laissera pas oublier les Français, qui, par suite de nos discordes civiles, errent encore sur la terre étrangère, loin de leurs familles et de leurs plus chères affections :

23 octobre. — L'*Assemblée nationale* raille le *Siècle* sur le silence qu'il garde à l'égard du décret qui convoque le Sénat et à l'égard de la transformation de la République en Empire. M. Havin répond que, restés fidèles à nos convictions, nous serons, n'importe sous quelle forme de gouverment, les défenseurs infatigables des lois, des droits des citoyens et des libertés publiques.

5 novembre. — A sa première séance le sénat

entend la lecture d'un message de S. A. le prince président. Il est dit dans ce message : « Je ne me dissimule pas tout ce qu'il y a de redoutable à accepter aujourdhui et à mettre sur sa tête la couronne de Napoléon... Ce sera la nation qui, en m'élevant au trône, se couronnera elle-même. »

Le *Siècle* passe à l'examen de l'industrie des métaux précieux à Paris.

6 novembre. — Le *Siècle* s'occupe de la question de la toilette de Paris.

10 novembre. — Le sénat proclame l'Empire. A ce propos le *Siècle* examine la situation où était la France et l'Europe quand le premier Empire fut proclamé au commencement de notre siècle. M. Louis Jourdan termine en disant : « Nous nous bornons à désirer que cette situation porte dans ses flancs le bonheur et la gloire de notre patrie, le triomphe de la cause sacrée que l'on a résumée en ces termes : l'amélioration du sort physique, intellectuel et moral des classes les plus nombreuses et les plus pauvres.

15 novembre. — Le *Siècle* continue à engager ses concitoyens à exercer leurs droits électoraux pendant les journées des 21 et 22 novembre ; M. Havin se prononce contre toute abstention.

3 décembre. — le *Siècle* publie le recensement

général des votes sur le plébiscite ; votants : 8,140,660 ; oui, 7,824,109 ; non, 253, 146 ; nuls, 62,326. L'Empire est fait.

En décembre, le *Siècle* est rempli de décrets impériaux et de considérations sur l'important rapport de M. Troplong.

XVIII

1853. — 19 janvier. — Le *Siècle* commence une série d'articles sur les principes de 1789. Les développements sont très-longs et peut-être obscurs. Ces articles portent le nom de M. Pelletan.

27 janvier. — Une amnistie est annoncée ; le *Siècle* en accepte la bonne nouvelle. Nous n'avons jamais mis en doute, dit M. Pelletan, la bonne intention de l'Empereur à cet égard.

30 janvier. — M. Plée revient sur l'amnistie. « Parmi les exilés, parmi les transportés d'Afrique, dit-il, c'est là un de nos orgueils, nous comptons beaucoup d'amis. Notre estime pour eux s'est accrue de leur infortune ; car quel est leur crime après tout, si ce ne n'est d'avoir été fidèles à une cause vaincue ?

31 janvier. — Le *Moniteur* enregistre l'amnistie ; il publiera prochainement les nom des déportés.

M. Havin dit qu'il lui en coûte de reproduire les termes par lesquels le journal officiel annonce l'amnistie, mais il n'aura que des paroles de reconnaissance pour l'acte de l'Empereur.

Le 4 février. — Le *Siècle* publie le décret graciant 4,312 condamnés politiques ainsi que tous les noms des graciés. M. Havin espère que ce grand acte ne restera pas isolé.

7 avril. — La discussion qui s'est engagée entre le *Siècle* et l'*Univers* au sujet du mariage civil et du mariage religieux, trouve sa fin dans une note du *Moniteur* où l'on affirme qu'il n'y aura rien de changé dans la condition du mariage civil. Le gouvernement, dit M. Havin, prend aujourd'hui vis-à-vis des prétentions cléricales une attitude ferme et convenable qui déjouera bien des intrigues. Nous souhaitons qu'il maintienne aussi, contre les éternels adversaires de tous progrès, les principes politiques de 1789, comme il vient de maintenir les principes civils qui établissent la souveraineté de l'État et séparent les choses temporelles des choses spirituelles.

23 avril. — M. Jourdan, dans son troisième article, définit ainsi la fraternité: la fraternité, dit-il, n'est pas autre chose que l'application de cet esprit de paix et d'union aux institutions sociales

modernes. C'est ainsi que l'entendirent les révolutionnaires de 1789.

2 mai. — M. Plée combat l'indifférence politique où la France est tombée. C'est à l'administration elle-même, dit-il, à se préoccuper de cette question. Nous ne doutons pas qu'en l'examinant elle n'acquière une double certitude, d'abord que l'on est allé trop loin dans la réglementation de la vie politique, et ensuite qu'à côté du développement matériel on doit susciter ou encourager un autre développement d'un ordre plus élevé et non moins utile.

14 mai. — M. L. Pelletan entreprend dans le *Siècle* une série de lettres adressées à M. Troplong sur le principe d'autorité.

17 juin. — On répand le bruit d'arrestations nombreuses. A cet égard le *Moniteur* est muet. M. Havin use de son droit et de son devoir d'interroger, dit-il, le gouvernement sur tous ces bruits qui ne sont pas démentis. Les citoyens, à défaut de la liberté politique, doivent être au moins garantis par la liberté civile qui leur a été promise; ils ne doivent donc redouter ni les arrestations, ni les emprisonnements arbitraires.

2 juillet. — M. Havin engage le gouvernement à s'expliquer sur la question d'Orient; il doit d'autant

moins hésiter que, plus on approche du moment critique, plus cette question devient populaire. Nul ne peut dire qu'elle sera la conséquence du premier coup de canon tiré sur les rives du Bosphore; mais quant à la France, son rôle est admirable. Elle défend le droit; elle a pour elle toutes les nationalités.

17 juillet. — Le *Moniteur* a parlé; le langage de M. le ministre des affaires étrangère est, dit M. Havin, digne, ferme et modéré. C'est ainsi que doit parler le droit appuyé sur la vérité et la justice. Autant l'appui du *Siècle* est acquis à tout ce qui se fera de national, autant nous serons impitoyables contre toutes les faiblesses.

21 juillet. — Les royalistes se lamentent du silence où sont tombés les intérêts moraux, mais ce qu'ils appellent intérêts moraux, ce sont leurs doctrines et leurs ambitions. Pour nous, dit M. Plée, les intérêts moraux sont ceux de la liberté de la France et ceux de la liberté du monde. Pour nous, la liberté est l'aliment nécessaire de l'intelligence; pour les royalistes, cet aliment est la soumission. Un océan nous sépare.

28 juillet. — La commission supérieure des sociétés de secours mutuels, a adressé à l'Empereur un document qui prouve que l'initiative des gouverne-

ments relative aux sociétés de secours mutuels est impuissante. Le *Siècle* applaudit à la formation des sociétés de secours mutuels. C'est ainsi, dit M. Louis Jourdan, que se réalisera la parole de saint Jean : aimez-vous les uns les autres, et que les pauvres se sauveront mutuellement et vaincront la misère.

3 août. — L'article du *Siècle* du 28 juillet lui a attiré l'accusation de *socialisme*. M. Louis Jourdan, qui ne s'effraye pas des mots, répond : Si les sociétés de secours mutuels et la prévoyance sont du socialisme, va pour ce socialisme! qui du moins a l'avantage de sauvegarder ce qu'il y a de plus respectable au monde, la famille, et ce qu'il y a de plus sacré chez l'individu, le sentiment de sa propre dignité ; de réparer, en un mot, les désordres que l'aumône a produits.

8 août. — Le *Siècle* reproduit cette pensée que le second Empereur écrivait pendant sa captivité à Ham. « La classe ouvrière ne possède rien; elle n'a de richesse que ses bras; il faut donner à ces bras un emploi utile pour tous. Elle est comme un peuple d'ilotes au milieu d'un peuple de sybarites, il faut lui donner une place dans la société et attacher ses intérêts à ceux du sol. » C'est par l'enfance qu'il faut commencer, fait observer M. Jourdan, et il est

urgent d'y songer. Le nombre des enfants soumis à la détention correctionnelle, était, de 1846 à 1850, huit fois plus fort qu'il ne l'était de 1826 à 1830. Le flot a monté en dix ans! il monte encore.

1er septembre. — M. Berryer disait un jour à la tribune : « J'appelle socialisme cet assemblage de théories vulgaires, insensées, épuisées, qui se sont produites dans tous les siècles, chez tous les peuples. » M. L. Plée répond que pour lui, aux yeux du *Siècle*, le socialisme vrai, celui que l'on a quelquefois nommé le bon, comme Mgr. l'archevêque de Paris, par rapport à l'autre, est au contraire le perfectionnement des choses sociales. Ce n'est pas la ruine de la société, c'en est l'affermissement,

3 septembre. — Le *Siècle* défend le principe des nationalités. Il applaudit à tout ce qui rapproche les peuples, il applaudit à tous les chemins de fer, à l'abaissement des tarifs, à la libre circulation des denrées; il applaudit à la fédération humaine. Mais fédération ne dit pas conquête, alliance ne dit pas violence, fusion des intérêts ne dit pas absorption. Peuples, s'écrie M. Plée, respectons-nous mutuellement. Conquérons-nous réciproquement à force d'intelligence et de déférence. Mais que chaque nation reste nation.

4 octobre. — Le *Siècle* annonce avec une pro-

fonde douleur la mort de l'illustre savant François Arago. Dans une notice, M. Havin retrace les principaux actes de cette grande et utile existence. « Qu'il a bien gagné sa gloire, dit-il, ce savant des savants, ce patriote à l'épreuve de toutes les ingratitudes et de toutes les reconnaissances, ce travailleur de jour et de nuit, ce propagateur infatigable et inimitable de la science, ce défenseur invariable des intérêts de la cité et des libertés des pays! »

2 octobre. — Une souscription nationale est ouverte pour élever un monument à la mémoire de François Arago. Le *Siècle* donne les noms des membres composant la commission ; il reçoit les souscriptions dont il publiera la liste chaque semaine.

5 novembre. — Première liste de souscription pour élever un monument à la mémoire de François Arago. Le *Siècle* s'inscrit pour 500 francs.

15 novembre. — M. L..Plée commence une série d'articles sous ces titres : *Aristocratie, Bourgeoisie, Démocratie*. En montrant où nous en sommes en aristocratie, dit-il, en bourgeoisie et en démocratie, nous ferons mieux toucher du doigt la place où il serait désirable que, pour le plus grand équilibre des forces sociales, le monde français en arrivât.

9 décembre. L'*Univers,* qu'on a baptisé le *Père Duchesne de la sacristie*, attaque et diffame tous les grands noms de la France. En ce jour il est en train d'*éreinter* Victor Hugo. M. Havin, prenant la défense de notre grand poëte, dit : « Avons-nous besoin de défendre notre grand poëte que l'exil aurait dû rendre sacré ? Est-ce que la voix puissante de Victor Hugo ne se fera pas entendre dans les âges à venir ? Est-ce que ses vers sublimes ne seront pas répétés par les générations nouvelles quand ses osbcurs blasphémateurs mourront oubliés, et n'auront pas même obtenu la courte immortalité d'une vie d'homme ?

XIX

1854. — 3 janvier. — Les circonstances deviennent de plus en plus graves ; l'Empereur de Russie n'accepte ni congrès ni arbitrage : il ne dissimule plus, il agit. « La situation nous semble donc des plus tendues, dit M. Havin. Nous serons dans cette nouvelle phase de l'affaire d'Orient ce que nous avons été dès le commencement, dévoués avant tout à notre patrie, à ses intérêts permanents ; nous nous placerons au-dessus de toutes les mesquines

combinaisons de partis; nous ne penserons qu'à la France, à sa gloire et à son influence dans le monde.

14 janvier. — Le *Siècle* inaugure la Chronique hebdomadaire que signe M. Edmond Texier.

14 février. — La lettre de l'Empereur des Français à l'Empereur Nicolas, dernier effort en faveur de la paix, est l'objet des réflexions du *Siècle*. En même temps il répond aux attaques dont il est l'objet. « Nous acceptons la dénomination de révolutionnaires, dit M. Havin. Nous n'avons jamais caché notre attachement à la cause de la Révolution française, à ses principes immortels ; nous n'avons jamais caché nos vives sympathies pour l'émancipation des peuples. Nous sommes donc des révolutionnaires; loin de nous en défendre, nous nous en glorifions : c'est et ce sera l'honneur de notre vie. Nous ne dévierons pas de la ligne patriotique qui est la nôtre, et dans les graves complications où va se trouver la France, nous n'aurons qu'une pensée, qu'une volonté, celle d'assurer le triomphe du droit sur la force, de la civilisation sur la barbarie.

11 mars. — Le corps législatif et le sénat ont voté à l'unanimité un emprunt de 250 millions. Cet emprunt sera négocié au moyen d'une souscription publique, et non plus, comme autrefois, par l'intermédiaire des grands capitalistes. Cette idée est sortie

du *Siècle* ; M. Havin en fait monter l'honneur à son véritable auteur, M. Perrée. (Nous reportons avec bonheur, dit-il, à celui qui tenait avant nous le gouvernail du *Siècle* sa part d'initiative de la doctrine à la fois démocratique et nationale qui vient de triompher. »

1er avril. — La dernière tentative de pacification faite par l'Angleterre et par la France a complétement échoué. Le czar et son chancelier ont répondu d'une manière hautaine, presque insolente. « C'est maintenant au glaive, dit M. Havin, qu'il appartient de trancher cette question d'Orient si complexe, si embarrassée, et que toutes les habiletés de la Russie n'ont pu parvenir à dénouer.

13 avril. — M. Jourdan examine un livre que M. Audiganne vient de publier sur les populations ouvrières de la France dans la région du nord. Il défend les ouvriers contre des qualifications barbares. « Les classes ouvrières, dit-il, aspirent tout simplement à avoir leur place légitime au soleil comme la bourgeoisie aspirait à se faire sa place dans l'État depuis l'affranchissement des communes jusqu'à 1789, qui finit par lui donner raison. Le peuple est un corps dont la bourgoisie est la tête ; là où la tête passe, soyez sûr que, dans un temps donné, tous les membres passeront.

24 avril. — M. Jourdan continue l'examen du livre

de M. Audiganne sur les populations ouvrières; il donne d'intéressants détails sur les ouvriers de l'Alsace, la Lorraine et la Champagne.

10 mai. — Dans un article sur les jésuites, le *Siècle* débute ainsi : « Mon frère, je n'aime pas les jésuites, écrivait Napoléon à Joseph ; il faut les chasser. » D'où ne les a-t-on pas chassés ? L'histoire du jésuitisme et une expulsion perpétuelle.

11 mai. — Le troisième article de M. Jourdan sur les populations ouvrières concerne les ouvriers de Lyon et tous ceux du midi. Il conclut ainsi : Les classes laborieuses aspirent au bien-être relatif, au bien-être de l'esprit, de l'âme et du corps. Tout le socialisme est là cependant, et l'œuvre des gouvernements intelligens consiste à donner la plus large satisfactions possible par de sages réformes politiques ou économiques, à ces instincts, à ces aspirations.

22 juin. — Au sujet de la punition, le *Siècle* constate que la société a deux devoirs impérieux à remplir : prévenir d'abord, puis réprimer. On invoque la charité, dit M. Jourdan ; laquelle ? La vraie charité, c'est dans les institutions dans les lois d'impôts, de douanes, de tarifs, dans les progrès agricoles, industriels, dans l'intruction publique, dans le respect de la liberté et de la dignité humaines, qu'elle doit prendre place aujourd'hui.

30 juin. — Les correspondances de Russie annoncent que les préparatifs d'attaque et de défense prennent des proportions gigantesques. « Imitons notre ennemi, dit M. Havin, soyons prêts pour toutes les éventualités ; nous n'obtiendrons de sérieuses garanties de paix que si nous avons pu par une éclatante victoire abaisser l'immense orgueil du despote mocovite, »

26 juillet. — Le *Siècle* voit un événement considérable dans l'étroite alliance contractée entre les deux gouvernements d'Angleterre et de France, alliance qui est un gage de civilisation. Les armées, les flottes des deux pays marchent ensemble et tendent au même but ; le Français combat ou voyage sous le pavillon britannique, l'Angleterre se range sous nos drapeaux. Des deux côtés du détroit, il n'y a plus qu'une politique, c'est la politique Anglo-Française.

19 août. — Le canon des Invalides a annoncé la première victoire de nos troupes dans la Baltique. Le *Siècle* tressaille de joie et d'orgueil national. « Comme Français, dit M. Havin, comme ennemis déclarés du despotisme, nous faisons les vœux les plus ardents pour que le châtiment si bien mérité par le violateur de tous les droits, ne soit pas retardé ! »

21 août. — M. Plée entreprend de combattre l'organisation du colportage qui ne concerne pas seulement les livres outrageants pour les mœurs, ou simplement hostiles à la politique du jour; on songerait à remplacer la littérature populaire par une littérature de commande.

25 août. — Le *Siècle* pose cette douloureuse question : Faut-il une Pologne! qui a fait l'objet d'une brochure. Pour que l'on discute sérieusement une pareille question, il faut que le problème surgisse des événements et non des livres, il faut que la force des choses la propose non-seulement au cœur, mais à la politique de tous.

24 septembre. — La partie ultramontaine entreprend une guerre contre les idées révolutionnaires. Mais, dit le *Siècle*, c'est une guerre dans le vide et dans l'impossible. Leurs cris, leurs injures, leurs excentricités, leur jésuitisme, n'atteignent que ceux qui veulent bien être atteints. Quant à nous, continue M. Plée, nous croyons que la Révolution n'a rien à redouter d'eux.

13 octobre. — Le *Siècle* reproduit la lettre de M. Barbès qui proteste contre l'acte de clémence dont il a été l'objet. Elle se termine ainsi : « Je vais passer deux jours à Paris pour qu'on ait le temps de me remettre en prison, et ce délai passé, ven-

dredi soir, je cours de moi-même chercher l'exil. »

Suivent le nom et l'adresse.

22 octobre. — M. Plée combat le projet d'une commission de colportage. Si les tribunaux ordinaires ne suffisent pas, formez ouvertement un tribunal des livres, mais que les séances en soient publiques comme celles des autres tribunaux, que l'intéressé puisse s'y défendre, afin qu'il ne soit pas étranglé secrètement... La pensée, depuis 1789, a conquis des droits qui sont placés sous la garantie, non-seulement de la constitution, mais aussi des lois relatives à la propriété.

31 octobre. — Le *Siècle*, à propos de l'exposition universelle, rappelle le mot de Kant, qui a dit : que si les hommes ne devaient pas un jour former une fraternité universelle, l'humanité lui paraîtrait de la part de Dieu un dessein bien méprisable. Le *Siècle* met au service de l'exposition universelle ses études, ses travaux, sa bonne volonté et le faisceau de son dévoûment collectif, si bien habitué à marcher d'accord sous une impulsion dont tout le monde reconnait le patriotisme large et élevé.

5 novembre. — On a réuni en brochure une belle et grande discussion sur le *droit* entre M. de Girardin et M. de Lourdoueix dans la *Gazette de France*. Le *Siècle*, qui en rend compte donne sa solution. « Le

droit est analogue au devoir de chacun de nous, dit
M. Jourdan ; travailler sans relâche à l'affranchissement de la raison humaine, à l'établissement de la
liberté humaine, au développement de la science humaine. Tout autre droit que celui-là ne peut-être
qu'un instrument d'oppression.

21 novembre.—L'*Univers* demande la suppression
du *Siècle* qui abuse, au dire du journal de M. Veuillot, de la liberté *illimitée* qui lui est laissée, ce qui
compromet les droits de la presse. Nous continuerons, dit M. Havin, à discuter le miracle de la Salette,
son authenticité ; nous verrons qui méritera les censures des pouvoirs publics et des honnêtes gens ;
qui a favorisé l'imposture et le mensonge ; qui
sert mieux les intérêts d'une religion de vérité et de
charité, d'égalité et de liberté.

24 novembre. — Le *Siècle* veut qu'on exige des
garanties contre l'ambition du czar ; il demande
qu'une barrière s'élève entre l'ambition sauvage des
czars et la partie occidentale de l'Europe : il faut
que la Pologne renaisse des cendres de Sébastopol ;
et en reconstituant une Pologne indépendante, dit
M. Havin, il faudra songer à toutes les nationalités
qui furent sacrifiées à une détestable politique.

5 décembre. — Une souscription est ouverte dans
les buraux du *Siècle* pour élever un tombeau au ser-

rurier poëte Gilland, ancien représentant du peuple.

16 décembre. — Le roi de Naples veut chasser les Jésuites de son royaume. M. Jourdan supplie Ferdinand de les conserver chez lui. « Quand un épidémie se déclare, dit-il, on tâche d'en concentrer le foyer, on établit des cordons sanitaires pour en empêcher la propagation. Dévouez-vous, roi magnanime ! gardez dans vos États ce choléra pestilentiel, et puissent toutes les autres nations s'en garantir ! »

31 décembre. — M. Havin propose l'amnistie pour bien commencer l'année. Nous reconnaissons, dit-il, que nous n'avons aucun droit de conseiller le gouvernement ; mais, forts de notre patriotisme, de l'indépendance que nous avons voulu conserver, même à l'égard de nos amis politiques, nous disons notre opinion avec loyauté, sans arrière-pensée.

1855. — 8 Janvier. — Le *Siècle* passe en revue tous les actes importants de l'année, sous ce titre : *Les quatre trimestres de* 1854.

12 janvier. — La philosophie moderne enseignée dans les séminaires rejette le dogme de la souveraineté du peuple imaginé par les protestants. M. Jourdan examine tout au long cette philosophie qu'il qualifie d'étrange. « En vérité, dit-il, quand on entend les déclamations quotidiennes du parti ultramontain contre les œuvres qui ont honoré, élevé

l'esprit humain, et lorsque, d'un autre côté, on s'arrête aux incroyables doctrines dont nous venons de donner une idée, on ne sait à quel sentiment donner place dans son cœur.

14 janvier. — Dans son troisième article de revue politique de l'année, M. Plée dit ce qui domine le troisième trimestre de l'année, ce qui fait de septembre 1854 un mois historique, ce sont les grands coups du débarquement si heureusement opéré à Eupatoria, de la glorieuse battaille de l'Alma et de la marche habile sur Balaklava.

21 janvier. — Le *Siècle* préconise l'alliance de la France avec le Piémont. La question posée, dit M. de Lasteyrie, est celle des nationalités; nous nous en sommes déclarés les champions. Cette alliance établit des liens de solidarité qui, à un jour donné, peuvent devenir la base la plus solide de l'indépendance italienne, et qui, dans tous les cas, le couvre aujourd'hui contre tout danger extérieur.

31 janvier. — Le secrétaire de la rédaction, M. Plée, constate que de très-grandes choses s'accomplissent en ce moment ou sont en voie de s'accomplir. Pourquoi, dit-il, ce silence si peu en rapport avec la situation? Pourquoi cette espèce de langueur des esprits et des caractères en face de la marche ascendante du progrès et de l'humanité? Le

remède a tout cela est facile. La Constitution de 1852 est progressive, elle admet les amendements, nous demandons ces amendements; nous les demandons au nom de cette bourgeoisie française qui ne calcule pas quand la France a besoin d'elle, et qui, en un an, a noblement donné sept cent cinquante millions pour soutenir une guerre de civilisation; au nom de ce peuple, dont les enfants combattent si héroïquement pour la cause du monde.

3 février. — Le *Journal de l'Empire* est satisfait de la liberté actuelle, il n'y a qu'une chose que la loi ne permette point, ce sont les mauvaises passions. L'organe semi-officiel se trompe. Le *Siècle* ne se trouve pas assez libre. En gardant notre indépendance absolue vis-à-vis du gouvernement, nous demeurons l'avant-garde de la société contre les bouleversements que rêve la contre-révolution. Pour défendre cette société, que nos adversaires veulent ramener aux folies, aux malheurs et à l'esclavage du passé, nous avons besoin de liberté, d'une grande liberté. C'est par la liberté que doit vivre cette Révolution contre laquelle l'esprit de secte lève l'étendard.

6 février. — Un professeur de philosophie d'un séminaire quelconque, M. Bensa, abbé, réclame l'interdiction de toute discussion sur les matières

religieuses afin de protéger la religion. Un bâillon, s'il vous plaît, s'écrie M. Jourdan. Quant à nous, nous persévérerons à affirmer la liberté de conscience, l'indépendance de la raison.

15 février. — Le *Siècle* dénonce un scandale. La mort frappe presque en même temps trois membres de la famille royale de Turin ; aussitôt des hommes noirs, fardés de piété, masqués de religion, d'un lambeau de linceul se font un drapeau, une arme au profit de leurs doctrines, un fouet contre leurs adversaires. M. Jourdan proteste hautement contre cette odieuse profanation. Mais rassurez-vous, hommes noirs, vous ne serez ni comprimés, ni persécutés. La démocratie triomphante comprendra l'Évangile mieux que vous ne le compreniez quand vous faisiez massacrer les protestants, emprisonner Galilée, quand vous marchiez à la tête des dragonnades. On ne vous persécutera pas ; le ridicule fera justice de vos scandales.

3 mars. — M. Dupont (de l'Eure) est décédé hier 2 mars. M. Havin se propose de rendre hommage à cette vie si modeste et si remplie, à ce noble caractère qui ne s'est jamais démenti ; nous le ferons avec piété et gratitude.

5 mars.—Les obsèques de Dupont (de l'Eure) se sont faites telles que les avait réglées le vertueux citoyen

dans une instruction écrite de sa main. Le *Siècle* consacre deux articles, l'un de M. Havin sur la vie honnête et laborieuse de Dupont, l'autre de M. Plée rendant compte de la cérémonie funéraire... Selon la volonté du défunt, il n'y a pas eu de discours.

25 mars. — Constamment préoccupé des nationalités, le *Siècle* pose cette question devant la logique. Je m'appelle homme, dit M. Plée, je ne suis qu'un cent millionième ou moins encore de l'humanité; cependant la vie de ce rien si infime est sous la protection des lois fortes et puissantes, souvent implacables. Y toucher, c'est, sous l'empire de la légalité, toucher à la hache elle-même. Mais voilà que je fais partie d'une association, d'une agrégation naturelle qui a sa racine dans les temps. Je ne suis plus simplement un homme. Ce que les hommes ont fait pour se protéger mutuellement en tant que membres de la société humaine, les nations n'ont pas encore songé à le faire pour elles. Il y a autant de codes pour les particuliers qu'il y a de peuples différents. Il n'y a pas de *codes des peuples*. Vous n'aurez en Europe de véritable état normal que quand la logique y sera satisfaite... Appelez à vos assemblées diplomatiques les représentants de la Pologne, de la Moldavie, de la Valachie, des provinces lombardes... De même qu'il n'y a pas si petite

existence d'homme que la loi ne protège, laissez faire au suffrage universel des nations des lois qui protègent aussi chaque existence de peuple si infime qu'il soit.

7 avril. — Un Mémoire sur le paupérisme a été envoyé au conseil général de la Nièvre. Les auteurs se proposent de guérir la plaie la plus profonde, la plus douloureuse des sociétés modernes, le paupérisme. Les causes de la misère sont aux yeux des auteurs du Mémoire : l'affaiblissement de l'autorité paternelle, l'absence du sentiment religieux et le morcellement de la propriété. Le *Siècle*, en réfutant ce Mémoire, ne veut que montrer combien sont actives et nombreuses les attaques dirigées contre les institutions et les principes de la révolution de 1789. « Ce que nous pouvons affirmer, dit M. Jourdan, c'est que la conscience publique se révoltera toujours contre toute tentative ayant pour objet de ressusciter des abus et des priviléges hautement condamnés sans retour. »

13 avril.—M. Lehodey, ancien préfet de la Manche sous la République, est nommé directeur-gérant du *Siècle*, à la place de M. Tillot, démissionnaire. En annonçant ce changement, le *Siècle*, renouvelle sa profession de foi; il défendra toujours avec indépendance les libertés publiques et les conquêtes de

nos révolutions. Le conseil de surveillance, la rédaction et la gérance continueront à mériter, par de nouveaux services, les sympathies de la démocratie et la faveur toujours croissante du public. Cette profession de foi, digne et concise, est signée de tous les rédacteurs du journal.

25 avril. — Une nouvelle édition, la centième peut-être, des chansons de Béranger attire sur le poète la colère de M. de Pontmartin, qui, pour récompense, reçoit une chaude accolade de M. Veuillot qui le traite de frère et ami. Je plains sincèrement M. de Pontmartin, dit M. Jourdan; si grave qu'ait été sa faute, elle ne méritait pas un tel châtiment,

28 avril. — En tête du journal, le *Siècle* flétrit le « lâche attentat » commis sur la personne de l'Empereur, aux Champs-Élysées. Un italien a tiré sur Sa Majesté deux coups de pistolet qui ne l'ont pas touché.

6 mai. — M. de Beaumont-Vassy publie un livre : *Histoire de mon temps*, pour exprimer et faire partager les craintes que lui inspire le grand mouvement d'idées de notre époque, et il conclut à la fatalité. M. Jourdan repousse cette conclusion orientale ; humble fils de Voltaire, il a foi en la liberté, comme au milieu des ténèbres de la nuit, le voya-

geur a foi au soleil qui viendra à l'heure marquée porter à toute la nature la joie, la lumière et la fécondité. Ce qui est pour d'autres un sujet de tristesse et de désolation est pour le *Siècle* une source de joies profondes, de vastes espérances, car ce désordre, ces chocs violents qui déplacent les bases du monde moral et du monde matériel sont à nos yeux le symptôme d'une réorganisation prochaine : à travers les ténèbres, nous voyons poindre les lueurs d'un monde nouveau.

8 mai. — Sous ce titre : *Les gloires nationales*, le *Siècle* repousse énergiquement et avec l'esprit qu'on lui connaît les attaques insensées de M. Veüillot contre les grands hommes de France, les plus célèbres littérateurs. L'indignation qu'à soulevée cette croisade contre nos gloires nationales est générale, dit M. Jourdan, et si le Nonotte contemporain voulait prendre connaissance de notre correspondance, il verrait comment sont appréciées par les gens de cœur ces attaques indécentes contre des hommes qui ont le plus honoré leur pays.

14 mai. — Le rédacteur en chef de l'*Univers*, las d'insulter, charge un Basile de second ou troisième ordre de calomnier la mémoire du général Hoche; cette fois, dit le *Siècle*, il ne restera rien de tant de calomnies; la noble et pure figure du général répu-

blicain ne sera pas atteinte par la boue dont on essaie en vain de la salir. Nous voulons constater, écrit M. Jourdan, qu'en insultant à nos gloires, le parti jésuitique espère surtout frapper le principe démocratique, que nous ne nous lasserons pas de proclamer et de défendre.

28 mai. — Le *Siècle* constate le succès obtenu à Kertch et à Iénikalé. Nous touchons, dit M. Havin, à un dénoûment sur cette terre de Crimée où fut déjà versé tant de sang glorieux. En faisant les plus patriotiques vœux pour l'honneur et le succès de nos armes, nous sommes certains d'en faire pour la cause de la civilisation et de l'indépendance des peuples.

30 mai. — Le *Siècle* souhaite bonne chance à M. Courcelle-Seneuil, qui va professer l'économie politique aux Chiliens.

3 juin. — M. de Laprade vient de publier un volume de poésie que le *Siècle* examine; il reproche au poëte de se laisser aller au découragement; il pense que c'est là une défaillance momentanée. Plus les temps actuels ont de tristesses, dit M. Jourdan, plus la voix des poëtes doit nous soutenir et nous encourager. Ce n'est pas à eux d'écrire le sauve qui peut.

8 juin. — M. de Lamartine a promis au *Siècle* sa

collaboration philosophique et littéraire ; c'est le dimanche et deux fois par mois que paraîtront les *Notes sur mes lectures*. Le dimanche a été choisi, parce que ce jour-là, le peuple a plus de loisirs.

16 juin. — Le *Siècle* rappelle l'article 45 de la loi de germinal qui interdit les cérémonies religieuses hors de l'église. Il espère que le gouvernement ne se prêtera pas aux envahissements sur la voie publique, qu'il fera respecter la vraie loi de liberté, qui défend à un culte quelconque de s'emparer du temporel et du moral au détriment de tous les autres.

2 juillet. — Le discours d'ouverture de la session extraordinaire de 1857 est inséré dans le *Siècle* ; le sujet principal de ce discours est relatif à la guerre d'Orient.

3 juillet. — Le *Siècle* ne croit pas devoir s'abstenir de réflexions sur ce discours impérial ; il stipule en faveur de la Pologne et de l'Italie ; et termine en disant que la liberté ne diminuerait en rien l'élan du pays.

11 juillet. — On se livre à des recherches historiques pour connaître la politique de la France à diverses époques. Le *Siècle* répond que la révolution telle qu'il l'entend, c'est la sécurité commune, c'est la défense des opprimés, c'est le dépôt sacré des

principes, c'est l'ordre général installé sur des bases de droit, de pondération et de justice.

29 juillet. — La *Gazette de France* entonne un chant de triomphe en faveur de la situation de la presse qui est, dit-il, le fanal éclairant la marche de l'humanité dans les voies de l'avenir. Le *Siècle* est un peu étonné de cette exaltation en présence du régime imposé aux journaux par les lois de 1852. Nous vivons sans doute, dit M. Plée; mais avouons-le tous, ne trompons personne : notre véritable existence n'est que dans la liberté.

1er août. — Les amis de Frédéric Degeorge ont élevé un monument à la mémoire de cet éminent journaliste. L'inauguration a eu lieu le 26 juillet, en présence d'une foule compacte composée de toutes les classes de la société. Des discours ont été prononcés par MM. Lenglet, Degouve-Denuncques, Havin, Garnier-Pagès. Le *Siècle* reproduit le discours de M. Havin qui se termime ainsi : « Devant cette tombe, il me reste à prendre le solennel engagement, je ne dirai pas de surpasser ou d'égaler Degeorge, mais de suivre son exemple, de défendre la liberté jusqu'à notre dernière heure ; et cet engagement, je le prends non-seulement en mon nom, mais au nom des rédacteurs de la feuille que j'ai l'honneur de diriger. »

4 août. — L'*Indépendant de l'Ouest* se fait l'écho d'un prétendu changement d'opinions du *Siècle*. M. Havin répond par une lettre à ce qu'il qualifie de la plus odieuse des diffamations. « Nos principes et nos sympathies, dit-il, restent invariablement les mêmes. En mon nom personnel, au nom de toute la rédaction, au nom du conseil de surveillance, au nom de l'administration du *Siècle*, je vous demande d'insérer dans votre plus prochain numéro cette protestation contre la plus indigne des manœuvres. »

22 août. — Le *Siècle* s'associe à tout ce qui est fait pour recevoir dignement la reine constitutionnelle de la Grande-Bretagne qui vient resserrer l'alliance des deux nations les plus civilisées et les plus braves. « Cette union, dit M. Havin, c'est le triomphe des grandes idées de civilisation, de progrès, de liberté, d'égalité, que nous saluons dans la personne de la reine d'Angleterre, acclamée par la nation d'un bout à l'autre de la France, sans exception d'opinions. »

6 septembre. — M. Havin présente aux abonnés du *Siècle* un nouveau collaborateur, M. Taxile Delord, un des écrivains très-distingués de la presse quotidienne.

10 septembre. — Les trois attaques dirigées con-

tre Malakoff, le redan du carénage et le redan ont été couronnées d'un plein succès. « Le drapeau français, dit le regrettable H. Lamarche, a flotté le premier sur les défenses renversées de Sébastopol. La France reconnaissante saluera bientôt les noms de ceux qui sont morts en combattant pour la civilisation. »

17 septembre. — Le *Siècle* veut qu'on poursuive la guerre de civilisation qu'on a entreprise pour la Turquie, il demande la liberté de conscience, l'égalité civile, l'unité ottomane. Pour la Pologne, il faut réparer les fautes de deux siècles et relever cette héroïque nation qui en est réduite à donner son sang pour le triomphe de la politique de Pierre le Grand.

20 septembre. — Le *Moniteur* constate l'insuffisance de la récolte qu'il évalue à 7 millions d'hectolitres. L'écrivain du gouvernement, demandant ce qu'il y a à faire, répond qu'il faut provoquer la charité publique et privée et activer le travail intérieur. Le *Siècle* engage les patrons, les directeurs, les chefs de toutes nos industries à augmenter les salaires. Élever les salaires, dit M. Jourdan, n'est-ce pas un acte de charité, un acte d'amour bien supérieur à l'aumône?

10 octobre. — Le *Siècle* préconise les sociétés de consommation ainsi nommées aujourd'hui, qu'il

expose sous le titre : l'*Épargne à court terme*. Un ouvrier, dit M. Plée, place quatre ou cinq sous par jour à la caisse d'une société d'épargne spécialement fondée pour l'achat des denrées en gros. La mauvaise saison arrivée, cette société lui fournira en gros les denrées qu'il voudra pour la somme versée. Elle les lui livrera au prix coûtant, qu'elle aura payé elle-même en faisant des achats considérables. Ces sociétés d'épargne existent en Allemagne, en Angleterre et en Suisse ; il n'y a donc pas là d'utopie.

31 octobre. — On reproche au *Siècle* qui ne s'en inquiète guère, son utopie relativement au rétablissement de la Pologne. Il déclare qu'il professera cette utopie aussi longtemps qu'il croira à la justice de Dieu.

15 novembre. — Le *Siècle* rend compte de la cérémonie de la remise des médailles ; il publie le rapport du prince Napoléon et le discours de l'Empereur ; puis les noms des industriels médaillés.

29 novembre. — Mgr l'évêque de Poitiers vient de publier une brochure violente. Il n'est pas un paragraphe qui ne contienne ou une erreur, ou une parole blessante, ou une injustice, il appelle le *Siècle* « l'organe officiel de l'enfer. » Mais de même que le clergé ne se lasse pas de poursuivre la domination universelle, dit M. Jourdan, nous ne devons pas

nous lasser de le combattre. Quiconque a l'honneur de tenir une plume et ne s'élève pas contre cette prétention opiniâtre, faillit à son devoir et trahit la cause du progrès, la cause du peuple.

6 décembre. — M. Plée publie son deuxième article sur la liberté des élections; il examine les arrêts des tribunaux relativement aux bulletins électoraux. Les interprétations diverses dans cette question créent des dangers. Quand il s'agit d'une institution aussi fondamentale que le suffrage universel, aucun nuage ne doit obscurcir la pensée ou contrarier l'exercice des droits.

19 décembre. — Dans ses études politiques contemporaines, le *Siècle* prouve par des faits, par des noms, que le gouvernement de Louis-Philippe a été le véritable organisateur du parti républicain en France; c'est lui qui l'a constitué, qui a mis ses chefs en évidence, qui lui a créé des adhérents.

29 décembre. — La rentrée des troupes de Crimée a eu lieu aujourd'hui avec solennité. Le *Siècle* rend compte de cette cérémonie nationale.

M. Jourdan trace de sa plume poétique et sentimentale le bilan de l'année. Il termine en invitant à penser sérieusement à tous ceux qui souffrent sans distinction de race, de nationalité, de secte ou de foi.

1856. — 5 janvier. — Accusé par l'*Univers*, de falsifier les citations, le *Siècle* répond qu'il ne suffit pas d'accuser, il faut prouver. Chaque fois que le journal des dévots niera les citations, il sera aussitôt confondu. « Vous avez salué la République comme vous saluez tous les pouvoirs qui sont debout, dit M. Sougère. Vous lui avez jeté de la boue quand elle est tombée, comme vous et vos coreligionnaires en'avez jeté à tous les pouvoirs qui se sont succédé en France depuis 1789.

23 janvier. — M. Jourdan s'attaque à la bande noire qui s'agite dans tous les pays. Puissante ou non, cette bande noire, dit-il, qui compromet à la fois le clergé et la religion, n'empêchera pas, nous le savons, le progrès, mais elle peut retarder son éclosion, et c'est pour cela que nous devons résister de tous nos efforts à cet envahissement dont nous sommes menacés. C'est à tous ceux qui sentent vivre Dieu en eux et hors d'eux de résister à ce torrent de superstitions, de folles terreurs, de préjugés et de haines que l'on voudrait déchaîner contre les sociétés modernes, au nom d'un Dieu de paix, de vérité et d'amour.

31 janvier. — La statistique des prisons est des plus affligeantes. M. Perrot, inspecteur général, dit qu'en 1835 les maisons centrales renfermaient

14,000 condamnés; en 1854, on en comptait 22,328. Sur ce nombre, plus de 20,000 ignorants. Si nous voulons voir décroître, dit M. Jourdan, les chiffres effrayants résumés dans ce rapport, il faut multiplier les éléments de l'instruction publique. En d'autres termes, la société actuelle a trois ennemis implacables ; ils se nomment : l'ignorance, la misère et l'intolérance. Pas de trêve avec eux, combattez-les sans relâche.

1er février. — Le discours de la reine d'Angleterre appelle les réflexions de M. Havin. L'occasion est unique, dit-il, jamais circonstance aussi favorable ne se représentera. Nos préparatifs sont faits, ils se poursuivent. Les États secondaires nous accompagnent de leurs vœux. Ayons le courage de réviser la carte d'Europe qui fut en 1815 remaniée contre nous, contre la civilisation dont les nations de l'Occident sont les représentants. Appuyons-nous sur les peuples qui gémissent et qui espèrent : là est une force qui ne nous fera pas défaut.

9 février. — M. Jourdan termine ses études politiques contemporaines, son dernier chapitre est consacré au socialisme. Il dit que le socialisme n'est nouveau que pour les esprits superficiels ; mais pour tous ceux qui savent voir et prévoir, le socialisme tient par de fortes racines à tout le passé de notre

histoire. La révolution de 1789 fut une révolution à la fois politique et sociale.

23 février. — Le *Siècle* pose le problème polonais; il n'en est pas de plus vital, dit M. Plée, ni de plus difficile; il est persuadé que la Pologne, si elle n'a pas encore pu être rétablie sur la carte des États constitués, n'a pas cessé de vivre un seul jour dans le cœur des patriotes de tous les pays.

3 mars. — Le *Siècle* reproduit le discours par lequel l'Empereur a ouvert la session législative de 1856. Le journal ne fait aucune réfléxion à ce sujet.

14 mars. — M. Plée publie son dernier article sur le problème polonais; il termine ainsi : « Persuadés que les causes justes, même celles qui déplaisent passagèrement aux Dieux, finissent par trouver quelqu'un ou quelque chose pour les faire triompher, ces mots seraient notre conclusion, si nous ne savions que tout, même une grande réparation, doit avoir un commencement. »

21 mars. — M. L. Plée commence une série d'articles sur l'Italie. Quand on veut parler dignement de l'Italie, dit-il, il faut, comme les lutteurs d'Olympie, s'être longtemps frotté d'essence et de préparation. Nous n'avons pour nous que notre amour des nations et de leurs libertés! Cependant nous essaierons.

22 mars. — Malgré la discrétion des plénipotentiaires réunis au congrés de Paris, il transpire au dehors quelques bruits. Le correspondant du *Siècle* indique quelques points qui font l'objet des discussions de ces messieurs chargés de la paix du monde. On dit que le nom de l'héroïque Pologne ne serait même pas prononcé. Nous le disons avec conviction, s'écrie M. Havin, le congrès n'aura pas rempli sa grande tâche si rien n'est fait pour la Pologne, et nous voulons espérer qu'au retour de la commission d'Orient, au moment où le congrés, se réunira de nouveau, cette grande cause obtiendra plus qu'un silence dédaigneux.

8 avril. — Le *Siècle*, préoccupé du sort de l'Italie, désirerait savoir si le congrès s'est occupé de ce peuple qu'il voudrait voir indépendant de l'Autriche. Il est impossible, dit M. Havin, que le congrès ne s'occuppe pas de ce royaume de Naples où règne un dispotisme barbare. Le remède héroïque, le seul que l'Occident victorieux devrait appliquer et pour lequel il trouverait peut-être, dans le congrès, des appuis inespérés, ce serait de déclarer l'indépendance et l'unité de l'Italie.

16 avril. — Henri IV est resté populaire pour son vœu socialiste de la poule au pot. Quelle popularité n'acquerraient pas, dit M. Plée, quelques chefs de

gouvernement, si, se réunissant, ils tombaient d'accord sur la nécessité de songer à la grande condition matérielle de l'existence humaine et aux conditions morales. Ces pauvres nations, si longtemps malheureuses, ont presque toujours lutté pour deux choses : sauver leur existence et conquérir leur liberté. Hélas ! il faut demander cela, il faut combattre pour cela, faire des guerres, des traités, et cependant est-ce autre chose que la justice ?

24 avril. — Le congrès de Paris touche à sa fin ; il n'a rien décidé relativement au sort des Principautés, de la Pologne, de l'Italie ; mais un autre congrès de qui relèvent tous les congrès, un congrès universel s'ouvre aussitôt où l'on discute le sort de l'Italie. Écoutez tout ce qui se dit, tout ce qui s'écrit, l'Italie est au fond. L'Italie dit M. Plée, comme question actuelle, a remplacé la question d'Orient. Si on ne règle pas aujourd'hui sa situation, il faudra la régler demain.

28 avril. — M. Havin fait un grand éloge des crèches ; il blâme les esprits chagrins qui trouvent des défauts aux institutions la plus précieuses. Les crèches lui semblent tout bonnement sublimes.

29 avril. — Le *Siècle* insère le traité de paix conclu entre la France, l'Autriche, la Grande-Bretagne, la Prusse, la Russie, la Sardaigne et la Turquie. Plu-

sieurs numéros sont remplis par ce traité et ses annexes.

3 mai. — Le compte rendu des courses est dirigé par M. Léon Gatayes, qui est un maître en steeple-chase. C'est ainsi qu'il explique ce jeu : « Singulier plaisir pour les uns de jouer à tuer leurs chevaux, et accessoirement à se casser les membres; pour les autres, d'assister à un spectacle où, si la peine est quelquefois un plaisir, le plaisir est bien plus souvent une peine. » Chateaubriand, esprit sombre, n'a-t-il pas dit : « Un charme est au fond des souffrances, comme une douleur au fond des plaisirs; la nature de l'homme est la misère. »

4 mai. — Ce qui a frappé le *Siècle* dans le traité de paix, c'est surtout la facilité avec laquelle la Russie a accepté la solution de la question d'Orient, telle que l'avaient tracée les quatre garanties. En cédant si facilement, la Russie, dit M. Havin, n'aurait-elle pas une arrière-pensée? il est évident qu'elle conserve en Europe une prépondérance qui s'accorde mal avec un véritable équilibre. Mais ce qui attire surtout, pour le moment, l'attention du *Siècle*, c'est la question la plus délicate, l'Italie. Si nos conseils ont été bons, dit M. Havin, patriotiques dans la question d'Orient, ils ne le sont pas moins quand nous disons à la France et à l'Angleterre : « Méritez en Italie la

reconnaissance des peuples; mettez un frein au despotime brutal de ces races royales dégénérées qui font détester le pouvoir, de ces prêtres cruels et inintelligents qui compromettent le nom et l'autorité du chef de l'Église; cela vous est facile : vous n'avez qu'à vouloir.

7 mai. — Les conférences de Paris appellent l'attention, de tous les journaux. Le *Siècle* se prépare à examiner en détail et à approfondir ce traité qui est une grande page de la vie des nations; et comme le perfectionnement est la loi des alliances comme celle des autres institutions sociales, dit M. Plée, il se croit le droit de présenter des observations sur les conférences de Paris, sur les opinions qui y ont été émises, sur les solutions qui ont été adoptées et sur les événements qu'elle font pressentir.

10 mai. — Le *Siècle* a reçu quelques fragments des *Entretiens littéraires* de M. de Lamartine. Trois sur les poëtes anglais; il publie la vie de lord Byron.

12 mai. — Un incident du congrès de Paris a soulevé en Angleterre, en Belgique et en France la question de la presse. M. Walewski, dans la séance du 8 avril, appela l'attention de ses collègues sur les excès de la presse Belge. Lord Clarendon prit la défense de la liberté. M. Plée explique ainsi l'utilité

de la presse. « La liberté est une puissance tutélaire qui veille dans les temps calmes, et qui, aux jours d'orage, protège tous les droits et tous les intérêts. La liberté de la presse est pareille à ces lampes suspendues pendant le jour au plafond des voitures de chemin de fer. Tant que le convoi galope à la clarté du soleil, nul ne songe à leur présence ; mais dès que le train s'engage dans les ténèbres et dans les profondeurs d'un tunnel, chaque voyageur bénit l'humble et bienfaisante lumière. »

16 mai — Sous ce titre plein de promesses ; la *Liberté du crédit*, M. Bénard donne l'explication des différents systèmes de credit qui n'est, selon lui, qu'un supplément du capital. Malgré tous les essais, dit-il, faits pour créer les crédits agricoles, fonciers, maritimes, industriels, sur l'honneur, sur le revenu, sur gages, ou même sur rien, le crédit est encore dans son enfance ; nous voulons montrer quelles sont les lisières qui l'empêchent de croître et de grandir, et quels développements il prendrait si on lui donnait quelques jours la liberté.

20 mai. — Le *Siècle* demande pourquoi un factionnaire se met au port d'arme quand passe un soldat décoré de la Légion-d'honneur, et pourquoi il reste indifférent devant un bourgeois porteur d'une médaille d'argent. Pourquoi cette différence

de traitement? si l'un a risqué sa vie sous les drapeaux, l'autre a exposé ses jours pour sauver la vie à un ou plusieurs de ses semblables. M. Jourdan réclame sur ce point une réforme qu'il croit imminente. »

21 mai. — Les ultramontains et les légitimistes sont dans une grande désolation. Leurs cris de désespoir et leurs imprécations contre M. de Cavour, contre le gouvernement et contre la famille royale de Savoie, dit M. Havin, prouvent que c'en est fait du gouvernement clérical en Italie. Les petits potentats, s'ils veulent conserver leurs trônes, vont être obligés d'entrer dans le mouvement des idées nouvelles pour arriver à ce qui doit être le but de la politique de la France et de l'Angleterre, de la Prusse comme de la Russie : la liberté, l'indépendance de l'Italie !

1er juin. — Le *Siècle* a une pleine confiance dans l'avenir du Piémont, dont la situation est excellente. La gloire lui sourit, la civilisation le contemple, les nationalités espèrent en lui. Qu'il continue à ne rien céder, dit M. Plée, ni à l'Autriche, ni à l'ambition pontificale, tout en guidant les espérances Italiennes sans se laisser déborder, et nous osons lui prédire une grande place dans l'histoire, dans ce livre de l'émancipation de l'Italie où MM. Cavour

et de Villamarina, au congrès de Paris, ont récemment écrit quelques pages ineffaçables.

2 juin. — Une souscription est ouverte dans les bureaux du *Siècle* pour secourir les familles frappées par l'inondation à Lyon. « Jamais, dit M. Émile de la Bédollière, dans son courrier, le fléau des inondations n'avait sévi d'une manière plus terrible. Des milliers de malheureux vont se trouver sans asile et sans pain, » Le *Siècle* souscrit pour 1,000 fr. Les rédacteurs et les compositeurs se sont empressés de se faire inscrire.

3 juin. — Les souscriptions abondent au *Siècle*. Un grand nombre de personnes venant souscrire après leur travail, des employés spéciaux reçoivent les souscriptions jusqu'à neuf heures du soir.

4 juin. — Le journal est tout entier aux inondations; les souscriptions modestes ou considérables abondent au *Siècle*.

6 juin. — Les inondations sont la grande préoccupation. Le *Siècle* expose tous les moyens qui ont été présentés à plusieurs reprises pour atténuer les inondations. Ne disons pas que c'est impossible, dit M. Jourdan, car, selon le mot ancien, si c'est impossible, ça se fera; si c'est possible, c'est fait. Quatre colonnes du journal sont remplies de souscriptions.

11 juin. — Un journal légitimiste demande au *Siècle* ce que ferait l'Italie si elle entrait en possession de laliberté qu'elle envie et que ce journal désire pour elle. Quand ce ne serait, dit M. Jourdan, que pour effacer les lois caduques, les lois qui mettent à la disposition du clergé la vie, la fortune, l'honneur des citoyens, nous appelons de tous nos vœux la liberté de l'Italie!

16 juin. — M. Bénard expose à quelles conditions le commerçant et l'industriel peuvent aujourd'hui, grâce à nos lois sur le crédit et sur l'intérêt, se servir du capital des autres.

28 juin. — Le parti clérical attribue les inondations à ce que les magasins sont ouverts le dimanche. M. Laurentie, qui voit ici la main de Dieu dans ce fléau, dit : « Le travail, c'est le mal, le mal dans toute son horreur, et vous condamnez le peuple au travail! » A cette accusation, M. Jourdan répond : « Cela est tout simplement un blasphème. Non, le travail n'est pas le mal. Le travail, sous toutes ses formes est la manifestation la plux sainte, la plus éclatante par laquelle l'homme puisse honorer Dieu. Le travail, ce sont nos vêtements, nos demeures, c'est le pain nourricier, l'instrument de la liberté, le point de départ de toute civilisation. Le travail est le moyen dont la providence se sert pour nous

élever progressivement dans l'échelle des êtres et des mondes.

Juillet. — Ce mois ne contient rien qui puisse signaler particulièrement le *Siècle*; plusieurs articles sont consacrés à la liberté du crédit par M. Bénard, économiste laborieux et savant; une critique du livre de M. de Tocqueville, *L'Ancien régime et la Révolution*; de très-belles considérations de M. Plée, au sujet d'une publication de Louis Mieroslewski, sur la nationaliié polonaise et l'équilibre européen.

11 Août. — M. Bénard examine le rapport adressé au ministre de l'intérieur sur les tours, les abandons, les infanticides et les morts-nés. Il combat l'opinion généralement reçue et qui rend toute tâche facile, que toutes les causes de la misère sont dues à l'ivrognerie, à la paresse, à l'imprévoyance, à la débauche. « C'est ne voir les choses, dit M. Bénard, que par le petit côté, prendre l'effet pour la cause; c'est en persistant dans ces solutions que l'on arrive à ne rien faire... » La misère est l'état de l'homme naturel... Plus les nations se civilisent, continue M. Bénard avec un grand esprit de justice et de vérité, c'est à dire plus elles travaillent, plus elles acquièrent de savoir, de capital et de crédit, plus elles triomphent de la misère originelle.

23 Août. — Le *Siècle* soutient une polémique con-

tre le *Constitutionnel,* dans laquelle il est contraint de parler de lui. « Non, dit M. Havin, nous n'avons pas été des républicains de la veille ; mais le jour où la monarchie s'est elle-même suicidée, le jour où une nouvelle forme de gouvernement a été proclamée aux applaudissements de la France entière, nous nous sommes légalement attachés à la défendre... Nous avons voulu la guerre d'Orient en vue de l'honneur et des intérêts de la civilisation, en vue de la liberté et de l'indépendance des peuples. »

31 Août. — M. Plée entreprend une série d'articles sur les questions actuelles au point de vue des œuvres de Napoléon III. Il aborde successivement les questions de la liberté, de l'autorité, des impôts, de la dette, du commerce, du clergé, de l'instruction publique, etc., etc. ; toutes ces questions sont traitées dans l'esprit libéral du *Siècle* et avec les connaissances profondes et logiques qui rendent si intéressants les écrits de M. L. Plée.

15 Septembre. — Le *Siècle* insère la lette de Manin démentant le bruit que la souscription pour donner cent canons à la forteresse d'Alexandrie avait été interdite par le gouvernement français. La souscription est toujours ouverte chez Manin, à Paris, rue Blanche, 70.

25 Septembre. — Le *Siècle* reproduit un article

de la *Biographie universelle*, de Jules Janin, sur le suicide de Gérard de Nerval, exécuté le deuxième jour du mois de février 1855, rue de la Lanterne, au sommet d'un escalier qui touchait par la base aux fanges de la Cité, par le faîte à la porte horrible d'une maison borgne! Gérard était un des bons écrivains de l'époque de 1830.

30 Septembre. — Contre M. l'abbé Benza, collaborateur à l'*Univers*, M. Jourdan soutient ou maintient que, dans les préceptes les plus importants de la loi morale, il n'y a rien de mystique, rien d'obscur, rien que l'esprit et le cœur ne saisissent à première vue; qu'elle constitue le dogme de l'humanité. On peut se consoler de n'être pas avec les rédacteurs des journaux catholiques, quand on est avec le Christ et avec les deux grands apôtres qui ont dit ces paroles où se résument toute religion, toute philosophie, toute sagesse, toute charité! Vous êtes tous frères, selon saint Paul; aimez-vous les uns les uns les autres, selon saint Jean.

20 Octobre. — Invité, provoqué par les journaux royalistes à s'expliquer sur le principe de non-intervention au sujet de l'Italie, le *Siècle* répond qu'il croit fermement que les grandes puissances libérales doivent, dans l'intérêt de l'équilibre européen, un appui, non-seulement moral, mais effectif aux

nationalités opprimées, et, dit M. Havin, tout ce que fera le gouvernement de notre pays en leur faveur aura notre approbation.

12 Octobre. — Revenant sur la question étrangère, et répondant à diverses accusations portées par des royalistes, accusations qui ne méritent pas d'être ici mentionnées, le *Siècle* déclare que sa politique est bien simple : Nous croyons, dit M. Havin, que la première condition de l'existence d'un peuple est son indépendance et l'estime qu'il inspire aux autres peuples. Pour nous, lorsque l'honneur, l'influence de notre patrie sont mis en question, nous faisons taire tous nos ressentiments, et mettant de côté toutes les autres considérations, nous ajournons la solution de toute question intérieure.

14 Novembre. — Les journaux légitimistes objectent au *Siècle* que les tendances du système actuel de la France la portent plutôt vers la Russie que vers tout autre peuple. M. Plée oppose à ces journaux la constitution de 1852 qui a pour base les principes de 1789, c'est-à-dire la révolution. Or, dit-il, la révolution ne peut s'allier qu'avec elle-même. C'est là son seul salut, comme l'empereur l'a reconnu à Sainte-Hélène. Les rois ne lui sourient que pour la tromper. Elle n'a d'espoir que dans les peuples, et pour aller jusqu'aux nations

encore esclaves, il lui faut d'abord s'appuyer sur les peuples libres.

28 décembre. — Aux termes du décret du 2 février 1852, les listes électorales vont être révisées. Le *Siècle* saisit cette occasion pour combattre, ainsi qu'il l'a déjà fait, l'abstention. Chacun comprend, dit M. Havin, que ce serait s'abandonner soi-même et renoncer au bénéfice du suffrage universel que de se renfermer dans cette négation de l'abstention.

XX

1857. — 6 janvier. — Le *Siècle* fait connaître un journal l'*Exemple* qui a pour but spécial la publication des actes de courage et de dévouement. Après la mention des personnes qui ont mérité de figurer dans ce recueil, M. Jourdan dit : « Nous voudrions pouvoir mettre en évidence tous ces noms honorables. Nous nous bornons à demander l'affiche trimestrielle dans tous les chefs-lieux de canton et un ruban spécial pour la médaille, un ruban qui puisse être porté sans la médaille elle-même, qui signale à la sympathie et à l'admiration tous les courageux citoyens.

19 janvier. — Le saint *Univers* ne se fatigue pas

nationalités opprimées, et, dit M. Havin, tout ce que fera le gouvernement de notre pays en leur faveur aura notre approbation.

12 Octobre. — Revenant sur la question étrangère, et répondant à diverses accusations portées par des royalistes, accusations qui ne méritent pas d'être ici mentionnées, le *Siècle* déclare que sa politique est bien simple : Nous croyons, dit M. Havin, que la première condition de l'existence d'un peuple est son indépendance et l'estime qu'il inspire aux autres peuples. Pour nous, lorsque l'honneur, l'influence de notre patrie sont mis en question, nous faisons taire tous nos ressentiments, et mettant de côté toutes les autres considérations, nous ajournons la solution de toute question intérieure.

14 Novembre. — Les journaux légitimistes objectent au *Siècle* que les tendances du système actuel de la France la portent plutôt vers la Russie que vers tout autre peuple. M. Plée oppose à ces journaux la constitution de 1852 qui a pour base les principes de 1789, c'est-à-dire la révolution. Or, dit-il, la révolution ne peut s'allier qu'avec elle-même. C'est là son seul salut, comme l'empereur l'a reconnu à Sainte-Hélène. Les rois ne lui sourient que pour la tromper. Elle n'a d'espoir que dans les peuples, et pour aller jusqu'aux nations

encore esclaves, il lui faut d'abord s'appuyer sur les peuples libres.

28 décembre. — Aux termes du décret du 2 février 1852, les listes électorales vont être révisées. Le *Siècle* saisit cette occasion pour combattre, ainsi qu'il l'a déjà fait, l'abstention. Chacun comprend, dit M. Havin, que ce serait s'abandonner soi-même et renoncer au bénéfice du suffrage universel que de se renfermer dans cette négation de l'abstention.

XX

1857. — 6 janvier. — Le *Siècle* fait connaître un journal l'*Exemple* qui a pour but spécial la publication des actes de courage et de dévouement. Après la mention des personnes qui ont mérité de figurer dans ce recueil, M. Jourdan dit : « Nous voudrions pouvoir mettre en évidence tous ces noms honorables. Nous nous bornons à demander l'affiche trimestrielle dans tous les chefs-lieux de canton et un ruban spécial pour la médaille, un ruban qui puisse être porté sans la médaille elle-même, qui signale à la sympathie et à l'admiration tous les courageux citoyens.

19 janvier. — Le saint *Univers* ne se fatigue pas

d'attaquer les libres penseurs. Les jésuites, dit M. Émile de la Bidollière, ne perdent pas une occasion de dénigrer ni d'insulter Béranger, l'illustre poëte; mais leur haine ne peut que l'honorer.

16 février. — Le *Siècle* insère à sa première page le discours prononcé par Sa Majesté à l'ouverture de la session législative de 1857. Ce discours n'est l'objet d'aucune observation de la part du journal.

19 février. — Le compte général de la justice criminelle, que l'administration publie chaque année, est un document précieux pour le philosophe et le politique. Ils y trouvent l'état des vices et la cause du mal. Après avoir examiné ce document, le *Siècle* dit qu'en résumé, l'ignorance et la misère étant les pourvoyeurs les plus actifs du mouvement de la criminalité en France, c'est vers la destruction progressive de ces deux causes de désordre que les gouvernements doivent diriger leurs efforts.

23 février. — Le *Siècle* combat les dispositions du public qui se livre tout entier aux affaires, dont le courant déborde; il voudrait ramener aux théories et aux idées, car, dit M. Ch. de Bénazé, les belles choses ne se font qu'aux époques de haute moralité; les nations ne sont grandes que par les grandes idées, que par les nobles sentiments. Si donc la société française veut retrouver sa grandeur morale,

retremper aux vraies sources son énergie qui s'éteint, il faut qu'elle donne moins aux intérêts, qu'elle accorde plus aux sentiments et aux idées.

25 février. — Le *Siècle* insère un deuxième avertissement qui lui est donné en la personne du sieur Sougère, gérant responsable, et du sieur Léon Plée, signataire de l'article.

7 avril. — Un arrêt du conseil d'État vient d'être rendu contre Mgr l'évêque de Moulins. Le *Siècle* se réjouit de cet arrêt. « Le parti, dit M. Havin, qui prétendait mettre l'Église au-dessus de l'État, au-dessus des lois, reçoit une première leçon qui a d'autant plus de gravité qu'elle émane d'un pouvoir qui, depuis son avènement, avait beaucoup accordé au clergé et à l'Église. » Le *Siècle* fait suivre le texte du décret qui déclare *abusifs* les actes commis par Mgr l'évêque de Moulins.

18 mai. — Le bas clergé appelle l'attention du *Siècle*. Le clergé de second ordre, dit M. Jourdan, est dans une situation matérielle et morale qui est incompatible avec la dignité et l'indépendance de ses membres, incompatible surtout avec l'esprit de la religion chrétienne. D'une part, la vie et l'honneur des simples prêtres sont livrés à l'arbitraire épiscopal, devant lequel aucune garantie ne les protége ; de l'autre ils reçoivent des émoluments insuf-

fisants. C'est une discussion sérieuse que le *Siècle* provoque sur ces deux points.

21 mai. — En vue des élections prochaines, le *Siècle* conseille et a déjà conseillé aux électeurs d'user de leur droits et de prendre part aux élections du corps législatif. La France libérale, dit M. Havin, qui s'étend de la bourgeoisie aux rangs les plus obscurs du travail, toute cette grande famille démocratique qui a accepté la Révolution de 1789, qui réclame l'application sage, modérée, des grand principes proclamés à cette époque, se présentera aux élections.

7 juin. — Les élections sont fixées au 20 juin. Le *Siècle* commande l'action, il s'agit de montrer à l'Europe, au monde, que la démocratie, alors que la contre-révolution arme partout, que la démocratie, elle aussi, est debout, qu'elle veille sur l'héritage de ses pères, décidée à le défendre par tous les moyens légaux en son pouvoir.

17 juin. — Le *Siècle* a reçu un avertissement qui a été notifié à M. Sougère, gérant, et à M. Havin, rédacteur.

La candidature de la 2ᵉ circonscription de la Nièvre est offerte par des électeurs de ce département à M. Émile de la Bédollière, qui accepte cet honneur. La communication des électeurs, publiée dans le

journal, est accompagnée de quelques réflexions de M. Havin, en faveur de cet esprit charmant dévoué à la démocratie.

19 juin. — L'opposition a deux listes de candidats. M. Émile Ollivier fait un appel chaleureux à M. Garnier Pagès pour établir l'unité. Cet appel n'est pas entendu. Le *Siècle* déclare qu'il repousse toutes les candidatures qui ne sont pas sur sa liste.

M. Havin n'a pas accepté la candidature qui lui a été offerte par des électeurs de Paris; il a également remercié les électeurs de la Manche qui lui ont fait la même offre.

6 juillet. — Les élections du 5 et 6 juillet de la Seine sont terminées : l'opposition est victorieuse ; les candidats portés par le *Siècle* sont élus : MM. Cavaignac, Émile Ollivier et Darimon.

16 juillet. — En tête du *Siècle*, on lit ce titre : *Mort de Béranger*. « Nous ne connaissons pas de plus grande et de plus noble figure que celle de Béranger, dit M. Havin, qui a voulu rendre hommage lui-même au poëte national ; nous défierons le plus envieux comme le plus injuste de citer un mot, une pensée de lui, qui ne soit en parfaite harmonie avec les grands principes de la Révolution française, qui a été le culte de sa vie entière.

17 juillet. — Le *Siècle* rend compte des obsèques

de Béranger. « Toute la population ouvrière, dit M. Plée, avait quitté ses ateliers; elle assistait avec calme et recueillement, comme le poëte avait voulu que cela fût, à cette cérémonie, l'une des plus imposantes, des plus magnifiques et des plus touchantes à laquelle il nous ait été jamais donné d'assister. » Le char funèbre a été salué par un seul cri : Honneur à Béranger !

Dans un article plein de faits très-exacts, M. Émile de la Bédollière rappelle la carrière de Béranger, qui fut à la fois un des plus grands poëtes et un des plus nobles caractères dont la France puisse s'honorer.

16 août. — Le *Siècle* combat encore une fois l'esclavage qui dévorera l'Amérique comme la servitude indienne dévorera l'Angleterre si l'Angleterre et l'Amérique ne se mettent pas d'accord avec la loi de Dieu.

21 août. — Attaqué par les *Débats* pour avoir critiqué un jugement de M. de Montalembert qui déclare notre société en décadence, le *Siècle* répond : « Si c'est un crime de croire à son pays, d'espérer en lui et dans ses destinées, nous l'avouerons bien haut, jamais nous ne nous résignerons à désespérer de notre patrie ni de nos familles. »

23 août. — M. Ch. Muller, écrivain de la presse lé-

gitimiste départementale, publie un livre sur la légitimité dans lequel l'auteur est beaucoup plus préoccupé de vilipender le parti démocratique que de démontrer l'excellence du parti légitimiste. M. Jourdan répond que la vieille monarchie a admirablement préparé l'œuvre de notre unité nationale et l'œuvre d'égalité démocratique; quant au principe de la légitimité, il est impérissable, il réside dans le peuple. Plus le peuple se développera moralement, intellectuellement et matériellement, plus l'application du principe sera féconde.

30 août. — M. Havin, dans une lettre adressée de Torigny-sur-Vire à M. Plée, combat la *Gazette de France* qui prétend mettre en contradiction avec eux-mêmes les rédacteurs politiques du *Siècle*. Nous n'avons pas donné à un partisan de l'aristocratie, M. de Montalembert, dit M. Havin, le droit d'attaquer la démocratie, de calomnier la jeunesses française, les classes laborieuses qui s'élèvent par le travail, qui se confondent chaque jour davantage avec la bourgeoisie.

31 août. — Aujourd'hui a eu lieu l'inauguration de l'asile pour les ouvriers convalescens élevé à Vincennes. Le *Siècle* publie le discours prononcé par M. le ministre de l'intérieur sur cette institution.

7 septembre. — Le *Siècle*, en général, M. Émile de la Bédollière, enparticulier, se montrent toujours sympathiques aux modestes publications littéraires. Le Courrier politique annonce *le Présent*, *l'Impartial*, *le Béranger*, qui veulent continuer par le roman, par la science, par la poésie, l'éducation populaire qu'à commencée l'illustre chansonnier.

M. Jourdan consacre trois colonnes au neuvième volume de la *Révolution française* que vient de faire paraître Louis Blanc exilé. Cet ouvrage est un acte de réparation et de justice. C'est payer noblement sa dette à la patrie que de lui envoyer du fond de l'exil des livres si fortement pensés et si éloquemment écrits.

8 septembre. — M. Jourdan plaisante les Anglais sur la mauvaise humeur que leurs journaux laissent éclater à propos de la médaille commémorative de Sainte-Hélène. Une médaille destinée à perpétuer le souvenir de grandes conquêtes morales, politiques et sociales n'a rien d'offensant, dit-il, pour les Anglais ni pour le peuples qui prirent part aux luttes gigantesques de cette grande époque.

22 septembre. — M. Havin annonce la mort du président de la république de Venise. Manin est mort, exilé en France, à l'âge de cinquante trois ans.

30 septembre. — Les Italiens résidant à Paris se proposent d'élever un monument à l'ancien président de la république de Venise. M. Havin dit que le *Siècle*, s'associant à ce témoignage de reconnaissance, ouvre une souscription et s'inscrit pour 100 francs.

Sous ce titre : *Nos Morts*, M. Plée rappelle les grands cortèges qu'il a fallu suivre depuis quelques années : Armand Marrast, Arago, Vivien, Dupont (de l'Eure), David (d'Angers), Lamennais, Béranger, Eugène Sue. En voyant disparaître ces morts illustres, plutôt que de désespérer comme font quelques-uns, il faut les remercier d'avoir si bien vécu et de nous avoir laissé de si nobles traditions. Cette vie, cette gloire, cette tradition, sont notre force.

20 octobre. — Le *Siècle* signale dans plusieurs articles des publications religieuses en vers et en prose que M. Jourdan qualifie de « monstrueuses; » il les signale au corps épiscopal dont la dignité est engagée par ces niaises et bouffonnes productions.

24 octobre. — Le *Siècle* est autorisé par M. de Lamartine à publier des fragment de ses entretiens littéraires sur le caractère et les œuvres de Béranger. La qualité dominante de Béranger, dit M. de Lamartine, était dans son cœur.

27 octobre. — M. Havin annonce la mort du général Cavaignac, qui sera pleuré, dit-il, par tous ceux qui ont du patriotisme dans le cœur, qui savent honorer l'austère vertu, l'abnégation et la véritable dignité.

2 novembre — Le *Siècle* se consacre à la défense de Béranger attaqué par les jésuites, insulté par M. Louis Veuillot dans l'*Univers*. La bande noire de saint-Ignace ne pardonnera jamais au poëte national certaine chanson.

> Hommes noirs, d'où sortez-vous ?
> — Nous sortons de dessous terre.
> Moitié renards, moitié loups,
> Notre règle est un mystère.

1er décembre. — Un journal ultramontain qualifie les rédacteurs du *Siècle*, de « mécréants, d'impudents et de scélérats. » Voilà, dit M. Jourdan, comment on argumente dans le monde des sacristies ; voilà comment le procédé de Basile est éternellement à la mode.

13 décembre. — M. Laurentie adresse au *Siècle*, dans le journal l'*Union*, cette question : « Qu'entendez-vous par démocratie ? » M. Jourdan répond : « Révolution ne signifie pas, comme le croit M. Laurentie, changement d'un État en un autre État, mais

perfectionnement progressif d'un ordre social qui a son point de départ à 1789. Nous voulons le progrès sans bouleversement, quoique très-partisans de la Révolution qui a eu l'honneur et la gloire d'inaugurer dans le monde les principes à la lumière desquels nous marchons.

30 décembre. — La révision annuelle des listes électorales commence du 1ᵉʳ au 10 janvier. Le *Siècle* s'est fait un devoir, auquel il ne manque jamais, d'engager les citoyens à se faire inscrire afin d'être toujours prêts à exercer leur droits.

31 décembre. — M. Jourdan salue la nouvelle année à laquelle il demande l'accomplissement de tous les souhaits que peut former un honnête homme, un bon citoyen : que les peuples forment une seule famille ; que la guerre impie ne les dévore plus ; que les hommes de toute race, de tout climat, de toute communion, s'unissent dans un même sentiment religieux, celui de la fraternité, celui de l'amour que des frères doivent avoir l'un pour l'autre... Peuples, tendons-nous la main, par-dessus nos pouvoirs, car nous sommes tous frères.

XXI

Ce bon M. Veuillot, le saint éreinteur, a inauguré les premiers jours de l'année par sept colonnes d'injures contre MM. de Lamartine, Alphonse Karr, Béranger et contre la rédaction du *Siècle*. M. Jourdan se donne la peine de repousser les insinuations déloyales ou calomnieuses dont le seigneur Basile a dit avec raison qu'il en reste toujours quelque chose. M. Veuillot accuse tous les écrivains de « mercantilisme littéraire. » M. Jourdan lui répond que tout le monde vit de travail; et c'est la seule manière de vivre honnêtement. Le prêtre vit de l'autel, l'évêque de son épiscopat, le pape de ses fonctions. Dira-t-on que le prêtre, l'évêque et le pape sont mercantiles? M. Veuillot lui-même ne vit-il pas de sa plume?

Le *Siècle* est accusé de vouloir détruire les principes éternels. « Nous sommes décidés, dit M. Jourdan, à vivre et à mourir humblement dans la sphère obscure où Dieu nous a placés, bien décidés à enseigner toujours ce que nous enseignons et à n'écrire jamais une seule ligne, un seul mot qui soient en

désaccord avec notre foi profonde, avec nos convictions, avec ces « principes éternels » que d'autres prennent pour enseigne et que nous défendons pied à pied.

Attentat contre l'Empereur et l'Impératrice au moyen de projectiles creux. M. Havin exprime son indignation contre cet odieux attentat. Les assassins sont des étrangers.

Ouverture de la session législative insertion du discours de l'Empereur. Le *Siècle* ne fait aucune réflexion sur ce discours.

M. Émile de la Bédollière n'oublie jamais de mentionner la naissance des petits journaux. Il annonce un nouveau journal mensuel, non politique; il s'appelle la *Critique morale*, rédigé par M. Coutant, typographe et Alfred Sirven; et le *Mouvement*, qui est une transformation de l'ancien *Béranger*.

M. Jourdan, qui consacre une article à l'initiative privée et à l'initiative publique, soutient que l'État ne doit entreprendre que ce que l'initiative privée est incapable de faire utilement dans l'intérêt de tous.

Le *Siècle* publie le procès fait à Gomez, Rudio. Orsini et Pieri, auteurs de l'attentat du 14 janvier, avec tous ses longs détails.

Le *Siècle* annonce, à sa première page, que, par

décision en date du 4 mars, M. le ministre de l'intérieur ayant interdit la vente du *Siècle* sur la voie publique, on trouvera désormais des numéros du journal dans ses bureaux, en outre chez MM. Delavier et Trouvé.

M. Pietri donne sa démission de préfet de police. M. Boittelle le remplace. Le *Siècle* regrette le départ de M. Pietri qui savait, dit M. Havin, adoucir ce que son ministère avait souvent de rigoureux, et il a prouvé en maintes circonstances que la modération et la justice sont en administration les meilleurs moyens de succès.

Le *Siècle* est opposé à la modification de l'article 259 du code pénal qui a pour but de rechercher et de punir les usurpations de titres nobiliaires. Dans les sociétés modernes, dit M. Jourdan, quoi qu'on fasse, la considération s'attachera de plus en plus aux œuvres personnelles, aux services rendus. Au temps où nous sommes, la véritable noblesse, c'est le mérite personnel.

Le *Siècle* entrevoit un bel avenir pour les sociétés de secours mutuels. Nous aurons, un jour, dit M. Jourdan, autant de sociétés de secours mutuels que nous avons de communes, toutes rattachées par un même lien et formant un immense unité, comme nous n'avons qu'une famille et qu'une patrie. Est-ce

que l'unité n'est pas la loi universelle? Tout tend vers l'accomplissement de cette loi.

Le *Siècle* publie Les noms des candidats aux élections des 25 et 26 avril, dans les 3°, 5° et 6° circonscriptions de la Seine. Candidats du gouvernement : MM. le général Perrot, Ecket et Perret. — Opposition : MM. Liouville, Ernest Picard, Jules Favre, Armand Lévy, Lemaître et Emile Bertrand.

Le journal de M. Veuillot demande chaque jour la suppression du *Siècle* qui répond en demandant la conservation de l'*Univers* qu'il faudrait inventer s'il n'existait pas, parce que chaque matin il dévoile la pensée de son parti. Par opposition au journal religieux, le *Siècle*, dit M. Havin, professe le culte des grands citoyens ; il les défend et les honore chaque fois qu'il en trouve l'occasion. Sa polémique est toujours honnête et digne ; il ne cherche que dans le dictionnaire des gens bien élevés les mots qu'il adresse à ses adversaires... Pour le dire en un mot, nous méprisons souverainement les délations et les délateurs de l'*Univers*.

Le *Siècle* revient sur la question des titres nobiliaires, il partage l'opinion du chef actuel du pouvoir, qui a écrit : « Nous voudrions que le gouvernement prît à tâche d'anoblir les 35 millions de Français, en leur donnant l'instruction, la morale,

l'aisance, biens qui jusqu'ici n'ont été que l'apanage de quelques-uns et qui devraient être l'apanage de tous. » M. Jourdan applaudit à cette idée d'anoblir les Français par l'instruction, voilà la véritable noblesse digne de notre temps.

M. Legouvé, de l'Académie française, adresse au public un chaleureux appel pour l'engager à souscrire aux œuvres de Lamartine qui porte la peine d'avoir, le premier, en 1848, proclamé la république. Cet homme attend toujours la justice qui lui est due, O peuple ! souviens-toi !

M. Jourdan critique le projet de caisse de retraite pour la vieillesse qu'il trouve insuffisant; il voudrait voir établir un vaste système de solidarité qui assurerait à tous les travailleurs, comme on le fait pour le soldat et pour le marin, une retraitre certaine ; il voudrait que l'épargne fût obligatoire pour tous les travailleurs, que la caisse des retraites fût un grand établissement d'utilité publique dans le genre des caisses d'épargne.

―――

Nous terminons ici l'histoire du *Siècle*. En la continuant jusqu'à ce jour, nous aurions grossi le volume, mais le journal n'eût rien gagné ni perdu

à de plus longs développements, et l'histoire de ces dernières années est encore trop près de nous pour que sa reproduction ait un véritable intérêt.

Le premier jour comme le dernier, le *Siècle* a été conforme à sa déclaration; sa doctrine est unique, ses principes invariables.

Après la part faite au journal, il convient de tracer l'histoire des écrivains qui ont coopéré, chacun pour sa part, à la réputation, au succès du *Siècle*. Dans ces biographies, nous nous sommes attaché surtout à la véracité des faits.

Pour le journal comme pour les hommes, nous avons prétendu faire de l'histoire.

ADMINISTRATION DU SIÈCLE

Ce qu'il y a d'essentiel dans un journal, c'est l'administration. Dans toute entreprise, une bonne administration est nécessaire sans doute, mais elle est indispensable pour un journal. Le succès est à cette condition. Une publication mal ou imparfaitement administrée, si supérieurs que soient ses écrivains, doit périr infailliblement. L'expérience le démontre tous les jours.

Au *Siècle*, l'administration ne laisse rien à désirer,

elle est complète; tous les travaux y sont divisés selon la nature des choses; chaque fonction à son employé intelligent.

La hiérarchie, qui pourrait être aristocratique, suivant une faiblesse naturelle à l'homme, est ici conforme à l'esprit démocratique qui n'a jamais été pour le *Siècle* une vaine théorie, sans application possible, mais une chose sérieuse dont il a un profond sentiment.

C'est pour obéir à cet esprit, qu'il a été créé en faveur de tous les employés, au nombre de cent cinquante, sans exception, une société de secours mutuels.

Un médecin, particulièrement attaché à cette société, donne ses soins précieux à tous les sociétaires indistinctement.

Dans les rapports entre les divers employés de tous les grades, il règne une extrême bienveillance qui est très-profitable au service.

Les clients, les abonnés sont reçus au *Siècle* avec une courtoisie qu'on ne rencontre pas toujours dans d'autres journaux.

L'administration du *Siècle* peut être offerte en exemple aux journaux, petits et grands; car après les améliorations apportées par les gérants qui se sont succédé jusqu'à aujourd'hui, on peut croire

que si l'administration n'est pas parfaite, du moins elle est dans les meilleures conditions, puisqu'elles maintiennent le succès du journal, succès justifié d'ailleurs sous tant de rapports et très-légitime.

M. HAVIN [1]

DIRECTEUR POLITIQUE DU SIÈCLE

Comment M. Havin ne serait-il pas libéral! Bon sang ne peut mentir. Fils d'un ancien conventionnel qui ne renia jamais les immortels principes de la Révolution, il a grandi sous l'œil de ce père qui nourrit son esprit de ces mêmes principes et le fortifia constamment de la fermeté de son exemple. Aussi quand plus tard il se mêla à cette jeunesse ardente dont les cerveaux fermentaient et qui voulait réagir contre les tendances réactionnaires du gouvernement de la Restauration, par des idées de progrès et de liberté qu'elle eut voulu mettre en pratique, il y tint le premier rang; il prit même sur cette jeunesse un ascendant qui ne devait pas tarder à se manifester sur une autre échelle.

En 1830 il entre dans la vie politique par la porte du succès. Électeur du grand collége de Saint-Lô, tout d'abord il se pose en antagoniste du président du conseil électoral, M. de Tocqueville père, en sou-

[1]. Léonor-Joseph Havin est né à Paris le 3 avril 1799. Il a fait ses études et son droit à Caen où son père était juge à la Cour de cassation et à la Cour d'appel.

tenant les droits d'un électeur que celui-ci prétendait éliminer du conseil. Cette victoire agrandit l'influence qu'il possédait déjà, et avec l'aide du parti qu'il dirigeait, il put assurer l'élection populaire du général Baillod.

La révolution de juillet éclate, et tout à coup nous voyons M. Havin juge de paix à Saint-Lô. On s'étonne de voir l'électeur assez influent pour faire nommer un député à la chambre, occuper une situation si modeste. Il est vrai, mais cette situation si modeste assurait son indépendance. M. Havin devait cette situation à Dupont (de l'Eure) qu'il connaissait par son père ainsi que tous les hommes éminents qui marchaient sous la bannière de cet homme illustre. Précédemment il avait été nommé substitut à Avranches, puis procureur du roi à Épernay. Il n'avait point accepté la première de ces fonctions par des scrupules très-honorables sans lesquels la carrière du titulaire eût été brisée, ni la seconde qui l'éloignait trop de son pays.

M. Havin, d'ailleurs, allait bientôt paraître sur une autre scène.

Élu député par les électeurs du 1er arrondissement du département de la Manche, il vint s'asseoir sur les bancs de la gauche et prit part immédiatement aux grands travaux de la Chambre. Dans la session

de 1831, il propose que les traitements de tous les fonctionnaires seront proportionnellement réduits, et que la propriété foncière, alors la moins imposée de toutes, restera grevée des trente centimes additionnels qu'on lui avait momentanément demandés. Dans la même session, il refuse les trois douzièmes que le ministère Perier réclamait pour les premiers mois de 1832, et malgré les efforts des ministres de l'intérieur et de la justice, il fait adopter deux amendements qui réduisent d'une manière notable les budgets spéciaux du conseil d'État et de la Cour de cassation.

Les actes qui signalèrent à la Chambre les débuts de M. Havin retentirent jusque dans la Manche. Lorsqu'il revint à Saint-Lô, le 7 mai 1832, les officiers de la garde nationale se réunirent pour le recevoir et le complimenter. — C'était flatteur et mérité. Le département de la Manche n'avait d'ailleurs plus que deux députés de l'opposition : M. Havin et M. de Briqueville. Les six autres députés, parmi lesquels le général Baillod qui devait son élection à M. Havin, avaient passé au ministère.

En 1832, M. Havin renouvelle ses attaques sur tous les abus qu'il s'était promis de faire disparaître. Les lourds impôts, les gros traitements, les dépenses exagérées trouvent en lui un censeur impitoyable.

En même temps il observe : il voit bien et il voit juste. Le gouvernement commence à s'écarter de ses principes... il signale en le blâmant son rapprochement vers les hommes de la Restauration. Dans la séance du 4 mars, la majorité murmure en entendant ces paroles de M. Havin :

« Il est souverainement absurde et immoral, qu'au moment où le pays fléchit sous le poids des impôts qui l'écrasent, on maintienne les carlistes dans leurs emplois, et que l'on consacre les pensions des chouans. La France peut bien pardonner aux hommes assez malheureux pour avoir porté la main contre elle, mais la forcer à les récompenser, c'est une acte d'audace dont nos ministres seuls ont pu avoir le courage. »

On connait maintenant M. Havin : il ne changera en rien, il ne variera en rien.

Il nous est impossible de le suivre dans toutes les séances où il prit utilement la parole. Mais il faut que l'on se rende compte de la mission qu'il semble s'être donnée en acceptant la députation.

On le vit sans cesse, invoquant les motifs les plus sérieux, les plus irréfutables, réclamer des économies qu'il eut la satisfaction de voir presque toutes accordées.

Par son imitiative le gouvernement formula la loi relative aux chemins vicinaux, loi encore actuellement en vigueur.

Il n'avait pas inutilement passé par la magistrature, car c'est à lui que les juges de paix durent l'augmentation de leur compétence; ou lui dut également la suppression des anciennes épices, qui s'étaient perpétuées depuis la Révolution de 1789, sous la dénomination de vacations.

Sur les associations, l'organisation départementale et l'instruction élémentaire, aux développements de laquelle il donnera plus tard une plus grande extension, il émit toujours les idées les meilleures et les plus saines.

Dans tous ses actes M. Havin était guidé par ses principes démocratiques.

En combattant en toute occasion les gros traitements, il voulait que le travail fût impartialement rémunéré. Sur sa proposition, le traitement si précaire des juges de première instance, des juges de paix, des membres du bas-clergé fut notablement élevé. C'est ainsi que de concert avec M. Dubois (de la Loire-Inférieure), il provoqua de même l'amélioration du sort des sous-officiers et des sous-lieutenants.

Enfin il combattit sans relâche les fonds secrets

et se montra le champion le plus constant de la liberté et de la réforme électorale.

Malgré ses résistances, Louis-Philippe ayant cédé à l'opposition modérée, M. Havin soutint momentanément le cabinet du 1er mars.

Durant une période de dix-huit années, M. Havin avait pris dans l'opposition une place distinguée et honorable. Les majorités ministérielles étaient alors dans l'usage d'admettre au bureau un député de l'opposition. M. Havin qui, par son caractère conciliant s'était acquis l'estime de ses adversaires eux-mêmes, fut élu pendant quatre sessions secrétaire de la Chambre.

Par cette situation seule, M. Havin ne pouvait rester isolé dans les journées de février 1848. Aussi se réunit-il aux députés qui devaient composer ou soutenir le nouveau cabinet : MM. Duvergier de Hauranne, de Tocqueville, Gustave de Beaumont, de Rémusat, Cousin, Baroche, de Lasteyrie, de Malleville qui vers neuf heures arrivèrent aux Tuileries. Ils insistaient pour le rapport de l'ordonnance qui nommait le maréchal Bugeaud commandant des forces militaires de Paris, la dissolution de la Chambre et la nomination du général Lamoricière au commandement de la garde nationale. Ces messieurs

enlevèrent la nomination du général et obtinrent l'ordonnance qui appelait M. Odilon Barrot à la formation d'un ministère.

Mais M. Barrot, respecté comme homme, avait été repoussé comme conciliateur. Il partit néanmoins pour prendre possession du ministère de l'intérieur à l'appel du roi, accompagné de MM. Havin, Abbatucci, Biesta, Garnier-Pagès et Pagnerre. Il est très-connu que M. Pagnerre, faute de place dans la voiture, monta sur le siège à côté du cocher. La foule suivit la voiture jusqu'à la rue de Grenelle-Saint-Germain, où des groupes compactes, stationnant jusque dans la cour du ministère, demandaient à grands cris la réforme électorale. Cette effervescence populaire ne laissait pas d'être inquiétante. M. Havin, haranguant la foule du haut du perron du ministère, lui annonça la plus large réforme possible. Son allocution fut reçue avec le plus vif enthousiasme.

Cependant de toutes parts les nouvelles les plus contradictoires parvenaient au ministère de l'intérieur. Ce qu'on y pouvait voir de plus clair : c'était l'exaltation grandissante d'une foule de plus en plus tumultueuse.

Après délibération, M. Odilon Barrot et ses amis résolurent d'aller aux Tuileries pour solliciter du

roi son abdication. Ces messieurs arrivaient trop tard. La place du Carrousel était déjà couverte d'assiégeants, tandis que quelques détachements de troupe seulement étaient en armes dans la cour. Ils trouvèrent à cheval devant le pavillon de l'horloge le duc de Némours qui leur dit :

« Le roi est parti. Je vous engage, messieurs, à ne pas rester ici plus longtemps : je sers de cible aux assiégeants et leurs balles pourraient vous atteindre. »

Et il ajouta :

« Vous trouverez madame la duchesse d'Orléans au pavillon de la terrasse du bord de l'eau.

MM. Barrot et Abbatucci retournèrent au ministère pour y donner des ordres. MM. Havin, Biesta, et Taschereau, qui s'était joint à eux, se chargèrent d'attendre la duchesse dans le jardin. Elle ne tarda pas à paraître dans la grande allée, conduite par M. Dupin qui lui donnait le bras.

Arrivé au grand bassin, M. Dupin remit la duchesse aux mains du duc d'Elchingen.

Un conseil fut tenu dans le corps de garde du Pont-Tournant. Il y fut résolu que la duchesse

d'Orléans et le comte de Paris seraient conduits à la chambre des députés.

La place de la Concorde était couverte d'une foule considérable dont l'attitude hostile et les sourds grondements n'étaient guère de nature à rassurer l'escorte. On craignait avec raison que dans un pareil moment d'effervescence la vue du duc d'Elchingen, en grand uniforme, ne poussât à l'extrême l'irritation populaire. Ce motif détermina l'aide de camp du comte de Paris, M. de Chabaud Latour, à prier M. Havin d'offrir le bras à la duchesse. M. Havin accepta avec empressement. Sous la sauvegarde d'un député connu de l'opposition, la duchesse, tenant par la main le comte de Paris, vit s'ouvrir devant elle les flots pressés du peuple dont elle reçut à plusieurs reprises des marques du plus sympathique respect.

M. Havin la conduisit ainsi jusqu'au Palais-Bourbon. Ayant trouvé la salle des séances fermée, il l'indroduisit dans la salle dite de la distribution, où elle se vit bientôt entourée d'un grand nombre de députés.

On connaît la séance orageuse et remarquable qui eut lieu.

La Rublique ne surprit point M. Havin : elle le trouva tout prêt comme tous les hommes du parti

auquel il appartenait. Mais M. Havin pensait avec ses amis que, bien compris et loyalement appliqué, le régime constitutionnel pouvait assurer au peuple francais les libertés auxquelles il aspirait. Cependant le serment auquel il était demeuré constamment fidèle expirait avec la monarchie. Il suivit l'exemple de tous les bons citoyens qui avant tout crurent se devoir au salut de leur pays. C'est avec ces sentiments qu'il partit en qualité de commissaire du gouvernement provisoire pour le département de la Manche, où tous les partis l'accueillirent comme un pacificateur. Chose au moins singulière, un républicain de la veille, M. Vieillard, arrivait dans la Manche avec le même mandat. Tous deux s'entendirent pour soutenir, sans exercer la moindre pression sur les personnes qui ne les partageaient pas, les principes démocratiques. Ce système adopté, il durent en plus d'une occasion montrer de la fermeté dans la modération.

Une émeute éclate à Granville. La population veut s'opposer à l'embarquement des bestiaux pour Jersey et Guernesey, îles anglaises; elle va jusqu'à menacer de jeter à l'eau ceux qui lui résistent. Les commissaires arrivent, haranguent la foule; le calme renaît aussitôt et tout rentre dans l'ordre.

C'est pendant que M. Havin administrait le dépar-

tement de la Manche que fut publié le décret des 45 centimes. D'accord avec M. Vieillard, il adressa au gouvernement provisoire les observations les plus vives contre une mesure aussi inopportune qu'impolitique. Les représentations des deux commissaires furent écartées, mais leurs lettres, qui ont été conservées au ministère des finances, attestent toute la répugnance que leur inspirait l'application de ce malencontreux décret.

Les élections républicaines, sur 120,000 votants, donnèrent 119,817 suffrages à M. Havin.

A l'Assemblée constituante dominait surtout ce parti républicain modéré qui s'opposait énergiquement aux envahissements de la réaction royaliste et cléricale, et repoussait en même temps les exagérations du socialisme. M. Havin marchait avec ce parti.

Pendant l'insurrection de juin, il concourut à toutes les mesures prises par l'Assemblée constituante pour conjurer les malheurs publics. On le vit parmi les députés qui ne craignirent point d'exposer leur vie, afin de soutenir par leur présence les efforts de la garde nationale et de l'armée soumises à la cruelle épreuve d'une guerre fratricide. A l'attaque de la rue de la Barillerie, il reçut dans ses bras un chirurgien major mortellement blessé

d'une balle au bas-ventre. Les insignes de représentant firent croire que M. Havin avait eté frappé; et le soir même la *Patrie* publiait la nouvelle de sa mort qu'une note du *Moniteur* démentait le lendemain.

A la Constituante, les collègues de M. Havin lui prouvèrent la bonne opinion qu'ils avaient de son caractère et de ses talents en l'appelant six fois à la vice-présidence de l'Assemblée et douze fois à la présidence du comité d'administration.

Il entra au conseil d'État dès son organisation. Ces nouvelles fonctions étaient incompatibles avec le mandat de représentant; néanmoins les électeurs de la Manche lui donnèrent 25,000 suffrages pour l'Assemblée législative, nouvelle preuve d'estime et d'affection de la part de ses concitoyens.

A la mort imprévue de Louis Perrée, son compatriote et son ami, M. Havin parut le seul homme capable de le remplacer comme directeur politique du *Siècle*. Ils accepta cette tâche. Mais comme il était conseiller d'État, il ne s'en chargea que provisoirement. Ce ne fut qu'après le 2 décembre, alors que cette direction était devenue plus difficile et plus dangereuse, qu'il en devint le titulaire définitif.

Comme conseiller d'État, M. Havin a signé la protestation rédigée par M. Boulatigner, son collègue,

et relative à la dissolution du conseil d'État. Comme journaliste, il a signé avec tous ses rédacteurs la protestation qui fut insérée en tête du *Siècle* le 3 décembre.

Relatons ici une conversation qui eut lieu entre M. Havin et M. le duc de Morny le lundi 15 décembre 1851. Nous en garantissons l'authenticité : les termes sons textuels.

Aucun journal ne pouvait paraître, depuis le 2 décembre, sans avoir le visa d'une commission de censeurs, qui rognait impitoyablement tout ce qui lui paraissait hostile. La rédaction du *Siècle* avait pris le parti de ne publier que des articles d'histoire ancienne ou de littérature. L'esprit du journal ne perçait que dans la manière dont les faits, les correspondances, les extraits de journaux étaient groupés. Ces censeurs préviennent M. de Morny, qui mande M. Havin, le morigène et conclut ainsi :

« Vous êtes vaincus ; nous sommes vainqueurs. Si vous pouviez faire de la lutte, vous en feriez, mais vous ne le pouvez pas. Nous avons pris sur nous la responsabilité de la suppression de la liberté de la presse, du rétablissement de la censure : Nous voulons avoir les bénéfices de cet état de choses, et nous ne tolérerons pas une feuille qui nous fait plus

de mal que si elle discutait. Si vous continuez à montrer le même esprit dans les petites choses, de manière à neutraliser notre action, nous vous suspendrons. »

— « Eh bien, dit M. Havin, en saluant froidement le duc de Morny, on se conformera à vos injonctions jusqu'à ce que la presse soit constituée. »

— « D'ici à cette époque, répondit en riant M. de Morny, il passera bien de l'eau sous le pont. »

Après le coup d'État, M. Havin donna sa démission de membre du conseil général du département de la Manche, se fondant sur ce que son élection avait eu lieu sous l'autorité d'une loi qui ne rendait pas le serment obligatoire, il voulait rendre intact à ses électeurs le mandat qu'ils lui avaient confié.

A partir de cette époque, M. Havin semblait se consacrer exclusivement à la direction politique du *Siècle*. Malgré les entraves que le décret du 17 février 1852 apportait à la liberté de la presse, loin de se relâcher dans ses mains, l'impulsion libérale que Louis Perrée avait su imprimer à ce journal s'accrut jusqu'à franchir quelquefois la dernière limite accordée à son indépendance.

On n'a pas oublié l'influence que le *Siècle* exerça

pendant les guerres de Crimée et d'Italie. Un jour M. Havin reçut une statue en bronze représentant l'*Aurore de l'Indépendance Italienne*. C'étaient les patriotes italiens qui lui faisaient hommage de ce chef-d'œuvre allégorique dû au talent du sculpteur Fraccaroli.

L'année suivante, 1860, M. Havin, quelques-uns de ses collaborateurs et plusieurs de ses confrères, invités à assister à la fête d'inauguration de la statue de Manin, partirent pour l'Italie. On les vit d'un mauvais œil, et bien qu'ils fussent munis de passe-ports en règle, ces messieurs se virent contraints de quitter précipitamment le territoire vénitien. Mais à Turin, à Milan surtout, M. Havin fut l'objet de démontrations enthousiastes qui le dédommagèrent amplement des tracasseries de la police autrichienne.

Cependant la direction du *Siècle* ne devait pas longtemps suffire à l'activité d'un homme qui durant de si longues années avait pris constamment une si large part dans les affaires politiques les plus importantes. Le corps législatif achevait son mandat. Des élections nouvelles allaient avoir lieu en 1863, et l'approche de ces élections semblait provoquer par toute la France et principalement à Paris un véritable réveil de la vie politique. Jusqu'alors l'op-

position qui ne formait dans le Corps-Législatif qu'une très-faible minorité, quoique vaincue toujours, par sa persévérance et sa persistance, avait été récompensée et encouragée dans ses efforts par les applaudissements unanimes de toute la démocratie. D'un autre côté, le décret du 24 novembre élargissait le cadre de la discussion. Des hommes éminents de diverses opinions ayant joué un grand rôle sur la scène politique, des hommes tels que MM. Thiers, Berryer, Carnot, Garnier-Pagès, Marie, Odilon Barrot, qui depuis longtemps se tenaient à l'écart sentaient l'opportunité de grossir et de renforcer ce noyau en se mêlant de nouveau aux débats dont toute la France paraissait attendre d'excellents résultats.

M. Havin se mêla naturellement au mouvement qu'il avait provoqué.

En 1862 il se portait candidat aux élections du conseil général de la Manche pour le canton de Thorigny-sur-Vire.

Depuis qu'il n'était plus député, depuis qu'il avait donné sa démission de membre de ce même conseil général, des bruits propagés par la malveillance dans son département présentaient M. Havin comme un des promoteurs des décrets les plus impopulaires de la République : On l'accusait d'avoir

pactisé avec les insurgés de juin, tandis qu'il n'avait paru parmi eux que pour participer autant qu'il était en lui au rétablissement de l'ordre. On lui prêtait des rapports avec le parti subversif qui, en Italie, cherche à précipiter le gouvernement dans les voies extrêmes. M. Havin, pensant que ces inventions calomnieuses pouvaient compromettre le succès de sa candidature, fit afficher au dernier moment, dans le canton de Thorigny, une circulaire dans laquelle on lisait :

« M. le ministre de l'intérieur m'a offert spontanément de m'appuyer à Thorigny-sur-Vire.

» L'empereur à bien voulu me faire écrire par son secrétaire, M. Mocquart, qu'il voyait avec plaisir ma candidature, et qu'il avait apprécié, lors de la guerre de Crimée et depuis le commencement de la guerre d'Italie, mon loyal et patriotique concours.

» Enfin M. le préfet a recommandé à MM. les maires de se montrer bienveillants pour ma candidature.

» Toutes ces marques d'estime m'ont d'autant plus touché que je ne les ai point sollicitées.

Les journaux légitimes et cléricaux de Paris et du département de la Manche, relevant ce passage, le

signalèrent en le soulignant aux électeurs de Thorigny auxquels faisait appel M. Havin, mettant ainsi en suspicion son libéralisme et son patriotisme. Mais en dépit de l'accord de leurs manœuvres astucieuses, M. Havin fut élu à une écrasante majorité.

Cependant le jour des élections nouvelles s'avançait à grands pas. Naturellement le *Siècle*, à raison de son immense publicité et de ses principes démocratiques bien tranchés, était appelé à jouer un grand rôle dans ces élections. Dès le 16 mars, M. Havin publiait dans ce journal une sorte de manifeste où, faisant appel à la conciliation, il adjurait les hommes éminents des diverses nuances de la démocratie qui semblaient se renfermer dans un système d'abstention fatal selon lui à ses intérêts, de rentrer dans la vie active et militante.

» Si nous avions plus d'autorité, disait-il, nous leur dirions : Vos amis les plus dévoués et une grande partie de la démocratie vous font un devoir de rendre de nouveaux services à la France dans les assemblées élues par le suffrage universel. Quelle force n'aura pas votre exemple, en un moment où tant d'hommes distingués, dans les départements, n'attendent qu'un signal donné par vous pour ac-

cepter les candidatures que vous offrent leurs concitoyens. »

Après avoir minutieusement indiqué aux électeurs le soin qu'ils devaient apporter dans le choix de leurs candidats, il formulait ce programme largement démocratique :

Pour les questions intérieures :

« Sincérité complète des élections ;

» Abolition des candidatures officielles, qui n'ont plus de raison d'être, même au point de vue du gouvernement, puisque toutes les candidatures sont renfermées par la loi dans le cercle de la Constitution ;

» Liberté de la presse et révision des lois qui pèsent sur cette liberté ;

» Liberté de réunion et d'association, et pour ces élections même, liberté et réunion électorales ;

» Garantie sérieuse pour la liberté individuelle; réforme de la détention préventive et de notre système pénitentiaire ;

» Suppression des immunités abusives des fonctionnaires publics dans les cas d'infraction aux lois.

» Quiconque ne se prononcerait pas catégoriquement pour ces améliorations ne saurait être le candidat de la démocratie.

» Nos finances doivent aussi appeler l'attention du mandant et du mandataire. Il y a de grandes réformes à introduire dans l'assiette des impôts comme dans les règles de la comptabilité; la plus stricte économie doit présider à nos dépenses, et l'on sait que le système des virements, par exemple, est loin d'avoir donné les garanties qu'on nous avait fait espérer.

» L'instruction primaire doit être gratuite et obligatoire; l'une des conséquences de cette grande mesure devra être de rémunérer convenablement les instituteurs, à qui l'État donne la plus haute marque d'estime en leur confiant la première éducation de nos enfants. — Il faut aussi que toutes nos voies de communication soient complétées, depuis la voie ferrée jusqu'au chemin vicinal.

» L'instruction primaire et la facilité des communications sont les moyens les plus efficaces de civiliser les peuples.

» Il faut enfin songer à prévenir ces chômages qui font périodiquement souffrir des millions d'ouvriers. La fraternité publique a fait son devoir dans les dernières circonstances; c'est à la législation et à l'autorité privée qu'il appartient de préparer l'avenir.

» A côté des questions intérieures se placent les questions extérieures, et, au premier rang de celles-ci la question romaine.

» Nous croyons le temps venu de mettre un terme à nos sacrifices en faveur du pouvoir temporel du pape. Ce n'est pas quand de si grands événements grondent sur l'Europe que nous pouvons consacrer une partie de notre armée au soutien d'une cause contraire à nos principes. »

Sur la question polonaise, alors si brûlante, et la question mexicaine, il s'exprimait au même point de vue et avec les mêmes idées.

Un comité préparatoire, composé d'électeurs appartenant aux diverses nuances de l'opinion démocratique, s'était réuni plusieurs fois chez M. Carnot, sans pouvoir se constituer en comité définitif. L'entente semblait devenir impossible. De plus M. Havin se portait candidat dans la 4ᵉ circonscription dont sortait M. Picard. Plusieurs journaux, notamment la *Presse*, le *Temps*, le *Courrier du Dimanche*, combattirent vivement cette prétention qu'ils taxaient d'exorbitante. M. Havin avait sans doute ses raisons pour se maintenir dans la circonscription de son choix; mais dans cette circonstance il donna une très-grande preuve de la loyauté de son

caractère, en publiant en tête du *Siècle* la déclaration suivante :

« En réponse aux attaques dont le *Siècle* a été l'objet, je déclare que jamais mon vieux patriotisme ne s'exposera à rendre douteux le succès de notre cause par une prétention personnelle ou par une compétition de circonscription. »

Cette déclaration était suivie de la protestation suivante signée par tous les rédacteurs du journal :

« Cher directeur,

» Vous renoncez, pour faire cesser toute division, à vous présenter dans une circonscription où tant d'électeurs vous avaient offert leur concours; la rédaction du *Siècle* comprend et approuve la détermination qui vous est dictée par votre dévouement à la démocratie. Nous sommes persuadés d'avance que les électeurs vous en tiendront compte; aussi persistons-nous à vous demander de rester un de leurs candidats à Paris; c'est votre devoir, et le *Siècle* a bien le droit aussi de faire juger sa politique par le suffrage universel. »

Dans la réunion Carnot, le différent fut apaisé par l'offre d'une autre candidature à M. Havin.

La question de formation d'un comité n'était pas facile à résoudre. Tous les moyens mis en œuvre échouèrent. Dans cette occurrence les députés connus sous la dénomination des *Cinq* résolurent de se former eux-mêmes en comité électoral en s'adjoignant un certain nombre d'autres candidats en expectative, ainsi que les rédacteurs de journaux sur le concours desquels ils espéraient pouvoir compter.

Une réunion fut alors convoquée chez M. Jules Favre, où tous ceux qui avaient été appelés se rendirent.

Se trouvaient présents :

MM. Jules Favre, Émile Ollivier, Picard, Darimon, députés sortants de Paris, et M. Hénon, député sortant de Lyon, M. Havin, directeur politique du *Siècle*, M. Guéroult, rédacteur en chef de l'*Opinion nationale*, M. Émile de Girardin, rédacteur en chef de la *Presse*, M. Édouard Bertin, rédacteur en chef gérant du *Journal des Débats*, et un délégué du *Courrier du Dimanche*.

M. Nefftzer, rédacteur en chef du *Temps*, avait été également convoqué, mais il ne s'y rendit pas. Il a fait connaître les motifs de son abstention par une lettre adressée à M. Émile Ollivier, et publiée dans le *Temps* le soir même de la réunion.

M. Thiers n'avait pas été convoqué parce qu'on

s'attendait à sa candidature dans la deuxième circonscription.

Lorsque M. Edouard Bertin et le délégué du *Courrier du Dimanche* apprirent que l'objet de la réunion était d'arrêter la liste définitive des candidats de l'opposition, à Paris, ils firent observer qu'ils ne se croyaient pas le droit de procéder au choix de ces candidats, et ils se retirèrent.

Toutefois des résolutions furent prises. Le 11 mai le *Siècle*, l'*Opinion nationale*, la *Presse* publiaient sous ce titre : Candidats de l'opposition, une liste en tête de laquelle figurait M. Havin pour la première circonscription.

Dès l'apparition de cette liste, les journaux réactionnaires s'élevèrent contre la prédominance que le *Siècle* s'arrogeait dans les élections et se répandirent en invectives contre la candidature de M. Havin.

« M. Havin, candidat de l'opposition! s'écriait la *Gazette de France*, et de quelle opposition? »

Et la feuille légitimiste reproduisit dans ses colonnes l'affiche de Thorigny, qu'elle faisait suivre de commentaires pleins d'acrimonie.

De son côté, le *Courrier du Dimanche*, dont les tendances sont bien connues, terminait ainsi une longue diatribe :

« Nous le demandons à tous les hommes de bonne foi : M. Havin, qui invoquait dans la Manche, l'appui de M. le ministre de l'intérieur, de l'Empereur, de son secrétaire, M. Mocquart, enfin de M. le préfet, a-t-il le droit d'invoquer, à Paris, l'appui de l'opposition ? Où est l'unité dans une semblable conduite ! Nous croyons le deviner. M. Havin est fidèle à la recherche du succès. Les meilleures chances sont aujourd'hui dans une partie de Paris, pour le candidat de l'opposition ; les meilleures chances étaient, en juin 1861, à Thorigny-sur-Vire, pour le candidat de l'administration. Vive le roi ! vive la ligue ! »

En présence d'attaques aussi réitérées, M. Havin crut devoir rompre le silence qu'il avait résolu de garder. Il publia en entier dans le *Siècle* le placard de Thorigny, en faisant observer que « ce factum qui se ressent un peu de la précipitation avec laquelle il fut écrit, a eu un immense succès, surtout dans les journaux royalistes. »

Loin de le désavouer, il le justifiait librement en ces termes :

« Parlons un peu de ce fameux placard.

« Au mois de mai 1861, M. de Persigny, qui voulait mettre alors en action les principes de sa circu-

culaire, m'offrit la candidature officielle aux fonctions de membre du Conseil général de la Manche pour le canton de Thorigni.

« Je répondis que je ne pouvais point accepter une candidature patronnée.

« Le ministre reprit aussitôt qu'il comprenait la dignité de chacun et que l'administration resterait neutre.

« Malgré cette parole, ma candidature fut attaquée avec violence par tous les agents de l'autorité.

« La calomnie s'acharnait contre moi. On répandait dans toutes les campagnes que j'étais l'auteur des décrets des 45 centimes;

« Que j'avais fait partie des insurgés de juin 1848;

« Que j'étais l'ennemi personnel de l'Empereur;

« Que j'arrivais d'Italie après y avoir été fêté par les bandes d'Orsini.

« Le jour de l'élection, le 16 juin, mon concurrent faisait paraître une circulaire qui reproduisait d'une manière habile, mais transparente, tous ces mensonges, toutes ces calomnies.

« Je répondis le jour même par le placard qui a déjà paru tant de fois dans les colonnes de la *Gazette*.

« Est-ce que M. Weiss prétend que j'ai eu tort de

repousser tous ces mensonges, toutes ces calomnies ?

« Lorsqu'on me reprochait d'être l'auteur des décrets des quarante-cinq centimes, oui ou non, ne pouvais-je pas répondre que c'était faux, et qu'à cette époque j'administrais le département de la Manche ?

« Quand on m'accusait d'avoir pris part à l'insurrection, oui ou non, ne pouvais-je rappeler que, revêtu de mon écharpe de représentant, j'étais à la tête de la garde nationale pour défendre la République, la liberté et l'ordre dans la capitale ?

« Quand on répandait partout le bruit que j'étais lié avec des assassins, que j'étais l'ennemi personnel de l'Empereur, ne pouvais-je pas rappeler les paroles bienveillantes qui m'avaient été adressées, les offres qui m'avaient été faites et que je n'avais pas acceptées ?

« Répondez catégoriquement. »

On ne répondit point.

En même temps, M. Havin publiait sa profession de foi où il accentuait brièvement le programme de son manifeste.

« Je veux, disait-il, la liberté, toutes les libertés ;
« L'égalité devant la loi ;
« L'instruction primaire gratuite et obligatoire ;

« La séparation complète du temporel et du spirituel ;

« Le contrôle réel du budget, etc. »

C'était clair et net, et très-compréhensible.

M. Havin n'était pas le seul candidat de l'opposition dans la première circonscription, il avait pour compétiteur M. Ferdinand de Lasteyrie. Tout à coup, au dernier moment, se produisit une troisième candidature démocratique, celle de M. J.-J. Blanc, ouvrier typographe. M. Havin, qui a constamment soutenu de sa parole et de son vote toutes les mesures propres à améliorer la condition morale et matérielle des classes laborieuses, est très-populaire parmi les ouvriers. Des lettres nombreuses lui furent adressées des grands ateliers de Clichy, des Batignolles, de la Chapelle, de la Villette, protestant contre cette candidature que la démocratie considérait comme un élément de division. Dans le même temps cinquante chefs d'ateliers de Lyon adressaient aux ouvriers de la première circonscription une lettre ainsi conçue :

« Chers camarades,

« Nous apprenons que M. Havin se présente dans la première circonscription électorale de la Seine ;

nous serions heureux de pouvoir donner par nos votes un témoignage de notre gratitude à l'honorable directeur politique du *Siècle*.

« Éloignés de Paris, nous vous prions du moins, chers camarades, de témoigner par vos suffrages notre reconnaissance et notre dévouement à cet ami sincère des classes laborieuses et de la liberté.

« Salut et fraternité. »

La grande bataille approchait. Tout ce bruit s'éteignit subitement devant le résultat du scrutin du 31 mai et du 1er juin. M. Havin sortait de l'urne électorale avec 15,359 voix, contre 7,307 données à M. Édouard Delessert, candidat de l'administration.

Pendant qu'il triomphait à Paris, M. Havin était élu dans la Manche à une forte majorité contre M. de Kergorlay, candidat du gouvernement.

Dans le but d'assurer à Paris deux candidatures démocratiques, M. Havin et M. Jules Favre optèrent, le premier pour la Manche, le second pour le Rhône, et furent remplacés dans leurs circonscriptions par M. Carnot et M. Garnier-Pagès.

Comme député, M. Havin vote avec l'opposition; comme journaliste il continue à diriger le *Siècle* dans la voie libérale par laquelle ce journal s'est acquis une si grande popularité.

En sa qualité d'homme politique et de journaliste, M. Havin a été fort diversement apprécié. On n'a pas toujours rendu justice à ses qualités, à son bon sens. On n'a point parlé de lui avec toute l'équité que réclame un caractère distingué et honorable. Il a été trop souvent l'objet d'attaques à la fois injurieuses et puériles.

Dans le fait que lui reproche-t-on ? De n'être point orateur ? Mais il ne suffit pas d'être orateur pour faire un excellent député. Avoir à cœur de prendre et de défendre les intérêts de son pays ; ne point varier dans les principes qui ont fait accepter le candidat par les électeurs constitue selon nous des qualités aussi solides qu'inappréciables. Ce sont là des devoirs que M. Havin s'est imposés et auxquels il n'a jamais failli. Aussi ses commettants dont il remplissait les vues, dont il justifiait la confiance, lui renouvelèrent-ils leur mandat à une majorité toujours progressive.

Les rédacteurs des journaux d'un certain parti qui s'attribuent arbitrairement le monopole de la belle langue et du bien dire, bien qu'au fond ils n'aient pas plus de talent que leurs confrères, affectent de harceler de leurs traits de mauvais goût le directeur politique du *Siècle*, sans s'apercevoir qu'ils n'ont d'autre ressource que ces plaisanteries encore

plus méchantes que spirituelles pour se consoler du discrédit dans lequel sont tombées les opinions qu'ils représentent, de leur défaut d'influence et par conséquent de leur nullité politique. Il est surtout un de ces journaux qui s'emble s'être fait une loi ou un jeu de dénoncer presque chaque jour les succès croissants du *Siècle* et de son directeur à l'indignation de ses abonnés.

Un lecteur assidu de ce journal a compté combien de fois le nom de M. Havin était cité dans la période d'une année, et une addition rigoureusement exacte a donné un chiffre de plus de 4,000.

Dans son dépit, dans ses colères cette feuille croit jouer de bons tours à M. Havin : elle ne fait que grandir sa popularité.

Tout cela serait bon si cette guerre peu courtoise était marquée au coin de la loyauté. On voit trop, à travers ces attaques de parti pris, la haine qui s'attache à l'importance d'une feuille qui compte plus de 50,000 abonnés, et à laquelle le *Monde*, l'*Union* et la *Gazette* elle-même attribuent un million de lecteurs. Les feuilles cléricales paraissent mépriser ce qui compose la masse des lecteurs du *Siècle*; mais il faut bien qu'elles en prennent leur parti : si le *Siècle* est lu en bas, il est également lu en haut, très-lu même et fort commenté, signe incontestable

de sa valeur. Si un marchand de vin s'avisait de prendre un abonnement à l'un des organes du droit divin, les rédacteurs de cet organe ne manqueraient certainement pas de consacrer plusieurs articles à démontrer que le peuple revient aux saines doctrines. C'est vraiment dommage que les vieilles idées des feuilles légitimistes ne soient plus en rapport avec l'esprit moderne ! Tous ces polémistes habiles s'attaquent à un colosse dont les pieds ne sont pas d'argile; ils sentent bien que tous leurs efforts sont impuissants pour le renverser, mais leur faiblesse ne fait qu'exciter l'amertume de leurs attaques.

Comme tous les écrivains politiques, M. Havin attache beaucoup plus d'importance au fond qu'à la forme. Ce qui lui importe, c'est de dire de bonnes choses, des choses utiles ; il ne pense pas que les fleurs de rhétorique soient rigoureusement nécessaires pour se faire comprendre.

M. Havin ne s'émeut guère des escarmouches des feuilles cléricales et légitimistes, qui du reste ne l'atteignent pas, et il a raison : son bon sens droit et pratique fait justice de ces futiles tracasseries. Mais sa longanimité n'est pas à toute épreuve. Lorsque ses adversaires, dans leurs attaques, ne reculent pas devant le mensonge et la calomnie, ces armes souvent plus dangereuses pour ceux qui en

font usage que pour les hommes contre lesquels elles sont dirigées, il sort de sa réserve habituelle. C'est ce qui vient d'arriver tout récemment à propos de deux articles publiés dans le courant du mois d'août par l'*Ordre* et la *Liberté* de Caen.

Le pieux journal insinuait : Que M. Havin, usant de son influence sur le conseil de révision de la Manche, avait fait exonérer d'abord, exempter ensuite un nommé Pousset, qui s'était mutilé.

Nous citerons quelques passages d'une lettre adressée par M. Havin au gérant de l'*Ordre* et la *Liberté*, qui feront juger du caractère diffamatoire de ces articles.

« Vous faites croire à vos lecteurs qu'un nommé Pousset, conscrit de la classe de 1865, qui s'était mutilé un doigt, a été exempté par mon influence sur le conseil de révision de la Manche, et que cette exemption a fait naturellement comprendre dans le contingent un autre conscrit, qui sans cette coupable influence serait resté dans ses foyers.

» Je suis, par mon caractère et mon honorabilité, comme le conseil de révision de la Manche, au-dessus de pareilles imputations. Je pourrais les mépriser ; mais comme député de la première circonscription électorale de la Manche, j'ai un devoir à

remplir : c'est de ne pas laisser les familles des jeunes gens qui chaque année font partie du contingent, suspecter les décisions des conseils de révision et penser que par une intervention criminelle, on peut influencer la justice souveraine d'un tribunal qui, par sa composition, donne toutes les meilleures garanties.....

» Quant à moi, monsieur, je donne à vos assertions calomnieuses et diffamatoires le plus formel démenti.

» Je ne connais pas Pousset, et n'ai jamais entendu parler de lui avant la lecture de vos articles des 12 et 29 août.

» Je vous mets au défi de prouver que j'aie eu le plus petit rapport avec lui ou avec les membres de sa famille, que j'aie fait la moindre démarche en sa faveur, enfin que j'aie parlé ou fait parler de lui à qui que ce soit.

» Je vous requiers, monsieur : 1° d'insérer cette lettre dans votre numéro de mardi 12 septembre; 2° de rétracter vos odieuses allégations. »

L'*Ordre* et la *Liberté* a obéi à la réquisition de l'honorable directeur politique du *Siècle* en insérant sa lettre et en rétractant ses assertions calomnieuses et diffamatoires.

Ce journal a donc reconnu que cette calomnie contre M. Havin et contre le conseil de révision n'avait aucun fondement. Plus tard il le répétait encore en disant de M. Havin :

« Nous le savions parfaitement incapable d'un acte criminel, et même, quoiqu'en disent les méchants, de la moindre pratique illégale. »

Pourquoi donc, si l'*Ordre* et la *Liberté* en savait tant, s'écartait-il dans sa polémique agressive de la vérité, de la bonne foi et de la sincérité ?

A première vue M. Havin est loin de paraître l'homme éminent et distingué que ses adversaires eux-mêmes connaissent très-bien. Sous des dehors simples, il cache une haute intelligence et un grand cœur. L'intégrité et la bienveillance de son caractère lui ont depuis longtemps acquis la sympathie et le dévouement sans bornes de ses collaborateurs qui le secondent chaque jour de leur concours si actif et si zélé. Il est peu d'exemples d'une rédaction aussi unie ; l'on peut même dire que l'unité de cette rédaction fait la force du *Siècle*.

La sollicitude de M. Havin pour ce qui l'entoure s'étend jusqu'aux moindres employés du journal, et il n'en est pas un qui ne prononce son nom avec respect.

M. Havin est très-estimé et très-aimé dans la Manche. Membre du conseil général de ce département depuis 1833, il en a été huit fois président. La ville de Thorigny, dont il a été maire de 1840 à 1851, lui doit la restauration et l'agrandissement de son hôtel de ville, et le classement au nombre des monuments historiques de l'ancien château des Matignon et des ducs de Valentinois. Il a en outre doté Thorigny d'écoles et d'établissements de bienfaisance que de plus grandes villes seraient heureuses de posséder.

Sous divers gouvernements, notamment sous le gouvernement actuel, la décoration a été offerte à M. Havin. Le directeur politique du *Siècle* a constamment décliné cet honneur. C'est là une réponse péremptoire aux imputations déloyales qui s'attaquent à ses opinions dans lesquelles il n'a jamais varié.

M. LÉON PLÉE [1]

SECRÉTAIRE DE LA RÉDACTION DU SIÈCLE

M. Léon Plée, l'écrivain le plus grave du *Siècle*, fut dès sa jeunesse un prodige d'enthousiasme pour les nobles causes.

1. Né à Paris en 1815.

En 1830, au moment où il achevait ses études au collége de Strasbourg, apprenant que la Pologne se soulève, il part à pied pour se joindre aux révoltés. Il traversait la Forêt-Noire, lorsque des gens mis en campagne par sa mère lui firent faire demi-tour et le ramenèrent bien malgré lui.

Ne pouvant aller secourir les Polonais à la défense desquels il devait plus tard vouer sa plume, il se résigne à étudier concurremment le droit et la peinture.

Mais son humeur aventureuse devait bientôt se réveiller.

Il entend parler de l'expédition de Don Pedro en Portugal. Sans balancer un seul instant, il quitta de nouveau la maison paternelle et se mit en route. Mais il était écrit que cette nouvelle tentative belliqueuse ne réussirait pas mieux que la première. A quelques lieues de Strasbourg, il fait une chute qui l'arrête et l'oblige à retourner sur ses pas.

Bientôt son attention sans cesse fixée sur les peuples qui gémissent sous l'oppression, est distraite par un charme qui le captive invinciblement. Des articles littéraires et des morceaux de poésie qu'il lit dans les journaux de Strasbourg ouvrent à son esprit un nouvel horizon, et lui inspirent l'idée de venir tenter à Paris la fortune des lettres.

Cette nouvelle équipée ne ressembla nullement aux autres. On ne courut pas après lui ; il ne fit point de chute : c'est assez dire qu'à sa grande joie il arriva à Paris.

Cependant la fortune qu'il cherchait se montra d'abord cruelle à son égard. Mais le jeune Plée n'était pas homme à se décourager. Il était plutôt de ceux que cette fortune éprouve pour tremper plus fortement leur caractère. Espérant qu'elle se montrerait pour lui plus favorable, il se consacra en attendant à des études d'histoire et de géographie,

Ces études eurent de prompts résultats. Dès 1834, à peine âgé de dix-huit ans, il publiait une *Histoire des Religions et des Cultes*, un *Manuel encyclopédique des Sciences et des Arts*. En 1837, sous le titre d'*Atlas des Familles*, il publiait une description de la *France et des Colonies*, et entreprenait une traduction de l'*Histoire universelle* de Rotteck et des œuvres poétiques de Schiller.

Ces divers travaux l'ayant signalé à l'attention du ministre de l'instruction publique, il fut nommé successivement professeur aux colléges de Blois, de Reims et d'Orléans. Pendant cet intervalle consacré au professorat, M. Léon Plée trouva le temps de de composer et de publier une *Histoire de*

lu Langue française, qui est devenue la préface du *Glossaire français polyglotte*.

En 1847, à la suite des calamités dont le débordement de la Loire affligea la ville d'Orléans, M. Léon Plée revint à Paris et rentra dans la carrière littéraire et politique. Il y déploya aussitôt l'activité dont il avait déjà donné des preuves. Avec le concours de MM. Brisson et Hermite, il fonde la *Revue des auteurs unis*, et publie l'*Histoire de Pologne*. Après la révolution il devint rédacteur en chef de l'*Avant-Garde*, journal qui n'eut que quelques numéros. Appelé ensuite au poste de rédacteur en chef du *Républicain de Lot-et-Garonne*, il dirigea ce journal jusqu'en 1850, époque où il entra au *Siècle*.

Il n'y fut pas tout d'abord le rédacteur important que nous connaissons aujourd'hui. Il écrivait sous les initiales L. P. des articles Variétés du dimanche qu'il ne tarda cependant pas à signer de son nom en toutes lettres. Ce ne fut qu'à la mort de Louis Perrée, survenue en janvier 1851, qu'il passa, sous les auspices de M. Havin, de l'article Variétés à l'article politique, avec le titre de secrétaire de la direction politique du *Siècle*.

Ce titre de secrétaire de la direction politique, il ne faut pas le confondre avec le titre de *secrétaire de la rédaction* adopté depuis par d'autres journaux.

Cette confusion a parfois donné à croire aux interprétateurs malintentionnés que l'honorable publiciste laissait passer sous sa signature des articles dont il n'était pas l'auteur. M. Léon Plée n'a jamais manqué de protester contre ce soupçon calomnieux toutes les fois qu'il s'est produit.

On doit à M. Léon Plée l'innovation dans le *Siècle* du Bulletin politique adopté aujourd'hui par tous les journaux sans exception, y compris même le *Moniteur* qui, longtemps réfractaire du mode consacré, s'est enfin décidé le 1er janvier 1861, à l'inaugurer en tête de ses colonnes. M. Léon Plée le rédigea pendant quelques mois, puis le céda à M. Edmond Texier qui le céda bientôt lui-même à M. Émile de la Bédollière, lequel le fait depuis concurremment avec M. Taxile Delord.

Nous avons dit en commençant que M. Léon Plée était l'écrivain le plus grave du *Siècle*. Il est certain qu'il n'en est pas le plus brillant, mais ce défaut, si c'en est un, n'amoindrit aucunement ses qualités et son mérite. Suivant nous, c'est fort injustement qu'on l'accuse de pesanteur. Ce que l'on prend pour de la pesanteur est tout bonnement l'équilibre qui caractérise son esprit et son talent. Sa plume n'est point fougueuse. D'un tempérament calme, malgré sa dévorante activité, il ne se laisse point emporter

par son sujet ; mais non plus il ne faiblit point, il ne reste pas en arrière. Son style est toujours de bon aloi. Il ne manque pas d'abondance, tant s'en faut. Quand il s'empare d'une question, il la traite à fond sur tous les points, sous toutes les faces. Encore une fois s'il a moins de vernis ou d'éclat que quelques-uns de ses collègues, s'il apporte moins de passion dans le débat, le bon sens ne lui fait jamais défaut, ses raisons sont excellentes et il est toujours armé d'une logique irréfutable.

M. Léon Plée a eu à soutenir des polémiques sérieuses ou enflammées avec des publicistes convaincus, acharnés, intraitables et d'un talent éprouvé, tels que MM. Louis Blanc, Granier de Cassagnac, Proudhon, Émile de Girardin. Dans ces luttes si la victoire n'est pas toujours restée de son côté, du moins n'a-t-il jamais éprouvé aucune véritable défaite. Ces terribles athlètes n'ont pu ni le confondre ni l'abattre.

Après M. Louis Jourdan, M. Léon Plée est le collaborateur le plus actif, le plus fécond du *Siècle*. Ils en sont les deux colonnes, ce sont eux qui soutiennent l'édifice. Depuis quinze ans, M. Léon Plée a écrit plusieurs séries d'articles qui formeraient la matière de près de cinquante volumes.

Un critique en a fait ainsi le calcul.

M. Léon Plée donne environ 2,600 lignes par mois, soit 31,188 lignes par an, et, pour dix ans, *trois cent onze mille huit cent quatre-vingts lignes.*

Cette immense collaboration traite principalement les questions de nationalités, de philosophie et de législation politique.

Les diverses séries ont paru sous ces titres :

Les *Œuvres de Napoléon III;* l'*Europe en* 1858*;* les *Matières premières de l'industrie;* le *Traité de Paris;* la *Pologne;* les *Principautés danubiennes;* l'*Italie*, mais avant sa lutte avec l'Autriche.

Ses nombreux articles sur la Pologne et les Principautés valurent à M. Léon Plée, comme témoignage de gratitude, deux adresses, l'une des Polonais et l'autre des Roumains. Après l'affaire de Mortara, les juifs de France voulurent également lui donner une preuve de leur reconnaissance pour le bon vouloir et la générosité qu'il avait apportés dans la défense de leur cause.

Outre les nombreux articles que M. Léon Plée a écrits dans le *Siècle* et qui forment les ouvrages dont nous avons donné plus haut la nomenclature, il en a publié bon nombre d'autres que nous citons : le *Commentaire sur l'Atlas de l'Empire ottoman*, de Hammer; le *Passé d'un grand peuple*, histoire de la Pologne; *Abd-el-Kader, nos soldats, nos généraux et*

la guerre d'Afrique, publication patriotique éditée par Barba et ornée de nombreuses gravures.

On lui doit aussi quelques romans : la *Chatelaine de Leurtal* ; les *Deux Routes, épisode du temps de Louis-Philippe* ; des contes en vers dont les plus remarquables sont : l'*Alchimiste*, *Satan amoureux*, et *Un Mariage d'autrefois* ; une *Lettre à l'Académie sur la situation des hommes de lettres en 1847* ; *A la Nation allemande*, brochure traduite en allemand et en italien ; une *Notice sur la première Henriade de Sébastien Garnier en 1595*. Enfin, on a beaucoup remarqué, il y a quelques années, dans les *Salons de Paris*, d'ingénieux et spirituels articles de M. Léon Plée sur la *Kleidomancie*, science nouvelle qui consiste à juger le caractère des gens d'après leur costume.

M. Léon Plée vient d'innover récemment encore dans le *Siècle*, par l'adoption d'un nouveau titre : *Situation politique extérieure*, sous lequel il rend compte chaque semaine de cette situation d'après les événements survenus ou les phases nouvelles dans lesquelles sont entrées les questions politiques.

Nous ne pouvons terminer sans consigner ici l'éloge que l'on fait généralement des excellentes qualités de M. Léon Plée, de son bon cœur, de sa

grande générosité et de sa bienveillance confraternelle.

M. LOUIS JOURDAN [1].

M. Louis Jourdan est à proprement parler l'homme d'action, le politique du *Siècle;* il en est la pièce de résistance, à laquelle incombe la tâche la plus difficile et la plus lourde : celle d'être toujours prêt à écrire sur tel ou tel sujet, de signaler, d'attaquer, de répondre, etc. Mais cette tâche est légère pour son imagination fertile et sa plume infatigable. C'est lui qui porte le drapeau du *Siècle,* et il le porte haut et fièrement.

A partir du jour où, encore assis sur les bancs du collége, il publia dans une feuille de Toulon, l'*Aviso de la Méditerranée*, des fragments de romans sous le pseudonyme d'un *Pauvre diable,* pour lui plus de repos; il écrit sans cesse, il ne s'arrête plus. On pourrait croire que l'*Aviso* ne suffisait pas à sa première activité, car, au sortir de ses études, en 1831, avec MM. Cordouan et Henri Monnier, il fondait à à Toulon même le *Croquis,* journal dont nous ne connaissons pas la bonne ou mauvaise fortune.

---

1. Né à Toulon en 1810.

C'est vers cette époque que se place l'événement capital de la jeunesse et peut-être de la vie de l'homme dont nous nous occupons.

On sait que M. Louis Jourdan a fait partie de l'école saint-simonienne. Voici un récit exact qui donnera une idée de la foi et de l'enthousiasme dont se montraient animés les jeunes disciples qui se pressaient autour du père Enfantin.

M. Louis Jourdan arrive à Paris pour y voir M. Enfantin. Il le trouve à Ménilmontant le jour même de sa sortie de Sainte-Pélagie. Le père ne s'informa point si le néophyte avait oui ou non des répondants. Il lui dit seulement : — Es-tu libre ? Sur la réponse affirmative du jeune homme, il reprit : — Puisque tu es libre, tu vas partir avec cette lettre que tu remettras à Bruneau, en ce moment au canal de Digoin ; de là tu iras porter ces instructions à Ribes, professeur de la faculté de Montpellier. Tu iras ensuite t'embarquer à Marseille pour Alexandrie, et tu remettras ces lettres à Barrault.

« M. Louis Jourdan, dit une anecdote, partit le soir même avec cinq francs dans sa poche, mangeant du pain, couchant dans des granges, tout fier d'être chargé d'une si importante mission. Combien de temps durèrent ses cent sous ? Nous l'ignorons,

mais, à coup sûr, ce ne fut pas longtemps, car de Paris à Marseille, on rencontre bien des pauvres sur le chemin, et ceux-là qui croisaient le jeune homme frappant gaiement les cailloux de la route de son bâton, étaient bien sûrs d'avoir quelque chose à se mettre sous la dent. Heureusement une lettre partie de Paris vint arrêter l'ardeur de notre voyageur, qui, apprenant que son voyage était inutile, revint aussitôt là où on avait besoin de lui. Sans cette lettre, il serait arrivé sûrement à Alexandrie, — comment? me direz-vous.— Comme Gérard de Nerval y arriva. »

M. Louis Jourdan, qui a toujours été un homme actif, un homme d'entreprise, se consola de n'avoir pu aller à Alexandrie en faisant, grâce à la protection de l'amiral Mallet, la campagne d'Alger à bord de la *Provence*.

Dans un second voyage, en 1833, il visita l'Italie, la Sicile, les îles Ioniennes et l'Attique. Dans ce dernier pays il rencontra M. Gustave d'Eichtal, un saint-simonien aussi, qui était alors à Athènes en qualité de conseiller du gouvernement grec. Grâce à l'intervention amicale de ce coreligionnaire, il fut chargé de la rédaction en chef du journal de Nauplie, le *Sauveur*, que venait de fonder le général Coletti. De

Nauplie, il alla s'installer à Athènes, lors de la translation du gouvernement grec en cette ville.

M. Louis Jourdan séjourna deux ans dans l'Attique. Après de nouvelles excursions dans l'Archipel, à Tunis, et plus tard en Algérie, il revint à Paris, en 1835, collabora au *Magasin pittoresque* et à l'*Illustration*, et prit une part très-active avec MM. Enfantin, Carrette et Warnier à la rédaction du journal l'*Algérie,* qui eut une influence bienfaisante sur les destinées de cette belle colonie. En même temps M. Louis Jourdan prêtait un concours non moins actif au *Courrier-Français*, dirigé par un autre saint-simonien, M. Emile Barrault.

On a beaucoup raillé, on raille trop souvent encore les disciples de l'ancienne école saint-simonienne, car, à moins de nier l'évidence, il faut bien reconnaître que les apôtres de Ménilmontant étaient des hommes de mérite, des hommes pratiques surtout, dont la doctrine n'a aucunement nui ni au talent, ni à la fortune. Il n'en est pas un qui ne soit aujourd'hui encore dans une situation honorable, sinon brillante; et, par l'usage qu'il fait de sa fortune dans de grandes entreprises, ou de ses talents, qui ne rende à son pays de nombreux et utiles services.

Ils formèrent une grande famille dont les mem-

bres, guidés par les mêmes principes, s'aidèrent entre eux d'une protection mutuelle. Cette confraternité saint-simonienne favorisa grandement M. Louis Jourdan. A Nauplie, nous le voyons poussé par M. Gustave d'Eichtal, puis collaborateur de l'*Algérie* et du *Courrier français*, journaux dirigés par MM. Enfantin et Emile Barrault. En dehors du journalisme même, cette protection ne sera pas pour lui stérile, elle lui ouvrira encore les portes de l'industrie.

Un des plus fervents apôtres de la doctrine saint-simonienne, M. Charles Duveyrier, est le créateur de la société générale des annonces, qui centralisait la publicité des grands journaux. Sa santé s'étant trouvée compromise par cette tâche laborieuse, il dut s'éloigner de Paris. Mais en partant, il confia à M. Louis Jourdan, son ami, la direction de l'entreprise. On sait que la révolution 1848 arrêta le succès d'une opération excellente qui donne aujourd'hui de magnifiques résultats.

A M. Charles Duveyrier l'honneur d'en avoir conçu le plan et préparé l'avenir.

Jusqu'ici M. Louis Jourdan n'a guère fait qu'errer dans le journalisme, c'est-à-dire passer d'un journal à un autre, sans se fixer nulle part. Vint 1848, qui ouvrit tout à coup un nouveau champ à son

coup d'œil rapide. Le poste des journalistes du parti avancé était sur la brèche, et nous ne tardons pas à voir M. Louis Jourdan à la tête du *Peuple électeur!* feuille démocratique qu'il venait de fonder à Toulon. Ce titre seul indique le rôle du journal destiné à préparer les élections à la Constituante. Après quelques mois il vint prendre à Paris la rédaction en chef d'un journal qui s'appela d'abord les *Nouvelles du jour*, devint le *Conciliateur* après les journées de juin, et prit le titre définitif de *Spectateur républicain*. Les collaborateurs de M. Louis Jourdan étaient MM. Théophile Lavallée, Barral, Blaise, Ponsard, Emile Augier, Taxile Delord, Gustave Planche, Laurent Jan et le docteur Yvan. Le 8 septembre 1849, cette publication, comme tant d'autres, fut suspendue par la loi du timbre.

Mis ainsi brusquement en disponibilité, le rédacteur en chef du *Spectateur républicain* se réfugia au *Crédit*, dirigé par M. Enfantin. Mais il ne devait y faire qu'une courte, une très-courte apparition.

Un jour il rencontre à la Chambre Louis Perrée, rédacteur en chef du *Siècle* et député, qui lui dit brusquement :

— Vous savez que vous entrez au *Siècle?*
— Non.

— Le *Crédit* périclite... Faites-nous un article pour demain.

Voilà comme M. Louis Jourdan entra au *Siècle*.

Comme rédacteur du *Siècle* et comme homme politique, M. Louis Jourdan est longuement apprécié dans l'historique du journal. Nous ne pouvons cependant résister au désir de parler de l'homme, de son talent, de son esprit, de ses tendances et de son activité aussi prodigieuse qu'incroyable.

Comme homme, c'est un cœur excellent, au service de tout le monde, et prêtant sa plume à la défense de toute cause juste, et au soulagement des petites comme des grandes infortunes.

M. Louis Jourdan est un des premiers journalistes de ce temps-ci. Analyser ses nombreux articles n'est pas notre dessein. Ils sont revêtus d'une forme habile, et se distinguent par leur netteté, leur entrain et leur verve toute méridionale. Il a une grande sûreté de coup d'œil ; le sujet donné, il en saisit instantanément l'idée, le tour et lui trouve tout de suite son cadre. Tous ses articles commencent et finissent admirablement. En les lisant, on sent, à la rapidité du style, qu'il écrit de conviction. Il traite toutes sortes de questions, mais principalement la polémique religieuse où il fait une guerre à outrance au cléricanisme et à l'obscurantisme. Aussi ses adver-

saires lui reprochent-ils de *manger* du prêtre. A son tour il les accuse de *manger* du démocrate. Ce sont là malheureusement de ces discussions qui n'ont jamais édifié ni convaincu personne. Il faut vraiment que ces questions lui soient bien familières, car ils les traite avec la même facilité et la même clarté.

— Où avez-vous donc appris tout ce que vous savez? lui demandait un jour un de ses amis. Je ne vous vois jamais étudier, jamais lire et vous écrivez sur tout; rien ne vous est étranger, sciences, agriculture, économie politique et sociale, commerce et industrie, que sais-je?

— J'ai puisé toutes ces connaissances en travaillant jadis pendant quelques années au *Dictionnaire* de Lebas, répondit M. Louis Jourdan.

C'est en effet le propre des hommes pratiques de meubler de bonne heure leur mémoire de tout ce qu'ils peuvent apprendre.

Sa fécondité est rare. Il ne se passe guère de jour, en effet, qu'on ne lise de lui dans le *Siècle* un article de fond ou une variété. Il est certainement doué d'une très-grande facilité; mais encore faut-il avoir le temps de penser et d'écrire. M. Louis Jourdan habite la Riante, près Versailles. Tous les jours il vient au *Siècle* vers une heure. Là il est assiégé de

personnes de toute condition. Il arrive la plume à la main.

— Dépêchez-vous, je n'ai pas le temps.

Mais il écoute celui-ci, répond à celui-là, et le temps passe. Encore une fois où et comment écrit-il ? Voici deux curieuses anecdotes qui vont nous l'apprendre.

Un jour, toute la rédaction du *Siècle* se trouvait réunie dans un château près de Paris, à l'occasion d'une cérémonie quelconque. Tout le monde était couché. La chambre de M. Louis Jourdan se trouvait contiguë à celle de M. Emile de la Bédollière. Vers deux heures du matin, celui-ci entend du bruit dans la chambre de son confrère. Le croyant malade, il se lève et entre chez lui pour lui prêter son assistance. Quel n'est pas son étonnement de voir Louis Jourdan en chemise, assis devant une table et écrivant à toute vapeur.

— Que diable faites-vous donc là, Jourdan ? A cette heure, y pensez-vous ?

— C'est toujours ainsi que je procède, mon cher la Bédollière, répond tranquillement le publiciste. Toutes les fois que dans la nuit, à n'importe quelle heure, il me pousse une idée ou un sujet d'article, je me lève et je le couche sur le papier afin de ne pas l'oublier.

En 1849, le lieutenant Gale, aéronaute célèbre, partit un jour de l'Hippodrome dans son ballon. Vers le soir, planant au-dessus de Paris, il mit le feu aux pièces d'artifices qui entouraient sa nacelle. Ce spectacle, nouveau alors, produisit un grand effet. A ce moment le ballon du lieutenant Gale se trouvait presque au-dessus de la rue du Croissant. Louis Perrée et quelques autres de ses rédacteurs regardaient aux fenêtres.

— C'est magnifique! exclama tout à coup le rédacteur en chef du *Siècle*. Il y aurait à faire là-dessus pour demain un beau fait divers. Quel est celui de vous, messieurs, qui veut bien s'en charger?

— Le voilà votre fait divers, dit aussitôt Louis Jourdan, en montrant à Perrée ébahi une longue tartine sur l'ascension du lieutenant Gale.

Pendant que ces messieurs regardaient le ballon, Jourdan resté à sa table avait écrit.

Ainsi M. Louis Jourdan écrit sur tout, partout et à toute heure.

Outre sa collaboration au *Siècle*, M. Louis Jourdan a publié plusieurs ouvrages de mœurs et de philosophie : Les *Mauvais ménages* (3ᵉ édition), les *Prières de Ludovic* (6ᵉ édition), les *Contes industriels*, les *Peintres français*, *Un philosophe au coin du feu*, *Un Hermaphrodite*, les *Femmes devant l'échafaud*

et les *Martyrs de l'amour ;* un grand nombre de brochures, dont une, les *Frontières du Rhin* est sous clé ministérielle; et en collaboration avec M. Taxile Delord, les *Célébrités du jour*, recueil de biographies, orné de très-belles gravures et offert en prime aux abonnés du *Siècle*.

M. Louis Jourdan a fondé avec M. Millaud, d'abord le *Journal des Docks*, puis le *Journal des Actionnaires*, et en 1859, une revue littéraire, le *Causeur*, qui a cessé de paraître.

M. TAXILE DELORD [1].

Lorsque M. Taxile Delord entra au *Siècle* pour entreprendre le courrier qu'il fait encore aujourd'hui, des rédacteurs de journaux d'une opinion opposée aux feuilles de l'opposition démocratique affectèrent de montrer le cas que l'on devait faire du talent d'un rédacteur du *Charivari*, comme si M. Taxile Delord sortait du *Tintamarre !* M. Delord avait en effet pendant longtemps abondamment pourvu le *Charivari* d'articles politiques qui sans avoir la véritable impor-

---

[1]. Né à Marseille le 25 novembre 1815.

tance que l'on attache ordinairement à ces sortes de travaux, n'en avaient cependant pas moins un cachet d'originalité fort tranché. Malheureusement pour ses adversaires, il arrivait à M. Delord ce qui arrive rarement à d'autres : le journaliste politique *charivaresque*, dépouillant tout à coup le vieil homme, entrait de plain pied dans la grande politique, la politique transcendante. Aussi quand on le vit à l'œuvre, creuser son sillon, et donner la mesure de son talent dans la riposte comme dans l'attaque, le silence se fit et tout persifflage cessa dans le camp ennemi. On eût dit que tous ces preux s'étaient donné le mot pour se taire : Ils semblaient maintenant regarder avec terreur l'athlète qu'ils n'avaient pu faire tomber sous le ridicule, comme s'ils eussent craint d'en être pulvérisés.

Il est de fait que même à son début, M. Taxile Delord, tout comme aujourd'hui, n'y allait pas de main morte, et que tous ceux qui tombaient sous ses coups ne se relevaient pas sans quelque meurtrissure.

Il s'était donc fait connaître par bon nombre d'exploits qui auraient dû mettre en garde les imprudents qui osaient s'attaquer à lui. De ses exploits même on lui garda rancune; et le temps n'est pas très-éloigné encore où un écrivain de

talent [1], dans un livre qui eut un certain succès de scandale littéraire, crut devoir exercer contre lui une vengeance qu'il crut sans doute légitime. Mais ce fut un coup d'épée dans l'eau. M. Taxile Delord que sa situation politique mettait au-dessus de semblables puérilités, garda le silence et fit bien.

Plus récemment il eut avec un adversaire d'une autre importance, nous avons nommé M. Sainte-Beuve, une polémique dans laquelle, loin de succomber, il combattit à armes égales, et eut les honneurs de la victoire.

Depuis son entrée au *Siècle*, le talent de M. Taxile Delord a tout à coup pris un autre caractère. Il est devenu grave, concis, serré, peut-être un peu lourd, mais assurément d'une trempe très-vigoureuse. Dans sa polémique politique et littéraire, son talent n'est pas sans analogie avec celui de M. Louis Veuillot. Il a moins d'éclat; mais sa phrase carrée, solide, est bien construite. Elle pèse, elle se fait sentir. C'est parfois un coup de boutoir. Dans certaines occasions, comme dans l'article sur l'élection académique du père Lacordaire, par exemple, elle frappe comme la masse d'armes des chevaliers du moyen âge. Malheur à ceux qu'elle atteint.

1. M. Armand de Pontmartin.

Son Courrier manque peut-être d'élégance et de légèreté; mais il est concis et dit néanmoins ce qu'il veut dire. Il engage, il indique, il réfute et répond avec une justesse et une précision remarquables. Les prétentions et les finesses des journaux cléricaux et légitimistes y sont relevées avec un à propos et une vivacité qui dénotent une grande perspicacité et l'habitude de l'observation ; leurs adresses y sont démasquées d'une manière fort habile. Il en est de même des réfutations et des défis qu'il envoie aux journaux étrangers.

Le courrier de M. Taxile Delord est un de ceux qu'on lit avec le plus de plaisir et d'intérêt.

En politique ses idées sont celles du journal où il se distingue. Cependant en sa qualité de protestant, s'il est convaincu, il semble déplacé au *Siècle* qui ne brille pas par ses convictions religieuses. C'est peut-être cette anomalie qui donne à ses articles une couleur particulière, un peu rude, un peu sombre. M. Taxile Delord semble en effet avoir voué une haine (haine de principes bien entendu) aussi éternelle qu'implacable à toutes les vieilles idées et tous les hommes qui les représentent. Les ultramontains n'ont pas dans le journalisme d'adversaire plus acharné. Il ne cesse de les poursuivre et déchaîne constamment sur eux toutes ses colères.

C'est contre eux qu'il décoche ses traits les plus acérés, c'est sur eux qu'il frappe le plus fort. Ils ont beau se cacher, il sait les découvrir. Sentinelle vigilante, il les observe jusqu'à l'obstination ; et quand ils manifestent leurs tendances par des actes ou seulement par d'imprudentes paroles, il crie : Halte-là ! et signale leurs desseins aux amis de la liberté.

Les débuts si précoces de M. Taxile Debord sont connus. A 19 ans il était déjà rédacteur en chef du *Sémaphore* de Marseille, un des journaux les plus importants de la province. Il quitte bientôt sa ville natale et vient se lancer à corps perdu dans le tourbillon littéraire parisien. Il collabore à toute sorte de journaux et revues. Partout il donne des articles satiriques et de fantaisie pleins d'humour. Il en inonde les publications illustrées. Dans les *Français peints par eux-mêmes* il publie les types les plus variés et les plus accusés, tels que le *Provençal*, et l'*homme* et la *femme sans nom*. Il passe ensuite définitivement au *Charivari*. Nous savons qu'aujourd'hui M. Taxile Delord semble répudier le talent et la verve qu'il a dépensés si largement dans cette feuille. Plus juste que lui sur ce point, nous nous obstinons à penser que sa longue campagne dans cette feuille est loin de nuire à sa réputation.

Que de grands politiques ont commencé par des vaudevilles!

Les articles de critique littéraire publiés dans le *Siècle* ont paru dans deux volumes : les *Matinées littéraires* et les *Troisièmes pages du Siècle*. Tous ces articles roulent sur des sujets confinant à la politique. S'il parle des hommes, nous voyons défiler devant nous Lamennais, Enfantin, Lacordaire, Guizot, etc. On y remarque une grande élévation de pensée. Partout le bon sens domine : partout on reconnait les traces d'un esprit élevé qui cherche le vrai, le juste, et ne cherche que cela.

Quand on a lu toutes ces pages où coule d'abondance une sève fortifiante, on voit en M. Taxile Delord non seulement un critique de premier ordre, un polémiste redoutable, mais encore un vrai citoyen, constamment préoccupé de la chose publique.

Le *Divan Lepelletier* a laissé d'excellents souvenirs de confraternité littéraire que je m'étonne souvent de ne pas voir recueillir et publier.

Là se réunissaient journellement tous les écrivains de la presse militante.

En un de ces moments de trouble où l'on cherche partout les hommes que l'on suppose hostiles à l'ordre de choses, la police fit subitement invasion

dans le café. Tous ceux qui s'y trouvaient durent se lever et se placer en rang.

L'agent chargé de l'opération avait pour guide un transfuge [1] de la presse chargé de le renseigner sur chacun.

Malheur à ceux qu'il ne connaissait pas : ils étaient immédiatement gardés à vue.

Le transfuge passant devant M. Taxile Delord sans mot dire :

— Celui-là !... fit l'agent.

— Je le connais.

— Faites comme si cet homme ne me connaissait pas ! s'écria M. Taxile Delord.

Ce trait est bien de l'homme qui a dit si hautement à propos de Beaumarchais : « C'est surtout par le caractère qu'on vaut quelque chose dans le journalisme. »

---

1. Ce transfuge, nous n'avons pas besoin de le nommer. Beaucoup de ceux qui liront cet article se rappelleront aisément son nom.

M. ÉMILE DE LA BÉDOLLIÈRE [1]

La vie du bulletinier politique du *Siècle* est certainement une des plus curieuses, des plus originales que nous connaissions. Voilà bien l'homme de lettres dans toute l'acception du mot, avec ses fluctuations incessantes, ses hauts et ses bas, roulant sur l'or aujourd'hui, sans dîner demain, travaillant le matin à une œuvre sérieuse, à une œuvre d'avenir, écrivant le soir une étude sur les systèmes herniaires ou un prospectus en vers sur une pâte pectorale d'un Véron quelconque.

Nous disons *en vers*, car, malgré lui et presque sans s'en douter, Émile de La Bédollière versifie; il est né poëte-improvisateur et je ne m'étonne que d'une chose, c'est qu'il ne lui ait pas encore pris fantaisie de coupléter son bulletin politique. Voyez-vous d'ici l'effet que cette innovation produirait !

C'est sur le terrain joyeux de la chanson que la muse de La Bédollière aime surtout à folâtrer.

---

[1]. Émile Gigault de la Bédollière, né à Amiens le 17 janvier 1812, a fait ses études à Paris à la pension Boismont qui suivait les cours du collége Bourbon.

Tout jeune, à peine âgé de quatorze ans, il eût l'honneur de voir insérer ses premières inspirations dans la *Psyché*, journal *dédié aux dames* et fort goûté à cette époque. Nous avons lu cette pièce de vers, intitulée : *Rêverie d'écolier*. L'idée en est originale : le jeune amant des muses s'étant assoupi sur le *Dialogue des morts* se trouve tout à coup transporté dans un autre monde où les choses sont entièrement bouleversées, où les rôles de chaque individu sont changés, de telle manière que les élèves deviennent maîtres et *vice versâ*. Ce rêve qui, s'il se réalisait, serait du goût de tant d'écoliers, ne plaisait pas au jeune La Bédollière, car sa poésie finit ainsi :

« Ce changement ne serait point mon fait ;
Laissons plutôt le monde tel qu'il est.
. . . .
Parlant ainsi, soudain je me réveille,
Et mon Mentor, à mes côtés placé,
Me fit sentir, en me tirant l'oreille,
Que l'univers n'était point renversé. »

Cet heureux début enhardit notre écolier qui n'eut plus qu'une ambition, celle de devenir HOMME DE LETTRES ! Néanmoins il termina toutes ses études, et commença son droit.

C'était en 1832, une de ces années orageuses où les grandes batailles du théâtre alternaient avec les

grandes turbulences de la rue; où les mêmes étaient prêts à combattre à Saint-Merri ou à *Lucrèce Borgia*.

Émile de La Bédollière ne pouvait rester indifférent à l'effervescence générale. Il entra dans la mêlée, et ses premiers coups allèrent frapper au cœur un homme puissant alors, Lafayette, qu'il accusa d'avoir perdu la République par sa connivence avec Louis-Philippe, et son mot : « C'est la meilleure des Républiques. »

Vie de Lafayette, tel était le titre de ce pamphlet célèbre qui attira sur le jeune étudiant les regards de la foule. Les frais d'impression en avaient été faits par Charles-Antoine Teste, républicain farouche, frère du futur ministre.

Ajoutons, en outre, que cette brochure excita de violents débats dans le parti républicain : une réunion eut lieu à la *Tribune*, rue Saint-Pierre-Montmartre, pour savoir si l'on devait la soutenir ou la condamner. Ces explications furent si vives qu'il s'en suivit une provocation entre M. Armand Marrast et un nommé Simon qui, à cette époque, jouait un rôle dans les sociétés secrètes. Ils échangèrent deux coups de pistolet dans l'île de Saint-Ouen.

L'avenir d'Émile de La Bédollière fut dès lors décidé. Le journalisme militant compta un cham-

pion de plus. De La Bédollière mena néanmoins de front la littérature et le droit, courant de l'école de droit aux bureaux du *Thyrtée,* journal politique en vers auquel il collabora assidûment et d'une façon tellement énergique qu'il en causa la suppression.

Après l'insurrection des 5 et 6 juin, le numéro du 4 juin fut incriminé, et M. de Lapalme, avocat général, en poursuivit les auteurs comme coupables de provocations suivies d'effets. Émile de La Bédollière se défendit lui-même et fut acquitté. En janvier 1833, il est reçu avocat, et se marie. Hélas ! oui, plein d'ardeur, voyant tout en rose, ne doutant de rien, ne s'étant pas encore meurtri aux cailloux du chemin, il s'embarque sur cette mer calme et pure comme un miroir pour quelques privilégiés, houleuse et terrible pour le plus grand nombre : le mariage !

La spéculation n'ayant pas signé au contrat des jeunes époux, il fallut piocher, et piocher à outrance pour subvenir aux frais d'un intérieur qui, bien qu'il fût un vrai nid d'amour, ne pouvait pas être alimenté seulement par les caresses et les sourires. Émile de La Bédollière qui n'avait pas grand goût pour la chicane, se vit obligé de profiter des immunités accordées à son diplôme de licencié. Il

devint pendant quelque temps un des hôtes assidus de la salle des pas-perdus, raccrochant par-ci par-là quelque cause de médiocre importance.

Le jeune amant des Muses s'apercevant bien vite que, sans le feu sacré de sa profession nouvelle, il ne ferait jamais que végéter et perdre ainsi un temps précieux pour sa carrière de prédilection, la littérature, saisit, pour quitter la robe, la première occasion un peu favorable qui se présenta à lui. Lacroix (bibliophile Jacob) avait entrepris la publication d'une série de volumes populaires, espèce d'Encyclopédie rédigée par quelques hommes de lettres ou de sciences en disponibilité. A défaut de gloire, ce travail rapportait de l'argent, et comme à ce moment-là, c'était ce que souhaitait La Bédollière, il accepta avec empressement la collaboration que Lacroix lui proposa.

Sous le pseudonyme d'Antony Dubourg, il fit paraître, dans cette collection, plusieurs ouvrages traitant de sujets complétement étrangers à l'art et fortement antipathiques avec ses goûts artistiques, avec ses aspirations : Le *Dictionnaire des ménages* et l'*Histoire naturelle des insectes*, entre autres. Sans oublier un *Traité des hernies*, qu'il rédigea avec M. Verdier, chirurgien.

Une fois lancé sur le terrain glissant de cette lit-

térature commerciale, La Bédollière ne s'arrêta plus.

«Je vous plains de tout mon cœur, lui disais-je quand il me raccontait cette phase de son existence; vous avez dû bien souffrir en vous voyant ainsi condamné au *métier*.» — Mais non, me répondit-il, cette diversité de sujets à traiter me distraisait, me plaisait même; elle était cause, que je compulsais des livres dont j'étais loin de soupçonner l'existence, et j'ai acquis ainsi une variété de connaissances dont je suis fort aise aujourd'hui. »

Il faudrait, en effet, plusieurs pages de notre volume pour citer les travaux de toute nature, les vers, les chansons, les nouvelles, les romans, les traductions d'anglais, d'Espagnol et même de latin que l'on doit à sa plume intarissable.

Que n'a-t-il pas écrit, où n'a-t-il pas écrit, ce charmant conteur, ce spirituel chansonnier qui n'a qu'un défaut, selon nous, celui justement de trop prodiguer son talent; mais, bast! il est si riche!

Parmi les œuvres qu'Émile de La Bédollière a signées, et qui tiennent la première place dans son énorme bagage littéraire, citons : *Soirées d'hiver, histoires et nouvelles; Beautés des victoires et conquêtes des Français,* fastes militaires de la France depuis 1792 jusqu'en 1815: *Histoire des mœurs et de la vie*

privée des Français, dans les premiers siècles de la monarchie. Cet ouvrage, l'un des plus remarquables d'Émile de La Bédolière, a reçu en 1858 de l'Académie des inscriptions et belles-lettres la première mention très-honorable au concours annuel, pour les écrits relatifs aux antiquités de la France. L'auteur se propose de continuer ce travail jusqu'à nos jours, et nous l'y engageons fortement, car cette œuvre achevée restera comme un des plus beaux monuments élevés à notre histoire ; *Histoire de la garde nationale,* depuis son origine jusqu'en 1848 ; *Sébastopol,* histoire de la guerre d'Orient ; *Histoire de la guerre de l'Inde; La Morale en action illustrée,* petit recueil fort original et dont le succès fut grand.

De La Bédollière a traduit du latin : *Geneviève de Brabant; Les Lettres de saint Jérôme; La Vie de sainte Thérèse.* Il est aussi le correct et agréable traducteur de quelques contes d'Hoffmann et des œuvres de Fenimore Cooper, du capitaine Marryat, de Dickens, de Walter-Scott, de Mme Beecher Stowe, de Mayne-Reid, de Miss Comming, etc.

Émile de La Bédollière a, en outre, collaboré pour une large part à ces désopilantes publications dont le succès n'est pas encore épuisé : *Les Français peints par eux-mêmes; Les Animaux peints par eux-*

mêmes et dessinés par un autre; Scènes de la vie privée et publique des animaux, trois petits chefs-d'œuvre que le crayon plein d'une exquise finesse, d'une incomparable originalité de Granville a rendus si populaires.

Mentionnons enfin les trois récentes publications d'Émile de La Bédollière : *Le nouveau Paris; Les environs du nouveau Paris*; *Le domaine de Saint-Pierre.*

Après 1848, les affaires de librairie, comme toutes les affaires du reste, se trouvant au calme plat, Émile de La Bédollière se vit dans la cruelle nécessité de mettre un frein à sa verve, et par suite de serrer sensiblement la boucle de son pantalon.

Il entrevoyait déjà, si ce temps d'arrêt se prolongeait, le retour de cette existence peu fortunée qu'il menait à son début. Aussi était-il triste, lugubre, et errait-il mystérieusement dans les rues de Paris à l'instar d'un conspirateur Italien, cherchant, non les moyens de faire réussir un complot, mais tout simplement les moyens de vivre : *Escam quæres.* Tout en cherchant, il fit comme le coq de la fable, *Margaritam reperit*, c'est-à-dire qu'il entra au *Siècle* par l'entremise d'un de ses amis, Pierre Bernard, alors tout-puissant dans cette feuille. La place de

bibliothécaire qu'on lui donna tout d'abord était peu importante, il est vrai, mais de La Bédollière l'accepta, bien persuadé que ses capacités l'en feraient promptement sortir. Ce qui arriva. Le bibliothécaire devint rédacteur *à l'article*, et bientôt après bulletinier politique du *Siècle,* c'est-à-dire rédacteur *en pied*, et l'une des colonnes de ce journal.

Le bulletin que rédige six mois de l'année Émile de La Bédollière est bien certainement l'un des plus agréables à lire que nous connaissions. Il est clair, vif, spirituel, dégagé de pédantisme. Quoi d'étonnant à cela ? Chez Émile de La Bédollière il y a deux journalistes : celui de la petite presse et celui de la grande presse. Le second n'a pu tuer le premier.

M. EDMOND TEXIER [1]

M. Edmond Texier est incontestablement l'un des rédacteurs du *Siècle* les plus spirituels, les plus originaux. Observez le dimanche les lecteurs de ce journal. Ils ouvrent précipitamment la feuille qu'ils parcourent d'un coup d'œil rapide. Vous les voyez alors s'asseoir, replier le journal du côté opposé et

---

1. Né à Rambouillet (Seine-et-Oise) 1816.

lire sans s'arrêter, sans lever les yeux, et avec tous les signes de la plus vive jouissance intellectuelle. Quand ils ont fini, ils semblent, éprouver une sorte de désappointement comme s'ils eussent cru que le morceau était plus long. Jetant ensuite un regard distrait sur le reste du journal, ils ne tardent pas à l'abandonner comme une chose absolument superflue.

Que lisaient-ils donc de si intéressant, de si attachant?

Faut il le demander? Ils lisaient la *Revue hebdomadaire* de M. Edmond Texier.

Le *Siècle*, auquel la *Gazette de France* — et nous pouvons nous en rapporter à elle — attribue un million de lecteurs, a, en outre, les lecteurs particuliers du dimanche, qui n'ouvrent cette feuille que ce jour-là seulement pour lire son élégante et caustique *Revue*, dans le but unique de se repaître l'esprit d'un ragoût friand dont ils ont facilement contracté l'habitude.

La chronique, longtemps légère, vive, alerte, spirituelle, écho des petits évenements du monde frivole et de la vie parisienne, a pris depuis quelques années d'étonnantes proportions. Elle a fait entrer dans ses attributions une foule de questions qui auparavant n'étaient pas de son domaine. Le petit

journal ne lui suffisant plus, elle a envahi tous les grands journaux, tous les recueils, toutes les publications. Elle a revêtu en même temps une forme plus achevée. Sous la plume de M. Edmond Texier elle se montre surtout plus consistante, plus virile ; Il l'a nourrie d'ingrédiens nutritifs qui lui ont donné un corps. Avec lui la chronique est devenue une chose tout à fait littéraire. Il l'a élevée au rang des morceaux dont l'importance du fond exige une forme évidemment plus habile et plus correcte.

Son style, qui s'éloigne autant de l'affèterie mise en vogue par une certaine école, qui se vante de suivre les traditions de la belle langue si française du XVIIIe siècle, que de l'étalage des grandes périodes panachées des imitateurs de Chateaubriand ou de M. Théophile Gautier, son style solide et nerveux net et franc, est merveilleusement approprié au ton qu'il a su donner à sa *Revue*. Sa phrase est carrée, incisive, gauloise, oh ! très-gauloise. Le mot est cru, voire parfois un peu cynique. Il soulève hardiment le voile et laisse souvent dans une hideuse nudité ce qui ne serait pas fâché de rester dans l'ombre. Mais cette manière n'offense aucune pudeur ; elle convient merveilleusement aux sujets qu'il traite, à la façon dont il raconte et à l'esprit qu'il apporte dans ses critiques.

M. Edmond Texier parle un peu de tout dans sa *Revue hebdomadaire*. Il ne néglige pas la politique quand l'occasion se présente. Mais il fronde surtout les grands travers de notre temps, les grandes manies coûteuses et ruineuses qui semblent un des signes les plus caractéristiques de la décadence morale du siècle. Il est impitoyable pour tous ces vices luxueux de tant de gens qui ne savent comment se distraire de leur ennui, qui le promènent partout, en France et à l'étranger, en laissant après eux une immense traînée de billets de banque, toute constallée de louis d'or. Il n'est pas un de ces grands prodigues qui ne trouve dans cette *Revue*, comme dans les comédies de Molière, un miroir fidèle, où ils peuvent contempler à loisir, au bruit des éclats de rire qui accueillent leurs ridicules, tous les beaux résultats de leurs passions insensées.

Un homme d'un tempérament littéraire aussi accusé, aussi riche de fond que M. Edmond Texier ne pouvait pas être un imitateur. Il devait être lui. Son talent a sa marque particulière, frappée à son coin, marque qui ne ressemble à aucune autre et qui est bien la sienne.

J'étais envieux de connaître l'opinion d'un esprit fin et délicat sur un talent aussi original que celui du chroniqueur du *Siècle*. Quelle ne fût pas ma sur-

prise de ne point trouver son nom dans la précieuse *Lorgnette littéraire* de Charles Monselet. Je ne pouvais et je ne puis encore aujourd'hui m'expliquer cet oubli de la part d'un écrivain humoristique dont l'urbanité est d'ailleurs si bien connue.

Pourquoi donc, monsieur Monselet, cette omission aussi inconcevable que regrettable du nom d'un de vos confrères, qui, biographiquement parlant, fut votre ancêtre par sa publication, en 1849, de la *Biographie des journalistes*, pourquoi cette omission dans votre *Lorgnette* ?

Allons, faites promptement une seconde édition de cette *Lorgnette* qui a d'ailleurs grand besoin d'être complétée, et réparez votre faute. Je ne voudrais pas que vous fussiez soupçonné, même d'un oubli involontaire. Le public, du reste, vous saura gré d'avoir grossi le volume.

M. Edmond Texier a fait, très-jeune, ses premières armes en littérature. De bonne heure il inonda de ses articles une foule de petits journaux, tels que le *Charivari*, le *Corsaire*, le *Figaro*, la *Revue parisienne*, qui se faisaient remarquer par leurs tendances libérales et donnait en même temps des feuilletons au *Commerce*, au *Globe*, au *Temps*, journaux politiques en vogue.

Dès lors il était fort connu et apprécié dans

toute la presse, mais le public l'ignorait complètement : il gardait l'anonyme ou se cachait sous des pseudonymes : Sylvius, Peregrinus, Texier d'Arnout, etc, ou il n'était pas facile de le découvrir ou de le deviner. Il ne fallut rien moins que la loi La Boulie-Tinguy pour le forcer à sortir de l'obscurité.

M. Edmond Texier ne devait pas tarder à montrer des qualités sérieuses dans une voie qui allait chaque jour s'élargissant. Bientôt, en effet, nous le voyons à l'*Illustration* où il collabore activement ; puis, après avoir été attaché au *Crédit,* dirigé par M. Enfantin, il passe au *Siècle* qu'il n'a plus quitté.

Comme journaliste, la réputation dont-il jouit et dont il peut à bon droit se prévaloir ne date guère que de 1850, époque à laquelle il entreprit dans le *Siècle,* où il rédigeait des articles politiques et des critiques littéraires, sa *Revue hebdomadaire* qui du premier bond conquit la plus haute place par l'esprit et la verve qui l'animait d'un bout à l'autre.

M, Edmond Texier avait évidemment trouvé ce qu'il cherchait. N'est-ce pas en effet dans cette chronique que son talent s'est manifesté avec le plus d'éclat ?

Qui ne se souvient de ces comptes rendus si charmants, si gais, d'une allure si rapide que le *Siècle*, en 1859, publiait presque chaque matin des événements de la guerre d'Italie? M. Edmond Texier qui, tantôt à pied, tantôt en chemin de fer ou en carriole, suivait nos colonnes, campait avec elles, mangeait la soupe avec le soldat et assistait au feu, envoyait à ce journal, au jour le jour, ces récits animés et fidèles de tout ce qui se passait sur le théâtre de la guerre.

Fortuné journal!

Cette correspondance n'eut pas seulement un succès de lecture, elle eut encore un succès d'abonnements que l'administration du *Siècle* ne savait à quoi attribuer. A la paix de la Villafranca le plus grand nombre de ces nouveaux abonnés, fâchés de voir la guerre se terminer d'une façon si brusque, se désabonnèrent uniquement parce qu'ils en étaient privés.

Réunie plus tard en volume sous ce titre : *Chronique de la guerre d'Italie*, cette correspondance en est encore aujourd'hui le tableau le plus émouvant, le plus curieux, le plus exact. On croit, en lisant, assister aux marches et aux contre-marches. On voit les soldats, couverts de poussière et de sueur, marcher fièrement sur les routes avec leurs fusils qui brillaient au soleil. Et les tambours ! et les clai-

rons! Rien n'est oublié. Voici le camp avec ses tentes alignées. Les soldats font la cuisine, ou sent l'odeur du café. Ailleurs nous voyons les masses qui s'ébranlent; les corps d'armée vous apparaissent marchant en ordre, généraux en tête. Ici la cavalerie, là l'infanterie, plus loin l'artillerie avec ses canons et ses caissons. Puis, tout à coup, au tonnerre de la canonnade, à travers d'épais nuages de fumée qui obscurcissent l'air, nos bataillons s'élancent à la bayonnette et enfoncent l'ennemi. En un mot dans ce livre merveilleux l'on voit tout, l'on entend tout comme si l'on y était. Je le relisais ces jours-ci. Au récit de la journée de Solférino, l'illusion était si complète que je me croyais sur le champ de bataille.

Pour raconter avec une exactitude si fidèle, il faut vraiment que M. Edmond Texier ait de très-près emboîté le pas à nos soldats.

Nous disions plus haut que M. Edmond Texier avait débuté de bonne heure : à peine terminait-il de brillantes études au collège Bourbon, qu'il publiait avec son ami Felix Maynard un volume de poésies, sous ce titre significatif : *En avant!* Ce volume est divisé en deux parties : Le *livre de Félix Maynard*. — Le *livre d'Edmond Texier*. Il devait comprendre une troisième partie. Mais son auteur,

le jeune Jules Mercier, partit un jour pour ne plus revenir. Les deux amis le retrouvèrent à la Morgue. La misère avait conduit Jules Mercier au suicide : il avait mis fin à ses jours en se jetant dans la Seine. Les regrets que leur inspira cette fin tragique sont exprimés dans la préface en phrases éloquentes et pathétiques, comme savent en écrire les poëtes de dix-neuf ans.

M. Edmond Texier a aussi publié un roman curieux : le *Prince Formose*. Dans ce roman, comme dans ses vers, il s'inspire de l'esprit de l'école de 1830. C'est sombre, désolé, échevelé. Mais le cœur y déborde, l'enthousiasme y abonde, et le souffle vigoureux qui circule dans toutes ces pages les rend singulièrement émouvantes.

Nous ne rappelons ces débuts que pour mémoire. Ils sont loin déjà et perdraient à un rapprochement des œuvres nouvelles de leur auteur.

La *Revue hebdomadaire* du *Siècle* ne suffisant point à son activité, M. Edmond Texier publia coup sur coup bon nombre d'ouvrages. *Lettres sur l'Angleterre* 1851 ; *Critiques et récits littéraires*, 1852, où l'on trouve des appréciations fort ingénieuses des hommes du temps et de leurs œuvres. *Contes et voyages*, 1853 ; *Tableau de Paris*, même année ; en 1854, une traduction de la *Case de l'oncle Tom*,

la *Grèce et ses insurrections*, les *Hommes de la guerre d'Orient*, et les *Mémoires de Bilboquet*, spirituelle et comique parodie des *Mémoires d'un Bourgeois de Paris* du docteur Véron; en 1855, les *Petits Paris*, une *Histoire d'hier*, une *Duchesse;* en 1856, les *Argonautes, guides sur les bords du Rhin, Appel au congrès;* en 1857, *Amour et Finances*.

M. Edmond Texier a été rédacteur en chef de l'*Illustration* de 1860 à 1865.

Il est chevalier de la Légion d'Honneur depuis 1859.

M. ANATOLE DE LA FORGE

M. Anatole la Forge appartient à une ancienne famille du Poitou. C'est un homme du monde d'une physionomie très-distinguée et de façons chevaleresques. Il aime le mouvement. A peine son article écrit, il n'a rien de plus pressé que de courir à la salle d'armes pour se fendre hardiment, parer la tierce et pousser en quarte. Comme M. Legouvé, il pense

que les exercices du corps facilitent ceux de l'esprit. Quand nous lisons un de ses articles, nous voyons en effet que le maniement de l'épée ne nuit aucunement à la main qui manie la plume.

De bonne heure M. Anatole de la Forge entra au ministère des affaires étrangères où des travaux remarquables le signalèrent à l'attention du ministre. Il fut bientôt successivement envoyé comme attaché ou comme secrétaire d'ambassade, à Florence, à Naples, à Rome et à Madrid. Il profita de son séjour dans cette capitale pour étudier les diverses questions politiques et sociales du pays. Il songeait déjà à se faire un nom dans les lettres, et contrairement à ce qui arrive à un grand nombre d'écrivains, il débuta par un ouvrage sérieux sur l'*Instruction publique en Espagne,* ouvrage qui lui valut la décoration de la légion d'Honneur. Il avait alors vingt-cinq ans. Rappelé à Paris, il prit une part active à la rédaction du *Portefeuille,* où il traitait de préférence et avec un certain talent les questions de politique extérieure qu'il avait soigneusement étudiées durant ses missions diplomatiques.

C'est un esprit vif et brillant, et, la plume à la main, écrivain plein d'ardeur et d'enthousiasme. On lui reproche d'être parfois trop paradoxal. Ce défaut ne nous déplait pas chez un écrivain dont la fougue

déborde à chaque ligne. M. Anatole de la Forge est jeune encore. Son tempérament littéraire si bouillant se calmera; sa phrase élégante, vive, alerte, qui manque parfois de force et de concision, se moulera d'avantage, son talent ainsi équilibré, il sera un polémiste de première force.

Patience donc et attendons.

On le dit très-indulgent pour les coups que lui portent ses adversaires. C'est une preuve de la liberté qu'il leur reconnaît dans la polémique, et qui justifie la liberté qu'il prend lui-même de les attaquer ou de leur répondre avec toute la vivacité qui le distingue.

Son séjour dans la Péninsule fit de M. Anatole de la Forge le champion le plus ardent de la cause italienne. Aucun écrivain dévoué à cette cause n'a mis avec plus de désintéressement sa plume à son service, et ne lui a consacré des ouvrages plus opportuns.

Il rapportait en même temps de ce séjour un ardent amour pour le principe de la liberté.

Il avait suivi en témoin intéressé les diverses phases de la lutte engagée entre l'Italie et l'Autriche; il lui était donc facile de se rendre compte des souffrances, des besoins et des aspirations de la grande nation courbée sous un joug aussi odieux

que despotique. Il a pu raconter, en témoin ému, indigné, les *Vicissitudes politiques de l'Italie*, œuvre qui fut accueillie avec la plus grande sympathie par la presse libérale de France. Cependant à l'éloge se mêlèrent de vives critiques; l'écrivain se vit même traité d'utopiste, parce que dans ce livre la question aujourd'hui si vivement débattue de la séparation des deux pouvoirs dont dispose le pape s'y trouvait déjà hardiment résolue. A cette époque, sauf les hardis penseurs à la vue longue et perçante et les amis de l'humanité, personne ne croyait à la prochaine résurrection de l'Italie; on ne songeait pas plus à la Pologne ni à la Hongrie. Cependant ces malheureuses nations foulées aux pieds, par leur ardent amour de la liberté, ont donné raison à M. Anatole de la Forge, et il s'est trouvé, ce qui n'est pas nouveau dans l'histoire de l'humanité, que le soi-disant utopiste avait été prophète.

A la révolution de 1848, M. Anatole de la Forge, dont les nouveaux principes avaient profondément modifié les idées politiques, crut devoir renoncer à la carrière diplomatique qui cependant s'ouvrait devant lui sous les meilleurs auspices. Il est resté depuis sincèrement dévoué aux intérêts de la démocratie.

Lié avec les principaux patriotes italiens, Mon-

tanelli, Ulloa, Pallaviccini, Manin, et la plupart des chefs de l'émigration italienne, le jeune libre penseur consacra sa plume à la défense du principe des nationalités. Par ses ouvrages, ses articles de journaux, ses brochures, il a acquis des droits à la reconnaissance de la Péninsule. Son éloquente *Histoire de la République de Venise*, « un des rares livres de ce temps-ci que nous voudrions avoir signé, » a écrit M. Eugène Pelletan, est plus qu'un bon livre, c'est encore une bonne action qui honore le citoyen.

Au *Siècle*, comme à l'*Estafette*, M. Anatole de la Forge ne discontinue pas de soutenir l'unité italienne.

Il a reçu un jour une précieuse récompense de ses efforts pour le triomphe de cette cause.

Citons en terminant les dernières lignes de la lettre que l'ex-président de la République de Venise adressait, le 20 juin 1853, au rédacteur en chef du *Siècle*, de la *Presse* et de l'*Estafette* :

« .... Et maintenant, que M. Anatole de la Forge me permette de lui serrer cordialement la main en signe de reconnaissance pour la sympathie généreuse et pleine de courage qu'il témoigne à ma douce et noble terre natale, arrosée par les larmes

de tant de victimes et par le sang de tant de martyrs ! Ce qu'il vient de faire est plus qu'un bon livre, c'est une bonne action. Que d'autres, plus calmes et plus compétents, cherchent dans son ouvrage le mérite littéraire. Quant à moi, j'y sens la vie, la chaleur, le tressaillement d'un cœur élevé !

« .... Lorsque l'iniquité triomphante trouve tant de flatteurs et de courtisans, je crois qu'il est honorable pour M. Anatole de la Forge de s'être fait le courtisan du malheur.

« MANIN. »

Outre les trois ouvrages cités dans cette courte et rapide notice, il faut citer de M. Anatole de la Forge : *Impressions de voyage* ; l'*Art contemporain, Mélanges littéraires et historiques*. Il prépare, dit-on, une *Histoire du Cardinal de Richelieu*.

M. HENRI MARTIN [1]

L'historien grave et laborieux, qui devait construire sur l'histoire de France le monument à la fois

---

1. Né le 20 février 1810, à Saint-Quentin.

le plus considérable et le plus complet, a débuté dans la littérature par des romans. Si ses biographes qui doivent être bien renseignés ne nous l'affirmaient, nous aurions peine à le croire. Qui en effet se souvient aujourd'hui de *Wolfthurm* ou *la Tour du loup, histoire tyrolienne*, du *Libelliste*, de l'*Abbaye au bois* ou la *Femme de chambre*, de la *Vieille Fronde*, de *Minuit et Midi?* Ce dernier toutefois n'est pas mort tout à fait, car il a ressuscité de nos jours sous ce nouveau titre : *Tancrède de Rohan*. Nous pensons toutefois que la liaison étroite du futur historien avec son ami et compatriote Félix Davin, mort prématurément, n'est pas sans avoir contribué à ce genre de début. Mais le côté sérieux de sa nature développé de bonne heure chez lui par de fortes et saines études qu'il avait faites dans une précieuse bibliothèque que possédait son oncle maternel, bibliothèque dont il hérita plus tard, l'entraîna bientôt dans la voie où il devait s'illustrer par ses grands travaux.

Félix Davin était-il mort déjà ? Peu importe. Ce qu'il y a de certain, c'est que l'ex-romancier entre tout à coup en relations avec M. Paul Lacroix (le bibliophile Jacob). Ces relations ne devaient pas être stériles; mais M. Henri Martin était encore loin du succès qu'il a obtenu depuis. Des vicissitudes

sans nombre ne tardèrent pas à entraver cette première tentative.

M. Paul Lacroix et M. Henri Martin conçurent ensemble le plan d'une *Histoire de France* par les principaux historiens. Cette publication ne devait être qu'une série d'extraits des principales histoires et chroniques reliés par des transitions et des compléments. M. Mame de Tours s'en fit l'éditeur. Plusieurs collaborateurs devaient participer à cette immense compilation. Tout va bien. Henri Martin, qui s'était chargé de la première partie, se met à l'œuvre avec l'ardeur qui l'a toujours distingué depuis. Mais tout à coup ses collaborateurs, M. Paul Lacroix en tête, l'abandonnent, et le voila réduit à accomplir seul cette laborieuse tâche. Loin de se décourager, il marche en avant. L'appétit vient en mangeant. Bientôt M. Henri Martin essaye de substituer à l'œuvre commencée une œuvre nouvelle et personnelle.

En 1834, il donna, avec le concours plus ou moins direct du bibliophile Jacob et de sa précieuse bibliothèque, la première édition de son *Histoire de France*, qui de transformations en transformations devint l'œuvre capitale de toute sa vie.

Le nom de M. Henri Martin ne parut sur le titre qu'à partir du dixième volume.

Peu après M. Henri Martin et M. Paul Lacroix publiaient ensemble l'*Histoire de la ville de Soissons* [1].

La première édition de l'*Histoire de France* était à peine terminée que l'infatigable auteur se mit à à la reprendre en sous-œuvre à l'aide de matériaux plus abondants et sur un plan plus vaste. C'était vraiment un vaste plan. Une pareille refonte et la réimpression ne durèrent pas moins de dix-sept ans, 1837-1854.

Les volumes de cette troisième édition [2] se succédèrent forcément à des intervalles inégaux. Ils étaient toujours attendus avec impatience. Ici M. Henri Martin a la satisfaction et le juste orgueil d'attirer les regards de MM. les savants et de recevoir la récompense due à ses peines. Plusieurs de ses volumes sont honorés des plus flatteuses distinctions. D'abord l'Académie des inscriptions et belles-lettres décerne aux tomes 10 et 11 (*Guerres de religion*), le premier prix Gobert; puis l'Académie française, qui maintenait depuis un grand nombre d'années son premier prix Gobert à M. Augustin Thierry, accorde en 1851 le second prix aux tomes 14, 15 et 16 (*Siè-*

---

[1]. Le premier volume et le dernier chapitre du deuxième sont de M. Henri Martin.

[2]. La première avait eu un second tirage sans révision de l'auteur.

cle de Louis XIV). Ce second prix, l'Académie le maintint de 1852 à 1855. Enfin à la mort d'Augustin Thierry, survenue en 1856, l'Académie leur décerna le premier prix.

C'étaient là de justes récompenses. Ces récompenses étaient la consécration du talent et des efforts de M. Henri Martin. Vous pensez peut-être que M. Henri Martin s'en rapporte au jugement de l'Institut? Pas le moins du monde. Pendant que les deux Académies décernaient des prix à ses volumes, il préparait les éléments d'une quatrième édition qui fût au niveau des découvertes récentes sur les antiquités celtiques et des connaissances plus approfondies nouvellement acquises sur le moyen âge, cet âge si obscur encore [1].

Dans cette quatrième édition terminée en 1860, toutes les parties relatives à l'histoire et à la religion des Gaulois, aux origines de la poésie et de la langue, aux événements du moyen âge et aux institutions féodales, à l'histoire politique et religieuse du XVIe siècle ont été complétement remaniées.

Cette *Histoire* nouvelle qui « allie heureusement, dit un critique, au besoin d'exactitude dans les faits

---

[1]. M. Henri Martin se propose d'ajouter à son *Histoire* un volume d'*Éclaircissements*, de *dissertations* sur divers points de l'antiquité du moyen-âge.

un sentiment philosophique très-élevé, demeure sous toutes ses transformations une des œuvres les plus consciencieuses et les plus honorables du siècle. »

Ce mérite réel n'est pas le seul. L'excellente méthode de M Henri Martin d'employer les divisions qui embrassent toute une époque, permet au lecteur de trouver sans chercher, et de se rendre compte des faits de l'époque qui l'intéresse.

Depuis longtemps déjà M. Henri Martin a résumé sous ce titre : *De la France, de son génie et de ses destinées* (1847 in-12) les idées philosophiques qui ressortent à ses yeux de toute l'histoire de notre pays.

Sous le règne de Louis-Philippe, M. Henri Martin appartenait à l'opposition libérale. La révolution de 1848 devait donc lui être favorable. M. Carnot, ministre provisoire de l'instruction publique, lui fit faire partie de la haute commission des études, et le chargea du cours d'histoire à la Sorbonne.

M. Henri Martin se vit tout de suite entouré d'une jeunesse enthousiaste et avide de l'entendre. Il avait pris pour thème de ses leçons la politique extérieure de la Révolution. Les événements, qui sont plus forts que les hommes, interrompirent son cours en plein succès : il n'alla pas au delà du premier semestre.

Durant cette longue période, les grands travaux de M. Henri Martin. Il publiait avec H. Lister une petite *Histoire d'Allemagne, de Suisse et des Pays-Bas*. Il trouvait encore le moyen d'écrire de nombreux articles littéraires et politiques, et des nouvelles historiques qui furent publiés dans l'*Artiste*, le *National*, le *Siècle*, le *Monde*, la *Revue indépendante*, la *Liberté de penser*, la *Revue de Paris*, l'*Encyclopédie nouvelle*, etc. En 1848, le *Manuel de l'instituteur pour les élections, la monarchie au dix-septième siècle, Études sur le système et l'influence personnelle de Louis XIV*, etc.

M. Henri Martin est demeuré libéral. C'est un des amis les plus chauds de l'Italie. Il ne perd aucune occasion de lui témoigner ses sympathies. Il avait été intimement lié avec l'illustre président de la république de Venise durant son exil. Il a écrit sa vie: *Daniel Manin* 1859. En 1861, il fit partie de la commission qui alla inaugurer le monument de Manin à Turin, au nom de 2,500 souscripteurs français associés aux souscripteurs italiens.

Depuis cette époque M. Henri Martin a beaucoup voyagé dans le but de se livrer à des recherches savantes.

Dans l'été de 1861, il se rendit au pays de Galles pour rechercher les documents relatifs aux doctrines

secrètes des Bardes gallois. Une partie de ces documents s'imprimant alors même dans le pays, il y retourna en 1862, et poussa jusqu'en Irlande pour y étudier les antiquités galliques. Enfin, en 1863 il visitait Édimbourg, et en 1864 notre Bretagne, toujours à la poursuite de ces mêmes études celtiques.

De ces trois voyages M. Henri Martin rapporta en France tout ce qu'il lui fut possible de se procurer. Il ne tardera pas à en publier les parties les plus intéressantes sur la philosophie celtique.

En attendant il a voulu donner au public un avant-goût de ses précieuses découvertes. L'on a pu lire dans le *Siècle* ses notes de voyage au pays de Galles, et, dans la nouvelle *Revue de Paris* de M. Charpentier, la curieuse relation de son voyage en Irlande.

Toutes ces études seront plus tard réunies en volumes.

Dans les intervalles de ses voyages, M. Henri Martin fit diverses publications.

En 1861, une brochure intitulée l'*Unité italienne et la France*, pour démontrer que la France est intéressée à cette unité.

En 1863, *Pologne et Moscovie*, et *Jean Reynaud*, étude approfondie sur la vie et les œuvres de ce philosophe que nous venions de perdre, et aux pen-

sées et aux sentiments duquel il avait été étroitement associé par une amitié de trente années.

En 1855, deux brochures : *Monseigneur Dupanloup et l'Italie*, réfutation des accusations de l'évêque d'Orléans contre la révolution italienne et le gouvernement Italien; et *Séparatian de l'Église et de l'État*.

Il a publié récemment un drame héroïque en cinq actes et en vers, intitulé *Vercingétorix*, où il met en scène les deux sociétés gauloise et romaine. Pour ce qui regarde les mœurs et les idées des Gaulois, il a puisé dans les éléments que lui avait fournis l'étude de la la littérature bardique.

Il a commencé une étude sur les découvertes historiques et les théories du baron d'Ekstein, le grand ethnographe et philologue, mort en 1861.

Il va publier prochainement un volume intitulé la *Russie et l'Europe*, ouvrage semi-historique, semi-politique.

Enfin dans le courant de l'hiver il publiera encore une notice sur M. de Bunsen, en tête d'une traduction abrégée de son livre : *Dieu dans l'histoire*, par M. Dietz.

Raconter les travaux de M. Henri Martin, c'est raconter sa vie : terminons là notre notice.

M. LOUIS DESNOYERS

DIRECTEUR LITTÉRAIRE DU SIÈCLE

La direction de la partie littéraire du *Siècle* est confiée à M. Louis Desnoyers. C'est en effet un fin gourmet et un habile expert.

La difficulté de l'emploi est sérieuse, quand on songe que cet écrivain doit bien plus penser aux plaisirs des lecteurs qu'à ses propres préférences. M. Desnoyers aime surtout les peintures de mœurs au trait précis, les études de caractère se développant à l'aise au milieu d'une action très-simple. Il aime exclusivement ce genre de roman et il doit, s'armant d'une rigueur adoucie, fermer la porte au nez de qui se présente avec une œuvre de ce genre. L'entente de ses devoirs de directeur le pousse à accueillir ce qu'il dédaigne et à repousser ce qui lui agrée. Que l'on se figure Abraham gardant la porte d'un temple dont les Juifs sont bannis.

M. Louis Desnoyers sait avec quelle joie les abonnés du *Siècle* suivent dans le feuilleton les sombres histoires aux poignantes péripéties. Dans ces ou-

vrages fêtés, jamais l'intérêt n'est en suspens; aussitôt que l'intrigue s'embarrasse, le romancier favori fronce son sourcil olympien et le feu consume et le sang coule.

Ce n'est pas pour cet écrivain en possession de la faveur publique que Goethe a dit : «Écrire, ce n'est qu'une oisiveté affairée.»

M. Louis Desnoyers laissera quelques livres. — Il en est qui seront certainement lus par ses petits neveux. Les *Béotiens de Paris* donnent une très-juste idée de la manière de leur auteur. On y trouve de l'observation, du trait, et une sérieuse préoccupation de la forme.

A chaque édition nouvelle de ses livres, M. Desnoyers travaille sa prose à nouveau, il donne du ton à une phrase languissante, il revient sur un détail heureux, remplace la périphrase par le mot propre et ne se tient satisfait — satisfaction momentanée — qu'alors que tout le livre a été minutieusement épluché par lui, avec la sévérité ordinairement propre aux excellents confrères.

Les *Aventures de Jean-Paul Choppart* et les *Aventures de Robert-Robert*, renferment un grand nombre de pages ingénieuses et spirituelles. Peut-être ce dernier livre se ressent-il d'avoir été publié dans le *Journal des Enfants*, l'idée d'appeler du nom de La

Venette un poltron appartenant à un genre de comique enfantin !

M. Desnoyers a eu l'honneur d'être rédacteur du *National* aux côtés d'Armand Carrel.

On doit à l'estimable directeur littéraire du *Siècle* la création de la *Société des gens de lettres*.

La fondation du *Charivari*, de concert avec M. Philippon, doit être également mise à l'actif de M. Louis Desnoyers, et une fois de plus le succès a répondu aux efforts heureux de l'écrivain aimé.

M. AUGUSTE LUCHET [1]

La destinée de l'homme est toujours plus forte que les entraves que l'on apporte à son accomplissement. M. Auguste Luchet est un exemple frappant de cette grande vérité. Élevé à Dieppe, sa mère et un prêtre émigré lui inculquèrent de bonne heure des principes catholiques et légitimistes que ses études personnelles, une fois livré à lui-même, modifièrent singulièrement[1]. Comme tant d'autres qui devaient plus tard tenir vaillamment la plume, M. Auguste Luchet fut d'abord employé en qualité

---

1. Né à Paris en 1806.

de clerc d'avoué, et travailla ensuite dans diverses administrations. En 1823 il vint à Paris et, contre son gré, entra dans le commerce. Ici se place une circonstance curieuse, très-curieuse même de la vie de notre auteur. C'est un fait inouï et unique, et nous parierions volontiers qu'il n'a son pendant dans l'histoire littéraire d'aucun siècle. Dans la maison de M. Guibal, son dernier patron, M. Auguste Luchet voyait s'ouvrir devant lui à deux battants la porte de la fortune; et cependant, voyez : ce même M. Guibal conseille à son commis d'abandonner le commerce pour la carrière des lettres... Un négociant donner de tels conseils!... N'avions-nous pas raison de dire que c'était un fait inouï et unique! Après cela, tant d'écrivains arrivés sont d'avis que de jeunes débutants qui ne tarderont pas à s'illustrer doivent cesser d'écrire, que pour une fois il ne faut pas s'étonner que l'homme de commerce ait eu raison. Mais on n'en doit pas moins conclure que M. Guibal était sans doute un homme instruit, ou tout au moins assez intelligent pour apprécier les essais du jeune commis ou deviner l'entraînement de sa vocation.

M. Auguste Luchet s'empressa de suivre les conseils de son patron, et en 1830 nous le trouvons attaché à la *Jeune France*, puis rédacteur du *Temps* et

de la *France nouvelle*. Lié avec les hommes les plus avancés et les plus influents de la démocratie, il prit une part active à la Révolution de Juillet et aux événements qui la suivirent. Peu après il épousait la sœur du docteur Vincent Duval, et son beau-frère le mettait en relations avec Broussais qui l'associa un instant à ses recherches physiologiques. En 1831, le parti républicain l'envoya en Belgique pour provoquer sa réunion à la France. A son retour, il se trouva fortement compromis par ses opinions démocratiques qu'il exprimait en toute occasion avec une franchise pleine de rudesse. La vie politique n'est pas toujours semée de roses. En 1842, à propos d'un de ses livres, le *Nom de Famille*, il dût soutenir un bruyant procès qui lui valut 2,000 fr. d'amende et deux ans de prison. Il s'enfuit à Jersey pour esquiver la peine, et, pendant cinq ans il habita tour à tour cette île, celle de Guernesey et Londres.

De retour en France en 1847, il écrivit dans la *Réforme*. Après la Révolution de 1848, le gouvernement provisoire le nomma gouverneur du château de Fontainebleau, puis gouverneur du château de Compiègne, poste qu'il garda jusqu'à la nomination du président de République. Sa candidature avait échoué à la Constituante. Il rentra à la *Réforme*, bientôt anéantie par les procès en pleine républi-

que. Il fonda alors avec ses amis le *Vote Universel*.

Voilà pour la politique.

Venons maintenant à l'écrivain.

Il existe de divers écrivains très-compétents, qui connaissent fort bien M. Auguste Luchet, une foule d'appréciations très-curieuses de son talent, de son caractère et de son esprit, et que nous voulons avoir le plaisir de mettre sous les yeux de nos lecteurs.

« Un vaillant esprit de ce temps-ci, un écrivain, un de ces rares écrivains qui savent écrire ! (Jules Janin). — M. Auguste Luchet est l'*Alceste* de la démocratie. (Paulin Limayrac). — Auguste Luchet, le romancier, le dramaturge, l'auteur de *Thadeus*, le collaborateur de Félix Pyat dans le *Brigand et le Philosophe*, ce drame si hardi et si original dans une époque toute de hardiesse et d'originalité (Taxile Delord). — M. Luchet est avant tout l'homme des audaces. Son style est incisif et souvent froid comme l'épée; chez lui, le mot blesse, car il est vrai et n'est jamais fardé... Jamais M. Luchet n'avait rencontré de pensées plus élevées ! jamais son esprit n'avait été en aussi parfait accord avec son âme loyale et fière. N'eût-il composé que ces quelques pages (l'*Exil*, dans *les Mœurs d'aujourd'hui*) son nom mériterait de prendre rang parmi les poëtes dont s'honore la France ! (Victor Moulin). — Ne cherchons pas plus

loin le type du romancier indigné; le voilà : sa phrase brûle et fume comme un tison. (Charles Monselet). — Talent fougueux, original, spirituel et convaincu, l'auteur de *Frère et Sœur*, de *Thadeus* et du *Nom de famille* n'est pas seulement un homme de talent; c'est aussi un homme de cœur et un bon garçon dans toute l'essence du mot. (Nadar). — Luchet, ce rude lutteur, ce grand cœur, cet amant désintéressé de la liberté. (Benjamin Gastineau). — Il a cette verve toujours jeune, cette sève toujours abondante et féconde qui circule comme un souffle vivant à travers les rameaux vigoureux de la poésie vraiment humaine et de l'art viril. (Charles Woinez). »

Après avoir écrit plusieurs romans plus ou moins politiques, *Thadeus le ressuscité*, en collaboration avec Michel Masson, *Frère et Sœur*, le *Nom de Famille*, l'*Eventail d'ivoire*, le *Passe-Partout* et le *Confessionnal de sœur Marie*, et quelques drames, le *Brigand et le Philosophe*, avec Félix Pyat, *Ango*, le *Cordonnier de Crécy*, la *Marchande du Temple*, et quelques livres pleins d'humeur, tels que les *Mœurs d'aujourd'hui*, les *Mauvais côtés de la Vie*, M. Auguste Luchet est tout-à-coup devenu une spécialité. Depuis qu'il écrit dans le *Siècle*, la production et le commerce des vins est une de ses principales préoccupations littéraires. Mais ce qu'il importe de bien

fixer, c'est le talent et l'esprit ingénieux qu'il apporte dans la composition de ces articles toujours instructifs, intéressants et amusants. M. Auguste Luchet connaît tous les vins de France. Il ne connaît pas seulement les vins, il connaît aussi les pays qui les produisent. Il les a parcourus en touriste et en spécialiste; il les a étudiés avec soin, et il en parle comme personne.

La *Côte d'Or à Vol d'oiseau* est un des livres les plus charmants que nous sachions. Il n'y est pas question des vins : l'historique des vignobles, outre des appréciations exactes et d'amusantes anecdotes, y tient une grande place qui complète ces études savantes et animées.

L'auteur donne le pas au vin de Bourgogne (nous sommes de son avis). « C'est à Dijon que commence le vrai pays du vin, du vin de Bourgogne, le premier des vins rouges, quoiqu'on dise et fasse. Comme la vérité il a eu ses détracteurs ; comme le génie et la beauté il a été calomnié et jalousé... Celui-ci n'a pas de rivaux, je le répète... Exquise finesse dans le bouquet: saveur, à la fois chaude et délicate, s'épanouissant, s'élargissant, se plongeant, et laissant après elle une haleine pure et embaumée; couleur vermeille : limpidité parfaite (*odor, sapor, nitor, color*); action directe et bienfaisante sur les organes

de la digestion; point ou presque point d'action sur le cerveau : voilà le vrai vin de Bourgogne. »

Ce petit livre est un livre d'or, il faudrait le citer en entier. Il ne faudrait pas se contenter de le lire; il faudrait encore le méditer sans cesse comme on médite les *Pensées* de Pascal ou les *Caractères* de La Bruyère. Quiconque le saurait par cœur n'aurait pas besoin de médecin : il posséderait l'art de se guérir par la connaissance et l'usage des vins.

La *Science du Vin, Lettres écrites à M. L. Havin, après la récolte de* 1859, n'est pas un livre inférieur à la *Côte d'Or à Vol d'oiseau :* nous renvoyons le lecteur à l'un et à l'autre.

On a beaucoup remarqué en 1864 le compte-rendu savant de l'Exposition de Bayonne que M. Auguste Luchet a publié dans le *Siècle*. Dernièrement, rendant compte dans le *Monde illustré* de l'*Exposition de l'Union centrale des Beaux-Arts appliqués à l'Industrie*, il analysait d'une façon tout à fait ingénieuse et jusque dans ses moindres détails le mécanisme compliqué d'une serrure exposée par MM. Fannière frères. Dans ces comptes-rendus, on remarque la même finesse originale de précision et d'observation qui fait le charme de la *Côte d'Or* et de la *Science du Vin*.

On avait annoncé une comédie en cinq actes de

M. Luchet : La *Vie d'Artiste*. On s'attendait à un événement littéraire; mais on n'en entend plus parler. La pièce est-elle faite? A-t-elle été présentée à un théâtre? Nous n'en savons rien... l'avenir nous le dira peut-être.

M. LEHODEY [1]

DIRECTEUR GÉRANT DU SIÈCLE

Ce que nous avons dit de l'excellente administration du *Siècle* est à l'éloge de M. Lehodey qui, par ses éminentes qualités administratives, a certainement contribué pour une bonne part au succès de ce journal.

Il faut rendre justice aux prédécesseurs de M. Lehodey, le *Siècle* a toujours été très-habilement dirigé; aussi le mérite du nouvel administrateur serait-il médiocre, s'il n'avait fait que continuer une œuvre savamment ébauchée. M. Lehodey a fait plus. On était en 1853. La presse entière bâillonnée depuis le coup d'état, n'offrant pas conséquent qu'un fort mince intérêt, les abonnés se mirent à se lasser de leurs journaux. Les désabonnements commencèrent

---

1. Né à Cherbourg en 1798.

à pleuvoir au *Siècle*. Que faire ? s'enhardir, oser. C'est ce que firent les courageux rédacteurs actuels. Mais il était nécessaire aussi de trouver un homme qui donnât à la direction administrative une impulsion nouvelle, un homme riche en expédients ingénieux ; et cet homme, on le trouva en M. Lehodey, compatriote et ami de M. Havin, et qui dans des postes difficiles avait maintes fois donné des preuves d'une remarquable sagacité.

M. Lehodey a été, en effet, successivement : adjoint au maire de Thorigny, membre du conseil d'arrondissement de Saint-Lô, secrétaire général de la préfecture de Saint-Lô en 1848 ; enfin préfet de la Manche et destitué lors de la réaction sous Léon Faucher.

Dans ces diverses fonctions il avait toujours montré une inébranlable fermeté de caractère, un dévouement sans bornes aux intérêts de son parti, une fidélité à toute épreuve au drapeau qu'il avait arboré.

Quel autre que M. Lehodey était plus digne d'attirer sur lui les regards du *Siècle ?*

M. ALEXIS GROSSELIN [1]

Les préoccupations matérielles de la vie, ces besoins de chaque jour, — ces besoins sans cesse renaissants comme l'hydre de Lerne, sont souvent un très-grand obstacle dans la carrière des lettres. M. Alexis Grosselin en est une preuve des plus convaincantes. Malgré son talent, ses qualités toutes spéciales, il *fait le journal*, comme on dit dans l'argot du métier.

C'est une rude tâche que celle-là et qui exige une prudence et une délicatesse qu'il serait difficile de rencontrer dans une réunion aussi étroite et aussi complète que chez cet écrivain. Aussi peut-on remarquer que la rédaction et l'agencement des *Faits-Paris* du *Siècle* ont une couleur toute particulière qui est de beaucoup supérieure à celle de la plupart des autres journaux.

Et pourtant, *faire le journal*, ce n'était pas là ce qu'avait rêvé M. Alexis Grosselin, ni ce qu'il était en droit d'espérer.

---

[1]. Né à Saint Servan (Ille-et-Vilaine) le 7 octobre 1817.

Entré très jeune dans le journalisme comme sténographe et rédacteur des débats législatifs, il sut se faire apprécier dans cette position assez difficile par son intelligence et sa modération. Cette dernière qualité surtout manquait aux écrivains de cette époque. Il occupa ses loisirs à publier au feuilleton du *National* un roman satirique, *le roi d'Yvetot*, qui fut très-goûté.

En 1846, il publia, en collaboration avec M. Martinet, la biographie des députés, précédée *d'une histoire de la législature de* 1842 *à* 1846. Ce livre, qui eut un immense succès, se distingue principalement par sa netteté et ses appréciations calmes et judicieuses des événements et des hommes de cette époque.

En 1848, il fut définitivement attaché au *Siècle*, et il reprit là ses premières occupations : le compte rendu des débats de la Représentation nationale. C'est enfin lui qui rendit compte des quelques procès qui à ce moment passionnèrent l'opinion publique : l'affaire du 15 mai, l'assassinat de l'archevêque de Paris, etc., etc.

Après le coup d'État de 1850, il n'eut plus à rendre compte des séances du Corps-Législatif; mais il resta néanmoins au *Siècle* et accepta les modestes fonctions qu'il occupe encore aujourd'hui. M. Alexis

Grosselin apporta dans cette tâche ingrate le même zèle et la même ardeur qu'il a mis dans tout ce qu'il a fait. Aussi s'est-il vu forcé, faute de temps, d'interrompre la publication de son *Catalogue historique*, une œuvre sérieuse, éminemment pratique, et qui aurait suffi elle seule à faire la réputation de son auteur. Mais il fallait vivre et le métier l'a emporté sur l'art. Un seul volume de ce *Catalogue historique* a paru, et c'est assez en faire l'éloge, en disant que le *Siècle* l'a donné en prime à ses abonnés.

M. Alexis Grosselin fait partie, depuis peu, du conseil de rédaction, qui, en l'absence de M. Havin, siége tous les jours de 1 heure à 2 heures.

Ajoutons, en terminant cette courte notice, que M. Grosselin a su, par une serviabilité devenue proverbiale, conquérir l'estime et la sympathie non-seulement de ses confrère du *Siècle*, mais de tous ceux qui, de près ou de loin, et pour une cause juste, se sont adressés à lui.

M. ANDRÉ PASQUET

M. André Pasquet est rédacteur du *Siècle* depuis 1855. Sa collaboration ne dépassa guère jus-

qu'en 1860 le cercle des affaires algériennes. Il se montra tout à fait à la fois favorable aux Arabes et aux colons européens.

Il réclama pour la colonie toutes les libertés civiles et économiques de la métropole et toutes les libertés politiques dont celle-ci est privée.

André Pasquet est un légiste de l'école de 89. Il attribue toutes les révolutions qui bouleversent la société française depuis soixante-quinze ans aux efforts déployés par tous les gouvernements pour annihiler la souveraineté de la nation, c'est à dire *le pouvoir du peuple*.

Selon lui, depuis 1789, il n'y a pas eu de révolutions proprement dites, mais des convulsions provenant des obstacles qui empêchent le peuple de constituer *son pouvoir*.

Ce pouvoir n'est autre que le droit pour chaque citoyen de contrôler avec liberté les actes du gouvernement et d'influer sur la législation par la presse, l'association politique et les réunions publiques.

Tout le mal provient de ce qu'un parti sincèrement progressiste et contitutionnel n'a jamais pu se former dans le pays.

Les citoyens se trouvent livrés à la merci non des rois et des dictateurs qui se succèdent les uns aux autres, mais d'une puissance permanente, éternelle,

l'administration, qui survit à toutes les chutes monarchiques ou républicaines. Pour lutter contre cette prédominance alimentée par un budget sans cesse grossissant, le peuple n'a qu'un moyen à sa disposition, c'est de former des cadres indestructibles en n'accordant ses suffrages aux conseillers municipaux et généraux et aux députés au Corps-Législatif qu'à la condition de renoncer à toutes fonctions, toutes places, toutes faveurs et dignités désirant du pouvoir exécutif sous tout gouvernement.

En agissant ainsi, le peuple mettrait un terme à ces comédies d'opposition qui n'ont qu'un but : s'emparer du pouvoir; il mettrait ainsi un terme aux révolutions, car les 600,000 conseillers municipaux, généraux et députés au Corps-Législatif n'auraient plus d'intérêt à renverser un gouvernement puisqu'ils n'en profiteraient pas. L'opposition serait alors vraiment impartiale et progressiste, elle ne serait plus soupçonnée ni par le pouvoir ni par le peuple, elle saurait blâmer le mal et approuver le bien; enfin les diverses nuances opposantes au lieu de se faire une guerre acharnée en vue du pouvoir auquel elle auraient renoncé, discuteraient les intérêts du pays sans sortir des convenances de la concorde et des concessions que la politique exige.

De pareilles convictions expliquent facilement le rôle joué par M. André Pasquet depuis le décret du 24 novembre 1860. Il se voua exclusivement au triomphe de la souveraineté législative du peuple, contenue dans l'art. 4 de la Constitution de 1852.

Les élections générales devaient avoir lieu également au printemps de 1863. Dès le mois d'avril 1862, il publia pour la première fois une critique raisonnée des circonscriptions électorales dont il fit ressortir le petit nombre, l'habile composition et la mobilité, — toutes conditions entièrement favorables au pouvoir et à l'intervention de ses agents en faveur des candidatures officielles.

Il attira l'attention du gouvernement sur le retard que le ministre de l'intérieur mettait à faire connaitre le tableau des circonscriptions qui aurait du être publié dès le mois de février 1862.

Ses articles donnèrent lieu à de vives interpellations de la part de M. Plichon, candidat sacrifié, dans le sein du Corps-Législatif.

Quelque temps après, M. André Pasquet fit remarquer que le ministre de l'intérieur avait eu le tort jusqu'alors de baser le nombre des députés dans chaque département, non sur la population électorale, c'est à dire sur les électeurs existants réellement, mais sur le nombre des électeurs *inscrits* par les

maires, de sorte qu'il suffisait d'augmenter ou de diminuer le nombre des électeurs inscrits pour augmenter ou diminuer le nombre des députés dans le département, selon qu'il était bien ou mal pensant.

Appliquant ces idées au département de la Seine, M. André Pasquet prédit dès le mois de mai 1862 que malgré un accroissement énorme de population (600,000 habitants) ce département n'aurait plus que neuf députés à élire quand la population électorale lui donnait droit à seize.

Une pareille révélation dans un département privé déjà du droit d'élire ses conseillers municipaux et son conseil général, surtout alors qu'on s'attendait à une augmentation de députés, était de nature à froisser cruellement l'opinion publique. Aussi, du mois d'avril au mois de décembre 1862, ces diverses questions très-mûrement étudiées par M. André Pasquet, en raison même de leurs gravité, passionnèrent la presse de Paris et des départements.

Trente-cinq journaux de toutes nuances, sans en excepter la *Patrie*, prirent fait et cause pour la revendication de M. André Pasquet.

Celui-ci ne se contenta pas de déférer les actes du ministre au sénat ; il publia une petite brochure intitulée : *Qu'est-ce qu'un électeur ?* dans laquelle il résuma tous les arguments. — Cette brochure fut

soumise à tous les barreaux de cours d'appel et 400 avocats adhérèrent à ses conclusions.

La publication de cette avalanche d'adhésions par le journal le *Siècle* lui attira le 14 novembre 1862 un avertisement qui mit fin à toute discussion dans les journaux.

Mais les diverses questions soulevées par cette ardente polémique furent portées devant le Corps-Législatif, et M. Jules Favre fut l'interprète éloquent de l'opinion publique.

Le Corps-Législatif, à l'instar du sénat, passa à l'ordre du jour. Le gouvernement paraissait triomphant; il ne s'aperçut de sa défaite que le jour où les neuf circonscriptions de la Seine voltèrent en masse pour les candidats de l'opposition. Cet échec formidable fut le signal du reveil de la province.

M. André Pasquet avait déclaré dans sa lettre aux auteurs *du Manuel électoral* qu'il poserait la question constitutionnelle devant le peuple dans une des neuf circonscriptions. Mais on lui opposa M. Jules Simon et il s'effaça devant lui.

Lors des réélections de 1864, les électeures de la première circonscription, au nombre de plus de 2000, lui offaient la candidature; il accepta, mais il se crut obligé de se retirer devant la concurrence de M. Carnot.

Porté par les libéraux de la circonscription du Gard, il échoua. Sa protestation devant le Corps-Législatif est une peinture très-vive et très-accentuée des tribulations qui attendent les candidatures indépendantes.

Si M. André Pasquet est un défenseur très-ardent et très opiniâtre des franchises qui devraient appartenir à toute opposition constitutionnelle dans un pays civilisé, il n'est pas moins dévoué à l'émancipation économique des travailleurs. Nous lui devons, entre autres études, un plan très-original et très-pratique d'une société *d'Assurances sur la vie* appliquées à tous les *êtres collectifs*, tels que sociétés de secours mutuels, loges maçonniques, orphéons, sociétés chorales etc. etc. Il a imaginé une société *coopérative* intitulée l'*Ouvrière* qui substitue l'assurance *collective* à l'assurance *individuelle*. Voici un résumé des avantages de cette combinaison appliquée, par exemple, aux sociétés de secours mutuels qui comprennent plus de 700,000 individus répartis entre 5,000 sociétés. Au lieu de 700,000 polices d'assurance, il n'y en a plus que 5000.

La visite médicale est supprimée puisque les sociétés de secours ont elles-mêmes fait l'épuration.

Les recouvrements sont supprimés, car les primes

sont payées en bloc à la compagnie par le trésorier de chaque société.

La réduction des frais est immense et les bénéfices mis en caisse et accumulés par les intérêts composés sont partagés à soixante-cinq ans par tous les survivants.

Le résultat de cette ingénieuse combinaison est celle-ci : si l'assuré meurt avant soixante-cinq ans, sa famille touche le capital stipulé dans la police conformément au tarif des compagnies existantes. — Si au contraire l'assuré survit à soixante-cinq ans, il prend part aux bénéfices accumulés qui sont équivalents au total de ses versements.

Malheureusement les entraves légales ont empêché jusqu'à ce jour M. André Pasquet de réaliser cette idée qui exercerait une influence considérable sur l'avenir matériel et moral des populations ouvrières.

Le dernier acte politique de M. André Pasquet mérite d'être signalé. Fidèle à sa conduite antérieure, l vient d'écrire une lettre à la *Gazette du Midi* dans laquelle il annonce qu'il institue un concours et un prix pour le meilleur ouvrage qui établira les principes de la liberté électorale. Une commission de sept membres décernera le prix.

La *Gazette du Midi* du 15 novembre dernier apprécie en termes les plus flatteurs les services rendus à

la liberté par M. André Pasquet... heureux éloges, puisqu'ils viennent d'un adversaire politique.

M. FRÉDÉRIC THOMAS [1]

Voici un avocat-homme de lettres, aussi spirituel au palais que bienveillant confrère dans les relations du journalisme. Si, comme écrivain, sa plume est fort recherchée, comme orateur, sa parole est encore plus enviée, si c'est possible, lorsqu'un journal ou un homme de l'ettres ont quelques différents à vider avec la justice. Alors le confrère généreux, dévoué, éloquent se révèle tout entier, et l'on peut lui appliquer ce quatrain, crayonné sous un assez mauvais portrait du célèbre avocat Gerbier :

> Il ne doit point à l'art son talent enchanteur.
> L'injustice l'émeut, la justice l'enflamme;
> Son éloquence est dans son âme,
> Et la défense dans son cœur.

Mais arrivons au *fait*, c'est-à-dire à la partie biographique. Notre plume a hâte de disséquer la vie

---

[1]. Né le 5 janvier 1814 à Castres (Tarn) a fait ses études au collége de Castres, d'où il sortit pour fonder avec Aimé Escande, aujourd'hui rédacteur de la *Gazette de France*, un journal hebdomadaire sous ce singulier titre : le *Fashionable*.

si honorable, si dignement remplie d'un homme qui a toutes nos sympathies.

Frédéric Thomas, ses études achevées à Castres, vint étudier le droit à Toulouse, où il s'occupa beaucoup plus de journalisme et d'académie de jeux floraux que de droit romain et de Code civil. Il remporta en 1833 le prix de l'année à l'académie de Clémence Isaure pour une ballade intitulée *Le Roi Arthus*.

Vers le même temps il fonda, avec un de ses amis devenu depuis procureur général à Pau, et actuellement conseiller à la Cour impériale de Paris, M. Ernest Falconnet, un journal intitulé le *Gascon*, portant cette épigraphe singulière : *La vérité, toute la vérité, rien que la vérité*. Chaque numéro contenait une poésie d'Edouard Desmartres et un charmant dessin d'Alexandre Bida. Le journal eut un grand succès et, dans un an, il fut remplacé par un journal politique intitulé la *Patrie*, dont M. Thomas fut le rédacteur en chef et le gérant. Ce journal était de l'école du *National*. Un article assez violent sur le fameux procès des prévenus d'avril, jugé par la cour de Paris, article intitulé *Fatalité d'avril*, fit poursuivre Frédéric Thomas devant la cour d'assises de Toulouse, où il comparut le 7 juillet 1835, ayant pour défenseur Jean Gasc, aujourd'hui con-

seiller d'État, et pour adversaire M. Roumiguières, procureur général, mort depuis pair de France et conseiller à la cour de cassation. L'accusé, qui avait 21 ans à peine, présenta sa défense en vers qu'il fit publier et vendre ensuite au bénéfice des prévenus d'avril. Un fait très-curieux de ce procès, c'est que pendant le réquisitoire du procureur général, l'éminent artiste, Alexandre Bida, qui s'était assis à côté du prévenu, s'amusait à crayonner la caricature de l'orateur qui parlait, c'est-à-dire de M. Roumiguières. Celui-ci s'en aperçut et à la fin de son réquisitoire il fit signe à un huissier d'aller prendre le dessin qu'était en train de crayonner Bida. Le malheureux vit et comprit l'ordre donné à l'huissier : il se crut perdu et voulut fuir. Mais toutes les avenues étaient obstruées par la foule. Il fallut que Bida donnât son dessin à l'huissier et attendît sur place l'effet de la fureur présumée de M. le procureur général. Jugez de l'anxiété du pauvre artiste quand il vit M. Roumiguières froncer le sourcil, regarder sa caricature et écrire un mot au bas en donnant l'ordre à l'huissier de rapporter le tout à Bida. Celui-ci crut qu'on venait de buriner sa sentence. Il lut avec empressement son arrêt qui était ainsi conçu : « *garanti ressemblant!* » M. Thomas gagna son procès haut la main ; mais comme

dans ses vers il avait été très-courtois envers le procureur général, qu'il avait rappelé que Roumiguières avait défendu Carrel (dans le fameux procès des *Transfuges*), et qu'il ne pouvait pas après avoir sauvé le général faire condamner le *soldat*, le procureur général appela chez lui le journaliste, l'engagea à se rendre à Paris et lui donna deux lettres de recommandation, l'une pour Odilon Barrot et l'autre pour Armand Carrel.

Pendant que M. F. Thomas faisait son voyage de Toulouse à Paris qui durait alors cinq jours, Carrel fut tué en duel par M. de Girardin.

Le jeune débutant s'était occupé d'une *Hitoire des Croisades contre les Albigeois*. Il en publia une grande partie dans la *Nouvelle Minerve*, dont M. Sarrans jeune était le rédacteur en chef, (numéros d'octobre et novembre 1836.)

Granier de Cassagnac, qui avait été le professeur de Frédéric Thomas à Toulouse, l'accueillit à Paris et lui donna une lettre pour Alphonse Karr, qui rédigeait alors le *Figaro*, journal-livre ressuscité par Boulé.

Du *Figaro*, où il s'était lié d'étroite amitié avec Auguste Mazuet, Fr. Thomas passa avec ce dernier au journal l'*Entr'acte*, et tous les deux s'avisèrent, dans le *Journal de Paris*, d'écrire un feuilleton critique

sous ce titre : *Revue des Revues* et *Feuilleton des Feuilletons*. Les deux amis alternaient, c'est-à-dire que, lorsque l'un avait critiqué les feuilletons, la semaine d'après il censurait les revues *et vice versa*.

A cette époque, 1840, le Roman feuilleton venait d'être créé. Frédéric Thomas en publia beaucoup dans la *Presse*, dans le *Courrier Français*, dans le *Globe*, dans le *Messager* surtout. Nous citerons parmi ceux qui eurent le plus de succès : l'*Ambassade aux Oiseaux*, — le *Tort des Femmes*, — l'*Hôtel du Silence* dont le sujet fût emprunté par les auteurs du drame : Les *Brigands de la Loire*, et la *Chaîne électrique* qui devint la première pièce de Frédéric Thomas en collaboration avec Gabriel. Cette pièce de début avait deux actes, elle fut jouée par Lafont et mademoiselle Sauvage, sur le théâtre des *Variétés* : l'idée, qui est fort originale, a servi à M. Scribe à faire plus tard l'opéra-comique la *Part du Diable*.

Vers le même temps, M. Thomas publia son premier Roman, un *Coquin d'Oncle*, deux volumes, chez Recoules.

Une année après, il se lia d'amitié et de collaboration avec Michel Masson. Ils écrivirent ensemble pour le *Constitutionnel*, qui venait d'être régénéré par M. Véron, le *Fermier des Salvages*, un roman en dix

feuilletons très-saisissants d'intérêt. On jouait à cette même époque : Le *Conte bleu* sur le théâtre du Vaudeville, dirigé par M. Ancelot. Cette pièce était tirée d'une nouvelle de Frédéric Thomas, *Compter sans l'Hôte*, et, pour la mettre au théâtre, il s'était associé à M. Jean Laffitte.

Depuis ce moment-là et jusqu'en 1848, Michel Masson et Frédéric Thomas ne se séparèrent plus. Ils publièrent ensemble :

La *Jeune Régente*, 5 vol.;
Le *Capitaine des trois Concours*, 5 vol.;
La *Justice de Dieu*, 2 vol.;
Diane et Sabine, 2 vol.;
Les *Incendiaires*, 2 vol.

et en dernier lieu un Roman qui eut très-grand succès d'abord dans la *Presse*, puis en librairie et enfin au théâtre du *Gymnase* où il fut joué par Rose Chéri et Bressant, un *Mariage pour l'autre Monde*.

Pendant la même période, les deux collaborateurs firent représenter dix pièces dont les mieux réussies furent le *Télégraphe d'Amour*, aux Folies-Dramatiques et *Jean-Baptiste, ou un Cœur d'or*, au théâtre de la *Gaîté*.

M. Fr. Thomas eut encore l'honneur vers la même époque, de faire deux mois d'intérim du fameux

Courrier de Paris de madame de Girardin (*Vicomte de Launay.*)

Chemin faisant, Frédéric Thomas avait été élu membre du comité des gens de lettres et rapporteur du comité. C'est en cette qualité que M. de Salvandy, président de cette société et ministre, le décora en 1847, le même jour que Michel Masson, son collaborateur.

La Révolution de 1848 changea complétement l'existence de Frédéric Thomas. Jusque-là il ne s'était adonné qu'à la littérature; il songea alors qu'il fallait devenir un homme politique. Il se souvint qu'il avait un diplôme d'avocat dans la poche : il alla prêter serment à Toulouse et plaider à Castres, sa ville natale, dans des affaires le plus souvent politiques. Il se mit snr les rangs pour l'*Assemblée Constituante* et réunit dans la seule ville de Castres, 2,024 voix. Il ne fût pas élu et fonda un journal bi-hebdomadaire intitulé l'*Électeur du Tarn*, qui le conduisit une seconde fois devant la cour d'assises.

Cette fois c'était à Albi (septembre 1850.) M. Fréric Thomas plaida lui-même sa cause et la gagna. Le soir de son acquittement on lui donna, à Albi, un grand banquet auquel assistaient presque tous les représentants du Tarn à l'Assemblée législative. Le

journal l'*Électeur* attira, outre des procès, quelques duels à son rédacteur en chef. Les démocrates de Castres signèrent alors une adresse dans laquelle ils défendaient à M. Frédéric Thomas de se battre désormais. Nous touchions au coup d'État du 2 décembre qui supprima l'*Électeur du Tarn*. M. Frédéric Thomas, comme conseiller municipal de la ville de Castres, refusa de prêter serment au nouveau régime, et il se voua complètement à la plaidoirie. Comme ce n'était pas sans esprit de retour qu'il avait quitté Paris en 1849, il y revint dès le commencement de l'année 1854; et, cette fois, il se fit inscrire sur le tableau des avocats de Paris. En même temps il inaugurait dans le journal l'*Estafette* ces *Courriers du Palais*, où il s'est fait un nom, où il a trouvé un genre. Plus tard le journal la *Presse* l'enleva à l'*Estafette*, et pendant trois ans M. Frédéric Thomas continua ces courriers dans cette feuille. Il partit quand Solar devint le propriétaire de la *Presse* et alla au *Siècle*, où il est depuis faisant aujourd'hui le premier et le troisième mardi de chaque mois des articles intitulés : les *Quinzaines du Palais*. Cela ne l'empêche pas de publier en même temps et tous les huit jours dans l'*Univers illustré* des courriers judiciaires qu'il signe du piquant pseudonyme de *Maître Guérin*.

Il faut dire toutefois que lorsque M. Frédéric Thomas revint à Paris, en 1854, il chercha un moment sa voie, et la plaidoirie ne venant pas immédiatement, il collabora avec M. Charles Rabou à un Roman laissé inachevé par Balzac et intitulé : *Les Petits Bourgeois*. Balzac n'en avait écrit qu'un volume qui se terminait sur la moitié d'un nom propre. Un personnage se nomme *Père Toupilier*, et le grand romancier de la comédie humaine avait laissé son œuvre interrompue sous ce nom. Le dernier mot était *Père Tou-*. Balzac n'avait écrit qu'un volume, Charles Rabou et Frédéric Thomas en firent huit. Et l'ouvrage qui parut d'abord avec succès dans les journaux, fut publié ensuite dans les œuvres de Balzac.

Tout en se livrant aux travaux du Palais, M. Frédéric Thomas n'a pas négligé la littérature à laquelle il a du d'abord sa notoriété. On a de lui un recueil fort curieux et dont la première année est entièrement épuisée, *Les Petites Causes célèbres*. Un volume par mois, au total 36 volumes de 1855 à 1858. — Il a publié, en outre, chez Hachette, un volume sous ce titre : *Les Vieilles lunes d'un avocat, premier quartier*. Ce premier quartier a été très-vite vendu, et on attend le *dernier quartier* qui se finira, dit-on, cet hiver.

Au barreau, M. Frédéric Thomas plaide en général les causes littéraires. Il a plaidé ainsi pour MM. Élie Berthet, Amédée Achard, Roger de Beauvoir, Moquin Tandon, Ponson du Terrail, Hippolyte Castille, Balathier de Bragelonne, Philibert Audebrand, Bernard Lopez, et bien d'autres; il a plaidé pour presque tous les petits journaux. En cour d'assises, il a défendu beaucoup de causes. Les plus retentissantes ont été celles de la mère de M. Dillon, tué en duel par M. Grammont Caderousse, et se portant partie civile contre ce dernier; l'affaire Félix Horvaut, un brigadier belge accusé d'avoir assassiné sa maîtresse au fort d'Ivry, et le procès des époux Leroy accusés d'un vol de 80,000 francs d'actions au préjudice de M. Passy.

Quant à nous, si nous n'avons pas eu l'honneur d'être défendu en police correctionnelle par M. F. Thomas, nous avons eu, du moins celui d'être défendu dans les *spirituelles quinzaines* du *Siècle*, à propos de notre récente affaire des *Vieux Polissons*. Nous sommes heureux de trouver l'occasion de lui en exprimer ici une gratitude d'autant plus profonde que nous sommes peu habitué à trouver de la bienveillance chez nos compatriotes.

M. EUGÈNE D'AURIAC

Eugène d'Auriac, d'une ancienne famille du Languedoc, est né à Toulouse le 17 octobre 1815. Il vint fort jeune à Paris et fit d'excellentes études au collège Bourbon. Les mœurs, les idées, l'activité parisienne prirent dès lors et se développèrent au mieux sur ce fond méridional on ne peut plus riche et fertile. Eugène d'Auriac est un Parisien du midi : il a le goût du double terroir.

Au sortir du collége Bourbon, il entra à l'école des jeunes élèves de langues orientales vivantes, qui était annexée au collége Louis-le-Grand et, pendant plusieurs années, il apprit l'arabe et le persan avec l'ardeur et l'intérêt qu'il a portés dans la suite à toutes ses études. A vingt ans, il s'engagea dans le 14ᵉ régiment d'artillerie, moins par vocation, j'imagine, que pour avoir l'occasion de passer en Algérie et d'apprendre l'arabe de mieux en mieux. La curiosité scientifique et littéraire avait fait seule un soldat. Mais le jeune artilleur connut, hélas ! plus d'un mécompte. La discipline des casernes froissa et

meurtrit souvent son esprit sans le dompter cependant ni le réduire. Il protestait à sa manière. « Lorque j'étais au régiment, en garnison à Toulouse, a écrit un jour M. d'Auriac, je dus monter la garde d'écurie. Voilà qui était loin de mes projets et de mes rêves. J'en pleurais amèrement. Je me souviens que les officiers de service me trouvaient la plume à la main, écrivant, faisant des vers. Je retournais alors une auge, placée par moi sous le quinquet de l'écurie et là, assis, pendant que mon camarade dormait, j'avais mon fouet sur le cou, les larmes aux yeux et la plume à la main. »

On fait partout de la bonne *besogne*, quand on a du talent. C'est sur cette auge renversée que d'Auriac à écrit une jolie nouvelle publiée plus tard, *la Religieuse*, et de jolis vers intitulés *Ma dernière folie*, dont se régalait, à cette date, la *Minerve* de Toulouse.

Jeune, artilleur, poëte et de garde dans une écurie, on a quelque raison de se flatter d'en être à sa *dernière folie*. Heureusement qu'on a de quoi se reprendre et en faire bien d'autres. Il faut toujours dire : *Ma dernière folie peut-être !*

Eugène d'Auriac, qui n'avait point à se louer du métier, laissa là le plutôt possible et la cocarde et les canons, et il s'en retourna vers ses chères

langues orientales. C'était en 1838. Nommé dès lors surnuméraire à la Bibliothèque Royale, il prit rang d'employé en 1840.

Il n'a jamais quitté cette bibliothèque, dont il connaît merveilleusement et dont il aime tous les trésors amoncelés. La Bibliothèque impériale, c'est une ville immense, habitée par tous les génies de tous les âges et par leur lignée plus ou moins glorieuse, curieuse et intéressante toujours. Il y a là des rues et des carrefours, des places et des squares; et ces mille méandres, où les idées vont et viennent, se croisent et se rencontrent, dans un échange muet, M. d'Auriac les parcourt comme son domaine. Il est là *comme chez soi*, et il semble que les foules de livres aillent d'elles mêmes, et comme feraient des amis, au devant de ses mains sympathiques. M. d'Auriac, qui n'a négligé aucune branche d'érudition, qui est historien, archéologue, philologue, journaliste et critique, qui sait où est le bien, qui devine et pressent où est le mieux, est, pour les habitués de la Bibliothèque impériale, le plus infatigable guide et le plus gracieux conseiller. Je le regarde, moi, comme le véritable avocat consultant de la Bibliothèque. Aussi quelle clientèle autour de lui ! On use, on abuse, on doit l'*agacer* et l'ennuyer en mainte rencontre, mais il ne se plaint pas, et il est impossible

de mettre en circulation permanente plus de complaisance et de bonne grâce.

En 1839, M. d'Auriac aborda la presse quotidienne, et devint l'un des collaborateurs *du Capitole*, feuille bonapartiste, qui cessa de paraître à la fin de 1840, après la tentative de Boulogne. Puis il prit part successivement ou à la fois à la rédaction de la *Revue générale biographique, politique et littéraire*, aux *Français peints par eux-mêmes*, publiés par Cürmer, où il esquissa d'une plume fine et savante et vraiment d'après nature le portrait du *Griset* du Midi et du Bibliothécaire. Dans les *Églises de Paris*, il a rédigé l'article de la *Sainte-Chapelle* où l'on sent que l'archéologue en M. d'Auriac double au besoin l'historien et le critique. La *Mosaïque du midi* a publié de nombreux articles de M. d'Auriac, et, après avoir été un des écrivains assidus de la *Revue hebdomadaire*, il en devint le directeur gérant en 1848, lorsqu'elle se transforma en *Revue littéraire*.

Que de remarquables travaux, tels que les biographies de Charles Lenormand, de Reynaud et du docteur Ricord, ont été égrenés dans ces diverses publications! Rappelons-nous aussi une *Lettre à mademoiselle Rachel,* où l'idée est si profonde et le style si éloquent. La grande actrice y fut très-sensible, et en plus d'une occasion, elle l'a témoigné.

M. d'Auriac, en répandant çà et là, notamment dans la *Revue des provinces* de M. Edouard Fournier, des études toujours bien faites et d'une information sûre, est surtout un rédacteur du *Siècle*. Depuis bien des années, il publie dans ce journal des éphémérides quotidiennes, qui ne se répètent jamais et, qui dans un cadre très-restreint, n'en fournissent que plus de prise et de relief à la vérité ou au sentiment que M. d'Auriac tient à mettre en lumière. Cela est net, précis, incontestable et a fait bondir en plus d'une occasion les adversaires politiques et religieux qui se sentent atteints comme de la pointe d'un stylet, d'une lame aiguë, lumineuse et certaine, et qui savent que l'auteur de ces petits ressouvenirs historiques se montrera au besoin armé de toutes pièces.

Nous ne pouvons que mentionner en courant les nombreux ouvrages de M. d'Auriac, où l'érudition n'exclut jamais la grâce et le charme.

D'Artagnan le Mousquetaire, qui a été réimprimé plusieurs fois, et où nous avons l'histoire véritable du personnage qu'Alexandre Dumas a romancé : *Louis-Philippe*, prince et roi (1843); *Notice historique sur Antoine d'Estaing, évêque d'Angoulême et dom d'Aubrac* (1853); *Notice sur Vincent Voiture* (publiée d'abord dans la *Revue Française*;

Essai historique sur la boucherie de Paris (1860).

En 1850, M. d'Auriac fit paraître un document inédit du XIIe siècle relatif au diocèse d'Alby. L'explication qu'il en donna parut décisive à tous les érudits et savants. Un travail mène à l'autre. M. d'Auriac examina bientôt l'origine et le caractère archéologique de l'ancienne cathédrale d'Alby, et la valeur de ces recherches détermina M. le ministre de l'Instruction publique à charger M. d'Auriac d'une mission scientifique dans l'Albigeois. Si l'on veut savoir comment cette mission a été remplie, on n'a qu'à lire le Rapport, qui fut adressé par le soigneux et consciencieux chercheur au ministre de l'Instruction publique. Ce rapport a été inséré dans les *Archives des missions scientifiques et littéraires*.

D'autres livres ont suivi : *Description naïve et sensible de la fameuse Église sainte-Cécile d'Alby* (1857); et enfin, un ouvrage qui restera dans les meilleurs documents de l'histoire de nos provinces et de nos monuments : *Histoire de l'ancienne Cathédrale d'Alby depuis les premiers temps connus jusqu'à la fondation de la nouvelle Église Sainte-Cécile*. Ce dernier ouvrage, qui avait été présenté au concours de l'Académie des inscriptions et belles lettres pour les antiquités nationales, a obtenu une mention très-honorable.

Courons à travers ces Études que nous ne pouvons que signaler à l'attention du public, s'il ne les connaît pas encore, et que rappeler à ceux qui les connaissent. On peut leur appliquer le vers du poëte :

Indocti discant et ament meminisse periti.

M. d'Auriac a entrepris chez Dentu la publication d'une *Histoire anecdotique de l'industrie française* (1864). Les lecteurs du *Siècle* ont pu juger, par les nombreux échantillons qu'on leur en a offerts, du mérite d'une œuvre dont nous attendons avec impatience les six volumes annoncés. *Guide du voyageur en Hollande*, *Guide du Voyageur en Belgique*, d'ici à peu, *Guide du voyageur aux Bains de mer*, M. d'Auriac instruit et amuse qui se fait accompagner des jolis et pittoresques volumes que les frère Garnier ont mis en vente.

Nous avons dit son talent de biographe et nous avons oublié une solide *Notice biographique et historique sur le Général J.B. Dupin, baron de l'Empire*. N'omettons pas du moins cette série d'articles qui, sous le titre commun de : *Origine de quelques noms illusres du* XVIe *siècle*, ont éclairé les lecteurs du *Siècle* (1853-1854) sur de grandes ou célébres familles, telles que les Richelieu, d'Effiat, d'Artagnan, Colbert, La Meilleraye, de Luynes etc. N'oublions pas l'Étude sur *Rienzi*,

et l'Étude sur les *Traitants et maltôtiers*. C'est ce que nos pères appelaient à bon droit des œuvres primesautières, bien conçues, bien nées et bien nourries. Joignons-y : *L'Excommunication, Ma réponse aux cléricaux, une lettre Miraculeuse*, et une savante dissertation à propos d'*Eustache de Saint Pierre* où l'auteur rétablit, contre Froissart lui-même et les historiens qui l'ont suivi, la vérité historique à l'endroit du *Bourgeois de Calais*. Et tout cela a paru dans le *Siècle* de 1853 jusqu'à présent. Il est facile de comprendre qu'un journal judicieux et qui a le souci de satisfaire aux exigences de tous ses lecteurs, même des plus érudits et des plus savants, ait à cœur de tenir aussi à la collaboration de M. d'Auriac.

On a attribué à M. Eugène d'Auriac la publication d'un *Armorial de la noblesse de France*. Cet ouvrage pour qui a lu les écrits divers du rédacteur du *Siècle* détonne à un tel point avec sa manière habituelle qu'il faut bien lui en refuser l'honneur ou le poids. C'est M. Combes d'Auriac, qui n'est pas même le parent de M. Eugène d'Auriac, qui est l'auteur de l'*Armorial de la noblesse*. A tout seigneur tout honneur !

M. d'Auriac a beaucoup écrit, et le voilà qui enseigne de même par la parole. On sait qu'il existe un certain nombre de chaires libres où des professeurs, s'exerçant sur tout sujet, science, art, littéra-

ture ou fantaisie, se font apprécier et applaudir et se montrent aussi utiles que des professeurs en Sorbonne. Dans les Conférences de la rue de la Paix, M. d'Auriac a eu plus d'un succès et il a appris bien des choses agréables ou profitables à son auditoire. Nous savons qu'il va continuer. Tant mieux.

M. Eugène d'Auriac, qui n'occupe qu'une modeste place à la Bibliothèque impériale mais que tous ceux qui le connaissent ont dès longtemps mis au rang que ses remarquables aptitudes et ses travaux ont mérité, est membre correspondant de l'Académie des sciences, inscriptions et belles lettres de Toulouse, et de la Société archéologique du midi de la France, de la société archéologique et historique de la Charente, de la société des sciences, lettres et arts de l'Aveyron et... sa gloire, pas plus que son talent, n'a dit son dernier mot !

M. BÉNARD[1]

Voici encore un de ces hommes comme en compte la rédaction du *Siècle*, fièrement trempés, dont toute

---

[1]. Théodore Napoléon Bénard, né à Honfleur (Calvados) le 13 octobre 1808, fit partie en 1830 du 1ᵉʳ bataillon de volontaires commandé par le capitaine de vaisseau Bodin, s'exila après en avoir vu décorer un autre à sa place pour les journées de juillet et revint en 1848.

la vie à été employée à la défense des libertés publiques, et qui à une grande rectitude de jugement joignent une science profonde.

Plus heureux que bien d'autres, M. Bénard a pu voir ses réclamations écoutées; il a pu voir l'administration réformer, incomplètement il est vrai, mais réformer néanmoins l'inscription maritime. Ces améliorations sont dues à une série de lettres remarquables, adressées au cardinal Mathieu, que l'auteur a réunies en un volume sous le titre de: *Servage des gens de mer*. Il a encore eu l'honneur d'être le promoteur de la suppression du privilége des courtiers. Ces deux succès font assez comprendre toute l'importance de M. Bénard comme journaliste, et laissent entrevoir quelles attaques a eu à supporter cet infatigable adversaire de la routine.

Mais rien n'a pu l'ébranler ni l'arrêter dans la voie qu'il s'était tracée.

Découragé comme militaire, il s'est exilé; attaqué comme journaliste, il est resté quand même sur la brèche, et sa plume ardente et pure a vaillamment combattu les préjugés et les abus au *Journal du Havre* (sous l'ancienne direction) à la *Semaine Commerciale* et au *Siècle* dont il est collaborateur depuis 1849.

M. ED. DE BIÉVILLE

M. Ed. de Biéville est chargé depuis le départ de M. de Fienne (1856) de faire la critique, dans le journal le *Siècle*, des œuvres dramatiques et comiques de ses confrères. Comme il compte plus d'un succès au théâtre il lui est permis de dire avec quelque autorité son opinion personnelle sur les travaux des auteurs qu'il a coudoyés sur leur terrain.

Quand on a eu le sac sur le dos on est bien venu à parler des devoirs du soldat. Mais il n'est prudent de le faire qu'autant que le nombre des punitions ne dépasse pas le nombre des récompenses. Lorsque l'affaire a été chaude, a-t-on été mis à l'ordre du jour, on acquiert le droit de donner l'accolade aux braves et de huer qui a lâché pied. Et ce droit-là, M. E. de Biéville le possède sans contredit.

Ses meilleures inspirations dans la gamme tempérée de l'école à laquelle il appartient sont : La *Gardeuse de dindons*, que mademoiselle Déjazet n'a pas desservie, *Les Enfants de troupe*, auxquels Bouffé n'a pas porté préjudice ; et *le Fils de famille* qui du talent de Bressant ne faisait pas fâcheux emploi.

M. de Biéville a écrit beaucoup de consciencieux

feuilletons sur les chefs-d'œuvre du dix-huitième siècle restés au répertoire du Théâtre-Français. Il est là à son aise. Il fait sur l'interprétation et sur la mise en scène des observations pratiques qui ont une réelle valeur. Le soin méticuleux qu'il apporte à l'analyse des mœurs et des caractères ne laisse dans l'ombre aucun détail important.

Le critique du *Siècle* a fait une opposition assez vive aux productions de quelques hommes de talent qui ont, dans ces derniers temps, tenté, avec des chances diverses, d'unir ces deux frères ennemis: le réel et l'idéal. Nous voulons parler de M. Ch. Bataille, Théodore de Banville, Jean du Boys, Amédée Rolland, etc. Il faut bien croire qu'alors que M. de Biéville discutait avec une grande sévérité les drames et les comédies de cette école fantaisiste, M. Fernand Desnoyers, le frère du critique qui nous occupe, ne lisait pas par-dessus l'épaule de M. de Biéville, les feuilletons destinés aux cinquante milles abonnés du *Siècle*.

M. GUSTAVE CHADEUIL

Depuis onze ans que cet écrivain fait part aux lecteurs du *Siècle* de ses impressions personnelles sur les œuvres de nos compositeurs de musique,

bien des musiciens ont crevé leur grosse caisse, fêlé leurs cymbales.

Et tandis que les compositeurs empilaient partition sur partition, le critique tenait à honneur de répondre à ce travail sans trêve par un labeur sans relâche. L'archèt commande et la plume obéit.

Il nous semble qu'il est aussi difficile de porter un jugement sur des sons que sur des parfums. Que le benjoin l'emporte en suavité sur le musc, que la myrrhe n'ait pas l'attrait du cinnamome, voilà ce qu'il serait bien difficile de dire.

M. Gustave Chadeuil avait commencé par suivre des cours de droit, et quand il eut subi ses examens, il se fit littérateur. Peut-être avait-il dès longtemps décidé qu'il vivrait de sa plume, et n'a-t-il étudié le code pénal que pour être capable de juger d'après les lois de son pays les rabâcheurs de fadaises musicales, ces grands criminels.

En dehors de ses feuilletons du *Siècle*, M. Gustave Chadeuil a publié divers ouvrages parmi lesquels nous citerons : *Un livre de poésie. — La Campagne d'Italie. — Les Mystères du Palais. — Le Panthéon des Hommes utiles,* en collaboration avec M. Hyppolyte Lucas. — Plusieurs romans : Le *Curé du Pecq. — Jean Lebon. — Clara Miller. — Marguerite Landry,* etc.

M. CUZON

M. Cuzon est une de ces natures infatigables pour qui le travail est un plaisir et qui semblent même y puiser de nouvelles forces. Car avocat, membre du conseil de surveillance du *Siècle*, directeur du contentieux de la Compagnie du gaz, M. Cuzon trouve encore le temps, malgré ses nombreuses occupations, d'être un des collaborateurs réguliers du *Siècle* et d'y publier des articles remarquables, tant au point de vue du style qu'au point de vue des recherches sérieuses qu'ils exigent.

Lui aussi n'a pas été toujours journaliste, il n'est au *Siècle* que depuis 1854. Tour-à-tour avocat, membre de la commission en 1848, préfet du département de l'Oise au mois d'août de la même année, M. Cuzon s'est toujours distingué par toutes les qualités de l'homme aimable et érudit. En 1838, presque au sortir du collège, il attirait sur lui l'attention de MM. Odilon-Barrot et Duvergier par la publication d'un mémoire sur la dénonciation calomnieuse qu'adoptait la cour de Paris par un arrêt d'infirmation.

M. Cuzon a tenu ce que promettaient de tels débuts; il s'est fait remarquer au *Siècle* par ses articles sur *le Secret des lettres*, *les Origines féodales*, la discussion des arrêts notables de la cour de cassation, ses différents comptes-rendus, et surtout ses études sur les principales législations de l'Europe en matière pénale. Tout dernièrement encore, M. Cuzon vient de publier en une série d'articles, un travail très-approfondi sur J.-J. Rousseau, qui nous laisse espérer une nouvelle édition des œuvres de ce libre penseur. Ce serait-là une vraie bonne fortune pour le monde savant.

M. HUSSON

Avant d'être définitivement attaché au *Siècle* comme gérant et comme rédacteur de la politique étrangère, deux fonctions qu'il occupe depuis 1850, M. Husson en avait été le collaborateur de 1834 à 1847, ainsi que *du Globe*, du *Courrier Français*, du *Temps* et du *National*.

C'est à lui que l'on est redevable de la création ou du moins de l'extension des comptes-rendus des Chambres pour les journaux du soir.

En 1847, M. Husson prit en main la direction du

journal politique la *Semaine*, le plus complet des journaux hebdomadaires, qui comptait parmi ses collaborateurs MM. Sarrans jeune, Duclerc, Urbain, Guillemot, Paul de Saint-Victor, Auguste Jullien, Lauray, les docteurs Foissac et Chatin etc... Dans toute sa carrière et surtout dans sa gérance et sa collaboration au *Siècle*, M. Husson à su s'attirer l'estime et l'affection de tous par sa modestie bien connue et son obligeance à toute épreuve; et il a toujours apporté dans la rédaction de ses articles ce jugement sain et cette pureté de style qui dénotent clairement qu'il avait d'abord débuté dans l'enseignement avant d'être journaliste.

M. HENRI AUGU [1]

Sous le ministère Thiers, alors que la question d'Orient laissait espérer enfin une guerrre légitime, qui eût fait sortir le règne de Louis-Philippe du système de la *paix à tout prix*, Henri Augu s'engagea comme tant d'autres et entra dans un régiment de ligne.

1. Né à Landau (Bavière rhénane), en 1818, de parents français, commença ses études de droit à Strasbourg.

La guerre ayant avorté, le fougueux engagé volontaire se dégoûta bientôt du métier de soldat, qu'il ne comprenait pas en temps de paix. Cependant ce ne fut qu'au bout de cinq ans qu'il quitta le service, après s'être attiré quelques persécutions pour ses opinions politiques. Ce furent ses amis, les démocrates de Cherbourg, qui le firent remplacer, pour lui confier la rédaction du journal de l'opposition de la ville où il était sous-officier.

Lorsque le *Journal de Cherbourg* eut cessé d'être politique en 1847, par suite d'une forte condamnation pécuniaire infligée par la cour d'assises de la Manche, en dépit du verdict d'acquittement prononcé par le jury, Henri Augu se rendit à Paris et entra aussitôt dans la rédaction politique de la *Réforme*.

A la Révolution de février, il fut envoyé à Cherbourg, comme commissaire du gouvernement provisoire.

Dans ces circonstances difficiles, Henri Augu sut allier la modération à l'énergie, et maintenir sans trouble la réaction, tout en donnant satisfaction aux instincts démocratiques de la nombreuse population ouvrière de cette ville.

De retour à Paris, après avoir donné sa démission une fois les élections terminées, Henri Augu reprit sa place à la *Réforme*.

En 1850, il entra au *Siècle*, qu'il n'a pas quitté depuis.

Chargé de la rédaction de la partie commerciale de cette feuille, il n'y remplit habituellement qu'une tâche ingrate et plus difficile qu'on ne pense. Sous une forme sèche et laconique, il doit dire au commerce l'exacte vérité, tout en évitant de froisser tant d'intérêts contraires.

Mais Henri Augu n'est pas seulement le rédacteur au style aride et sommaire qui convient à la matière commerciale et aux chiffres. Depuis quelque temps, il s'est révélé comme écrivain d'un genre tout différent.

Nouvelliste et romancier, il a su promptement prendre une place, que d'autres malheureusement n'acquièrent souvent qu'après bien des années d'efforts.

Parmi ses romans historiques, qui se distinguent à la fois par de sérieuses recherches et par une action vive et dramatique, nous citerons les *Zouaves de la Mort* et les *Français sur le Rhin*. Dans ce dernier ouvrage, il a esquissé, avec autant d'impartialité que de vigueur et de vérité, la grande et dramatique époque de 93.

C'est l'histoire à la main, que Henri Augu écrit le roman; il la vulgarise en intéressant. Aussi, tout

en mêlant à son appréciation un grain de critique, Victor Hugo a-t-il pu lui écrire avec justesse :

« Votre livre intéresse, émeut et enseigne. Vous savez être passionné et rester calme, de sorte que le drame ne trouble point l'histoire. »

M. Henri Augu ne s'arrêtera pas, nous l'espérons, en si bon chemin.

M. HIPPOLYTE LUCAS

M. Lucas est un journaliste estimable et un auteur dramatique honorable. On ne trouve pas dans ses écrits l'accent des œuvres de premier ordre. M. Lucas n'est pas un inventeur, mais il aime les lettres avec passion. L'étude de la littérature espagnole n'a pas peu servi le consciencieux écrivain. Il a su rendre avec une vérité tempérée les élans chevaleresques des héros de Lope de Véga et de Calderon. Corneille, lui aussi, avait cherché l'inspiration à cette source ; il y avait miré son mâle visage. Lorsque M. Lucas voulut à son tour repasser par le chemin qui conservait encore la trace des pas du maître, il dut ressentir quelque crainte.

Parmi les ouvrages de M. Hippolyte Lucas, nous citerons de préférence : *Le Médecin de son honneur*, L'*Hameçon de Phenice*, et le *Tisserand de Ségovie*. Le talent d'assimilation de M. Lucas l'a servi très-heureusement. L'éclat lui fait défaut cependant; son style manque d'originalité, mais non d'élégance. En transportant sur notre scène des œuvre étrangères, il a cru faire preuve de goût en atténuant les parties vives, en arrondissant les angles, en traduisant la ronde bosse par le bas relief; en cela il a, croyons nous, commis une erreur tout à fait préjudiciable à son talent.

On retrouve chez M. Hippolyte Lucas, journaliste, les qualités et les défauts qui servent et déprécient M. Hippolyte Lucas auteur dramatique. Sa bienveillance est connue, et quand ses principes littéraires l'obligent à condamner, c'est d'une douce voix qu'il fait entendre de dures vérités.

M. Lucas a été chargé, lors de la fondation du *Siècle*, de rédiger la critique théâtrale. Maintenant il rend compte des livres nouveaux.

Voici la liste des principaux ouvrages du sympathique écrivain : *Alceste*, *Médée*, *la Jeunesse du Cid*. En dehors du théâtre, M. Lucas à publié une courte *Histoire du Théâtre Français*, que l'on consulte avec fruit.

Il est bon de noter ici également le *Portefeuille d'un journaliste,* les *Curiosités dramatiques* et *littéraires,* des *Documents relatifs à l'histoire du Cid* et un volume de vers.

M. VICTOR BORIE

M. Victor Borie est un écrivain. Ses travaux les plus importants étant des ouvrages sur l'agriculture, il eût pu les écrire à « coups de pioche; » on doit savoir gré à M. Borie, de s'être tout au contraire, servi d'une plume bien aiguisée. M. Borie a commencé par l'étude des sciences sociales, il est parti du composé pour arriver au simple. Qu'importe le chemin pris si l'on arrive. Il avait voulu étudier le cœur de l'homme tout d'abord ; c'est le prélude obligé de toute existence remplie, mais la besogne est aride, et dût-on se piquer les doigts, le classement dans l'herbier des trouvailles faites par une belle matinée de printemps réjouit bien davantage l'esprit du chercheur s'il est quelque peu poëte.

Deux grands hommes, Pierre Leroux et Georges Sand, ont associé M. Victor Borie à la publication de l'*Eclaireur de l'Indre*, une feuille radicale, qui lançait

en avant-coureur les bombes incendiaires qui ont mis le feu au trône de Juillet. L'imprimeur du journal était l'intéressant philosophe socialiste M. Pierre Leroux.

Aux attaques passionnées les procès répondirent.

Nous retrouvons M. Victor Borie à Paris lors de la Révolution de 1848. C'est à cette époque que madame Sand et M. Rochery fondèrent avec le jeune polémiste, *la Cause du peuple*, un journal qui eut trois numéros. Il faut croire que les intérêts défendus ne tenaient guère au cœur de la masse, et cependant le canon venait de donner des avertissements au Moniteur (heureuse expression de M. Antonin Mulé).

Après la mise en oubli de la *la Cause du peuple* M. Borie alla créer dans le Berry le *Travailleur*, un nouveau journal qui l'obligea d'opter entre la Belgique et la prison. Le choix fut bientôt fait, le journaliste passa la frontière.

M. Victor Borie revint à Paris cependant. L'amnistie du 2 décembre 1852 trouva le rédacteur du *Travailleur* aux Madelonnettes où depuis six mois, il paraphrasait « l'histoire de politiques » du glacial dessinateur Gavarni.

Le résultat de ces réflexions fut tel que M. Borie entra au *Journal d'agriculture pratique* de M. Bixio.

Puis il se chargea de la rédaction de la partie agricole au journal *La Presse*. Et enfin on le compte au nombre des meilleurs rédacteurs du *Siècle*.

M. Victor Borie est devenu rédacteur en chef d'un journal spécial, l'*Écho agricole*. Il y défend avec autorité le principe de la liberté commerciale. On a aussi de cet écrivain laborieux et savant deux volumes intitulés : l'*Année rustique*, et un grand nombre de livres sur les travaux de la campagne. Citons une publication nouvelle dans cet esprit : les *Jeudis de M. Dulaurier*, ouvrage destiné à propager les éléments d'agriculture dans les écoles primaires. C'est un instituteur qui fait des promenades à travers champs avec ses élèves.

M. Borie est sur le point de publier, avec la *librairie agricole*, un grand ouvrage de luxe in-4° avec des aquarelles à chaque livraison réprésentant, bœufs, vaches, taureaux, chevaux, moutons, etc., quatre volumes à 60 francs.

Les réflexions inspirées à M. Victor Borie par le séjour de la prison ont permis à ce spirituel écrivain d'accepter le brevet de chevalier de la légion d'Honneur.

M. CHARLES FLOQUET [1]

Le 10 mai 1864, Le *Temps* publiait la lettre suivante adressée à M. Nefftzer :

Mercredi 4 mai.

Mon cher ami,

Au moment des dernières élections de Paris, et en vous voyant sacrifier à un nom moins significatif celui de M. Carnot, ancien ministre de la République, je vous ai offert ma démission. Mais sur les instances de plusieurs amis, je l'ai retirée. Je vois aujourd'hui que j'ai eu tort, et que, par ma collaboration au *Temps*, je ne puis plus servir utilement ni mes principes ni le journal lui-même.

Naguère obligé de me taire dans cette question importante des élections, j'ai été encore réduit au silence pendant la discussion si grave qui vient d'avoir lieu au Corps-Législatif, et dont l'appréciation semblait à tous de ma compétence. Je ne pouvais en

---

1. Charles-Thomas Floquet, né à Saint Jean Pied de Port (Basses-Pyrénées) en 1829, a fait ses études au collége Saint-Louis.

effet me maintenir en équilibre entre les opinions si opposées qui se sont produites, ni garder une neutralité bienveillante vis-à-vis des adversaires qui se sont combattus avec tant d'ardeur.

Je me suis donc tu, mais j'ai cruellement souffert de ne pouvoir applaudir énergiquement ceux qui sont restés inflexiblement attachés aux principes de la démocratie, et protester contre ceux qui me paraissaient les abandonner.

Ce silence m'est devenu d'autant plus pénible, que je vois plus impunément insulter chaque soir des noms et des idées que j'honore, et travestir odieusement une politique radicale qui est la mienne. Je dois au moins dégager ma responsabilité, et j'aime mieux constater que je ne tiens plus une plume, que de la sentir paralysée entre mes mains par des ménagements que je ne puis accepter.

Je me vois donc forcé de renoncer à l'hospitalité que vous avez bien voulu me donner dans votre journal, et dont je conserverai le plus reconnaissant souvenir.

Votre tout dévoué,

CHARLES FLOQUET.

Cette lettre est toute la biographie de M. Charles Floquet; elle montre une franchise rare, une digne

fierté, et une fermeté de conviction que nous retrouverons dans tous ses actes. M. Floquet est une nouvelle recrue du *Siècle*. Il n'a pas encore eu le temps d'écrire dans ce journal assez d'articles pour que nous puissions le juger; mais chez lui le passé répond de l'avenir, et nous sommes assuré que M. Havin n'aura qu'à se féliciter d'avoir grossi le nombre de sa valeureuse armée.

Au premier signal de la déchéance royale, 24 février 1848, Charles Floquet, poussé par sa nature enthousiaste et essentiellement républicaine, sort du collége et va se joindre à la révolution. En juin de la même année, il entre, par voie de concours, à l'école d'administration fondée par le gouvernement provisoire, école qui fut bientôt supprimée par la réaction triomphante. Charles Floquet fit alors son droit, et prêta serment d'avocat en juin 1851, et depuis le 2 décembre suivant nous le voyons prêter l'appui de sa parole chaleureuse à des causes politiques de grande importance.

Charles Floquet a, en effet, plaidé dans les affaires suivantes : Complot de l'Hyppodrome et de l'Opéra-Comique (1853); complot de Tibaldi, Mazzini, Ledru-Rollin (1856); affaire secrète Miot, Greppo

et autres (1862); affaire de M. Taule accusé, d'intelligences à l'étranger 1862); puis un certain nombre d'affaires de presse.

En 1859, Charles Floquet s'était joint à un petit groupe de jeunes gens qui avaient voulu relever dans le *Courrier de Paris* une véritable tribune démocratique et libérale. Le journal eut deux avertissements en moins de quinze jours et ne vécut que six semaines, non sans avoir jeté quelque éclat. Charles Floquet avait soulevé dans cette feuille une campagne en soutenant qu'on avait le droit de discuter les séances législatives, chose que tous les journaux proclamaient alors illégale. Lorsque plus tard, après les décrets du 24 novembre 1859, la presse s'enhardit un peu, et que l'usage de discuter les séances législatives fut repris et généralisé, on reconnut que Floquet avait eu raison. Le *Journal des Débats*, la *Presse* et divers ouvrages: *Les Droits politiques dans l'élection*, *Le Dictionnaire politique*, firent honneur à M. Floquet de l'initiative qu'il avait prise alors que tout le monde se taisait sur ce point.

En 1861, quelques mois après la fondation du journal le *Temps*, M. Floquet en devint collaborateur. Sa participation à la rédaction du journal devint de plus en plus active. Il rédigeait surtout les articles de droit public et constitutionnel, et pen-

dant les sessions, les appréciations des séances parlementaires.

Vers la fin de l'année 1863, il publia dans le *Temps* un article sur la célèbre affaire Doize, à la suite duquel une souscription fut organisée pour donner une réparation à cette victime nouvelle de l'erreur judiciaire. M. Floquet fut secrétaire du comité chargé de réaliser cette réparation, comité qui se composait de MM. Odilon Barrot, Berryer, J. Favre, Marie, Plocque, Ernest Picard, Havin, Guéroult, Nefftzer.

Le 21 avril 1864, le *Temps* reçut un avertissement motivé par un remarquable article de son collaborateur Floquet, intitulé : *Paix et liberté*.

Enfin, le 4 mai 1864, par suite de dissentiments politiques, M. Floquet se sépara de M. Nefftzer.

En avril 1863, quelque temps avant les élections générales, un comité d'électeurs de l'Hérault offrit à M. Floquet la candidature de la deuxième circonscription. Cette offre était uniquement motivée par certains articles de M. Floquet dans le *Temps*, car il n'était pas personnellement connu dans l'Hérault. Non sans hésitation, il accepte, se rend à Béziers et après une rude campagne électorale, obtient une minorité respectable, environ 7,000 voix.

En 1864, M. Floquet est prévenu dans le procès dit des *Treize* et condamné, en fort bonne compa-

gnie, ma foi, avec MM. Carnot, Garnier-Pagès, etc. Il avait été un des rédacteurs du *Manuel électoral*.

Quoique rédacteur *en pied* au *Siècle*, M. Charles Floquet ne continue pas moins à exercer la profession d'avocat, et parmi les affaires qu'il a plaidées cette année, nous citerons un procès contre le docteur Desmares en responsabilité médicale.

M. LÉON GATAYES [1].

Il serait difficile, je crois, de rencontrer une figure plus originale et une nature plus artistique que celles de Léon Gatayes. Tour à tour musicien, écuyer, journaliste, il a su se faire une réputation chevaleresque, que partage avec lui son ami Alphonse Karr.

Camarade de Victor Hugo à l'école de l'abbé Cordier, élève de son père et de Cousineau, harpiste distingué, il est arrivé jusqu'à nous à travers une foule d'aventures et de succès de tous genres qu'a voulu rappeler Alphonse Karr dans son roman de *Geneviève*.

1. Né à Paris le 24 décembre 1805, a fait ses études au Lycée Louis-le-Grand, a collaboré au *Corsaire*, au *Journal de Paris*, à la *Chronique de France*, au *Mousquetaire*, à la *Gazette de Paris* et au *Ménestrel*.

Léon Gatayes a été forcé, par suite d'une chute malheureuse, de renoncer à tous ses exercices violents où il n'avait d'autre rival que son ami Alphonse Karr. Il a même délaissé complétement cette harpe qui avait charmé Châteaubriand et madame Récamier, qui avait accompagné la Malibran et Dorus, et qui avait soutenu les essais de Duprez.

Aujourd'hui père de famille et rentier, il vit tranquillement à Dieppe, d'où il ne sort que pour s'occuper encore de ses deux passions : les courses et les régates, dont il fait depuis douze ans des comptes-rendus au *Siècle* en connaisseur habile que ne dédaignent pas de consulter les plus renommés sportmen de France

M. ROUSSET [1].

N'en déplaise à MM. Jourdan, de la Bédollière, Plée, c'est tout d'abord sur les articles de M. Rousset que se jettent, tous les matins, la majeure partie des lecteurs du *Siècle*. La Compagnie transatlantique, les Obligations mexicaines ou autrichiennes, les

---

1. Né à Paris en 1818, a fondé en 1848 les *Nouvelles du jour* ou le *Spectateur républicain* et la *Revue comique*. Entré au *Siècle* en 1849.

Petites voitures, le Gaz, les Chemins de fer, en un mot tout se qui se côte à la Bourse, préoccupe, de nos jours, bien autrement les grands et les petits rentiers que la *Prussification* de l'Allemagne, le retrait de M. de Mérode ou le nouveau cabinet de Lord Russel. Les journaux ont si bien compris l'importance du *bulletin financier*, que la plupart lui accordent la place d'honneur.

C'est pourtant là une déférence aux goûts du public que nous ne saurions trop approuver. Le *bulletin financier* ne perdrait rien, ce nous semble, à être relégué au second plan. Cette appréciation toute personnelle n'enlève rien au mérite incontestable de M. Rousset. Il excelle en ces matières délicates et qui exigent une excessive prudence.

———

Le *Siècle* compte encore parmi les rédacteurs dont la collaboration est moins assidue: MM. Louft, chargé du département de l'édilité, où il a su, par une grande compétence et un talent remarquable, faire oublier son prédécesseur, Arminio Duchâtelet; Oscar Comettant, ce conteur dont on ne se lasse pas ; Félix Derière, dont tout le monde lit avec le plus

grand intérêt les savants comptes-rendus artistiques; B. SAINTE-ANNE, pseudonyme qui cache un des plus ardents défenseurs de la démocratie et l'une des victimes du coup d'État. C'est lui qui est chargé, au *Siècle*, de répondre aux feuilles départementales. M. Sainte-Anne est un écrivain de talent, et nous regrettons *de ne pouvoir* lui consacrer une notice spéciale; ALFRED MICHIELS, un écrivain d'une incontestable valeur, un charmant historien qu'on nous dit avoir déserté le *Siècle* depuis peu, mais à qui nous nous promettons bien de *dire son fort* dans un prochain volume, bien persuadé qu'en quittant le *Siècle*, il n'abandonne pas le journalisme. FRANÇOIS PLÉE, qui essaye de marcher sur les traces de son frère Léon; enfin BENJAMIN GASTINEAU, cette incarnation du Juif-Errant politique, cet *Ahasvérus de la presse*, comme l'a si justement qualifié Edouard Plouvier.

FIN

TABLE

Introduction. 1

HISTOIRE DU SIÈCLE

M. Guillemot. 9
M. Chambolle. 16
M. Louis Perrée. 111
M. Havin. 146

RÉDACTEURS DU SIÈCLE

M. Havin. 241
M. Léon Plée. 276
M. Louis Jourdan. 284
M. Taxile Delord. 294
M. Émile de Labedollière. 301
M. Edmond Texier. 309
M. Anatole de la Forge. 318
M. Henri Martin. 323
M. Louis Desnoyers. 332
M. Auguste Luchet. 334
M Lehodey. 341
M. Alexis Grosselin. 343

M. André Pasquet..	345
M. Frédéric Thomas..	353
M. Eugène d'Auriac.	363
M. Bénard.	371
M. de Biéville..	373
M. Chadeuil..	374
M. Cuzon..	276
M. Husson.	377
M. Henri Augu.	378
M. Hippolyte Lucas.	381
M. Victor Borie..	383
M. Charles Floquet.	386
M. Léon Gatayes.	391
M. Rousset..	392
Tirailleurs du Siècle..	393

FIN DE LA TABLE

POISSY. — TYP. ET STÉR. DE A. BOURET.

F. COURNOL, ÉDITEUR
20, RUE DE SEINE, 20.

JOURNAUX ET JOURNALISTES

PAR ALFRED SIRVEN

12 VOLUMES DE 400 PAGES CHACUN CONTENANT :

1° — L'Histoire politique, philosophique et littéraire d'un Journal existant;
2° — Des Études Biographiques et Bibliographiques des écrivains qui en composent la rédaction;
3° — Les portraits de ces écrivains photographiés, d'après nature, par le célèbre artiste-photographe Pierre PETIT.

VOLUMES PARUS

LE JOURNAL DES DÉBATS | LE SIÈCLE

« ... Toute la presse française et étrangère a acclamé l'apparition des premiers volumes de cette œuvre magistrale due à la plume spirituelle et indépendante de M. Alfred SIRVEN. L'histoire des JOURNAUX ET JOURNALISTES, telle que l'a comprise l'auteur, est vraiment l'histoire de notre époque, et nos enfants y trouveront plus tard de précieux documents sur les écrivains qui ont dirigé l'opinion publique et — ce qui n'est pas sans intérêt, — les portraits de ces écrivains magnifiquement photographiés par le célèbre Pierre PETIT »...

L'ÉVÉNEMENT, DÉCEMBRE 1865

Prix de chaque volume : 3 fr. 50. Envoi *franco* en timbres-poste.

Pour paraître successivement :

LA PRESSE, LA GAZETTE DE FRANCE, L'OPINION NATIONALE

POISSY. — TYP. ET STÉR. DE A. BOURET.

OUVRAGES DU MÊME AUTEUR

Journaux et Journalistes. Le *Journal des Débats*, avec 28 portraits photographiés par Pierre Petit. 3 50
L'Homme noir, (3ᵉ édition) augmentée d'une préface de Victor Hugo. 3
Les Imbéciles, (2ᵉ édition) in-18 jésus. 3
Les Crétins de Province (2ᵉ édition) 1 vol. in-18 illustré de 30 gravures ou vignettes. 3
Les Abrutis, (2ᵉ édition) un vol. illustré de 40 dessins de Marcelin, Darjou, Hadal. 3
Les Plaisirs de Bade, 1 vol. in-18 . . . . 1 50
Les Infames de la Bourse, in-18 jésus. 1
Les Tripots d'Allemagne, (2ᵉ édition) in-18. 1
Les Mauvaises langues, 1 vol. in-32 illustré. 1
La Première a Dupanloup, broch. in-8°. 1

SOUS PRESSE

Journaux et Journalistes. La *Presse*
Les Étapes d'un prisonnier, souvenirs de Sainte-Pélagie, avec portrait.

POISSY. — TYP. ET STÉR. DE A. BOURET.

JOURNAUX ET JOURNALISTES

JOURNAUX
ET
JOURNALISTES

PAR

ALFRED SIRVEN

LE SIÈCLE

AVEC LES PORTRAITS DES RÉDACTEURS

PHOTHOGRAPHIÉS PAR PIERRE PETIT

PARIS

F. COURNOL, LIBRAIRE-ÉDITEUR

20, RUE DE SEINE, 20

—

1866